De
Coach
a
Awakener

Robert Dilts

De
Coach
a
Awakener

Editora Leader

Copyright© 2018 by Editora Leader
Todos os direitos da primeira edição são reservados à **Editora Leader**

Diretora de projetos
Andréia Roma

Tradução:
Deborah Epelman

Revisão:
Maria Antonieta M. Eckersdorff

Capa, Projeto Gráfico e Editoração:
Perfil Editorial

Atendimento:
Érica Ribeiro, Rosângela Barbosa e Liliana Araújo

Diretor executivo
Alessandro Roma

Dados Internacionais de Catalogação na Publicação (CIP)
Bibliotecária responsável: Aline Graziele Benitez CRB-1/3129

D575c   Dilts, Robert
1. ed.   Coach to awakener / Robert Dilts; tradução Deborah Epelman.
         1 Ed. – São Paulo: Leader, 2017.
         288 p.

         ISBN: 978-85-66248-76-0

         1. Coach. 2. Administração. 3. Desenvolvimento pessoal. 4. Carreira profissional. 5. Liderança. I. Epelman, Deborah. II. Título.
                                                                                        658

Índices para catálogo sistemático:
1. Coaching: administração 658

2018
Editora Leader Ltda.
Rua Nuto Santana, 65, 2º andar, sala 3
02970-000 – São Paulo – SP – Brasil
Tel.: (11) 3991-6136
andreiaroma@editoraleader.com.br
www.editoraleader.com.br

Esse livro é dedicado com afeto e respeito aos meus cuidadores, guias, condutores, professores, mentores, padrinhos e aos que me despertaram; e, em particular, a Gregory Bateson, que me ajudou a despertar em muitos níveis.

Sumário

Reconhecimentos 13
Prefácio 15
Introdução 19
    Origens do Coaching 19
    A Revolução do Coaching 20
    O "C" Maiúsculo e o "c" Minúsculo no Coaching 22
PNL e Coaching 22
    O Laço de Modelagem no Coaching 23
Níveis de Aprendizado e Mudança em Indivíduos e Organizações 24
Níveis de Apoio à Aprendizagem e Mudança - Um Roteiro para o
"C" Maiúsculo Coaching 28

Capítulo 1 Cuidando e Guiando 35
Cuidando e Guiando 37
    Fatores Ambientais 37
    Cuidando 38
    Guiando 39
    Afirmações e Estilo de Cuidador ou Guia 41
Caixa de Ferramentas do Cuidador: "Psicogeografia" 42
    Psicogeografia em Grupos e Times 43
    Usando Psicogeografia para Facilitar Tipos Diferentes de Processos em Grupo ...46
    Psicogeografia como um Aspecto-Chave de Coaching e "Cuidando" 49
Caixa de Ferramentas do Cuidador: Anjo da Guarda 50
    Checklist do Anjo da Guarda 51

Caixa de Ferramentas do Guia: Mapeamento, Metáfora e Intervisão 52
    Mapeamento 52
    Metáforas e Analogias 53
    Intervisão 54
    Mapeamento de Processo de Intervisão 55
Caixa de Ferramentas do Guia: Automapeamento e Ciclos Causais 57
    Ciclos Causais 57
    Fazendo um Mapa de Ciclos Causais 58
Resumo 62

Capítulo 2 Coaching 63
Coaching 65
    Comportamentos 65
    Coaching Comportamental 66
Caixa de Ferramentas do Coaching: Estabelecendo Metas 67
    Definição de Metas 68
    Perguntas para Estabelecimento de Metas 71
Caixa de Ferramentas do Coaching: Objetivos Bem Formulados 73
Folha de Trabalho: Condições de Boa Formulação de Objetivos 77
Parábola do Golfinho 78
    Princípios do Coaching Ilustrados pela Parábola do Golfinho 80
    Relevância da Parábola do Golfinho para o Coaching 81
    Aplicação da Parábola do Golfinho 82
Caixa de Ferramentas do Coaching: Feedback e Alongamento 86
Caixa de Ferramentas do Coaching: Análise Contrastiva e
Mapeamento Cruzado 87
    Formato de Análise Contrastiva 89
    Postura Corporal e Desempenho 89
Caixa de Ferramentas do Coaching: Ancoragem 92
    Ancorando seus Recursos Internos 93
Resumo 93

Capítulo 3 Ensinando 95
Ensinando 97
    Desenvolvimento de Capacidades 97
    Ensinando e a Performance do "Jogo Interno" 98
Canais Representacionais 101
    Canais de Representação e Estilos de Aprendizagem 102
Caixa de Ferramentas do Teaching: Estilos de Liderança 103

Questões de Avaliação 103
   Aplicando os Resultados das Questões de Avaliação dos Estilos de Aprendizagem 106
Caixa de Ferramentas do Teaching: Visualização do
Sucesso e "Ensaio Mental" 109
Caixa de Ferramentas do Teaching: Gerenciamento de Estados 110
   O Círculo de Excelência 111
Modelagem de Capacidades 114
   *T.O.T.S.: Requisitos Mínimos para a Modelagem de Habilidades e
Comportamentos Eficazes* 114
Caixa de Ferramentas do Teaching: T.O.T.S. Questões de Modelagem 116
Caixa de Ferramentas do Teaching: Mapeamento Cruzado de
um T.O.T.S. Eficiente 117
Caixa de Ferramentas do Teaching: Aprendizado Cooperativo 120
   Processo de Aprendizagem Cooperativa 120
Caixa de Ferramentas do Teaching: Focando em Feedback em vez de
no Fracasso 121
Posições Perceptivas Básicas em Comunicação e Relação 122
   Segunda Posição 126
Caixa de Ferramentas do Teaching: Construindo uma Perspectiva
de "Segunda Posição" 127
Caixa de Ferramentas do Teaching: Meta-Mapa 129
   Formato Básico do Meta-Mapa 131
Imagineering 133
Caixa de Ferramentas do Teaching: Imaginando 136
   Formato Coaching de Imaginação 136
Resumo 144

Capítulo 4 Mentoring 147
Mentoring 149
   Valores 150
   Valores e Crenças 151
   O Poder das Crenças 153
   Orientando Valores e Crenças 154
Modelagem de Papéis 155
Caixa de Ferramentas do Mentoring: Estabelecendo Mentores Internos 157
Caixa de Ferramentas do Mentoring: Auditoria de Valores 159
   Folha de Trabalho de Auditoria de Valores 160
   Alinhando Valores com Visão e Ações 162
Caixa de Ferramentas do Mentoring: Criação de Alinhamento para a Mudança 164

Caixa de Ferramentas do Mentoring: Colocando Valores em Ação 164
Caixa de Ferramentas do Mentoring: Planejando Valores 166
Caixa de Ferramentas do Mentoring: Estabelecendo Práticas 167
Sistemas de Crenças e Mudança 169
Caixa de Ferramentas do Mentoring: Avaliação de Crenças 171
    Folha de Trabalho de Avaliação de Crenças 173
Caixa de Ferramentas do Mentoring: Usar Mentores Internos para
Construir Confiança e Fortalecer uma Crença 175
Caixa de Ferramentas do Mentoring: Quadro "Como Se" 176
Reformulação 178
    Reenquadrando Uma Palavra 181
Caixa de Ferramentas do Mentoring: Aplicando Reformulação de
uma Palavra 182
Caixa de Ferramentas do Mentoring: Pontes de Valores 184
Ressignificando Críticas e Censuras 186
    Conseguindo Afirmações Positivas de Intenções Positivas 187
    Transformando Críticas em Questões 189
Caixa de Ferramentas do Mentoring: Ajudando Críticos a
Serem Assessores 190
Resumo 191

Capítulo 5 Apadrinhando 193
Apadrinhando 195
    Identidade 196
    O Estilo e as Crenças de um Sponsor 197
    Mensagens de Sponsorship 198
    Não Sponsorship e Sponsorship Negativo 200
Um Exemplo de Sponsorship 204
Habilidades do Sponsorship 207
Caixa de Ferramentas do Sponsorship: Encontrando a
Fonte de Seus Recursos 211
Caixa de Ferramentas do Sponsorship: Centramento Ativo 216
Caixa de Ferramentas do Sponsorship: Ouvindo Parceiros 217
Caixa de Ferramentas do Sponsorship: Exercício "Eu Vejo" e "Eu Sinto" ...219
A Jornada do Herói 220
Caixa de Ferramentas do Sponsorship: Mapeando a Jornada do Herói 223
Caixa de Ferramentas do Sponsorship: Começando a Jornada do Herói 225
Energias Arquetípicas 227
Caixa de Ferramentas do Sponsorship: Energias Arquetípicas
Co-Sponsoring 228

Caixa de Ferramentas do Sponsorship: Nomenclatura Adequada 229
Caixa de Ferramentas do Sponsorship: Sponsoring um Potencial 232
Caixa de Ferramentas do Sponsorship: Formato de Sponsorship em Grupo 235
Caixa de Ferramentas do Sponsorship: Recuperando Sponsors Perdidos 238
Resumo 240

Capítulo 6 Despertando 245
Despertando 247
   "Espírito" e "Campo" 248
   Coach como um Awakener 249
Não Saber 252
   Nerk-Nerk 253
Uptime 254
Caixa de Ferramentas do Awakener: Criando uma Âncora de "Uptime" 255
Tendo Acesso ao Inconsciente 256
Caixa de Ferramentas do Awakener: Sonhos Ativos 259
   Exercício de Sonhos Ativos 260
Caixa de Ferramentas do Awakener: Despertando para a Liberdade 261
   Formato de Despertar para a Liberdade 262
Duplo Vínculo 264
Caixa de Ferramentas do Awakener: Transcendendo Duplos Vínculos 267
Caixa de Ferramentas do Awakener: Criando Duplos Vínculos Positivos 269
Níveis de Aprendizagem e Mudança de Bateson 271
   Aprendizagem IV 276
   Visão Geral dos Quatro Níveis de Aprendizagem 277
Estratégias de Sobrevivência 279
Caixa de Ferramentas do Awakener: Atualizando Estratégias de
Sobrevivência Através dos Níveis de Aprendizagem e Mudança de Bateson 280
Resumo 283

Conclusão 287

Posfácio 297

Apêndice A: Uma breve história dos níveis lógicos 299

Referências 325

Sobre o Autor 327

Reconhecimentos

Eu gostaria de reconhecer:

Stephen Gilligan, por sua importante e profunda contribuição na noção do sponsorship terapêutico e por seu sponsorship pessoal para mim e para meu trabalho.

Judith DeLozier, Todd Epstein, Robert McDonald, Tim Hallbom, Suzi Smith e Richard Clarke por sua amizade, suporte e contribuições em termos de diversas ferramentas e processos descritos neste livro.

John Grinder e Richard Bandler, que despertaram meu chamado com respeito ao coaching e à PNL, e que vêm sendo sponsors e guardiões para mim em momentos-chave durante minha jornada.

Jenny D'Angelo, que dedicou seus olhos afiados e forte sensibilidade literária para ajudar na revisão, edição e produção deste livro de capa a capa. Ela tem sido um anjo guardião e gerente de projetos para este empreendimento de várias formas.

Alain Moenart e Anne Pierard, por sugerirem o tema e o título *De Coach a Awakener* e por patrocinarem o primeiro workshop que se tornou base para este livro. Eu quero também reconhecer Anne por suas ideias e sugestões relativas à noção das estratégias de sobrevivência.

À Anita, Drew e Julia Dilts, por seu suporte durante o tempo, muitas vezes de intenso foco, que se toma para escrever um livro.

Prefácio

De "Coach a Awakener" pode ser considerado, de muitas formas, um livro de trabalho para coaches. De fato, o livro começa como um manual para um workshop patrocinado por Anne Pierard e Alain Moenart do Instituto de Recursos em Bruxelas, Bélgica, em maio de 1999. Assim como fizeram muitas vezes, Anne e Alain queriam me ajudar a criar um programa que empurrasse a borda do envelope de treinamentos para pessoas interessadas em ajudar outras e a si mesmas a crescer e melhorar.

O propósito desse seminário era oferecer aos coaches, consultores, trainers, conselheiros e terapeutas um conjunto de instrumentos para ajudar seus clientes a alcançarem suas metas, questões e mudarem em níveis diferentes de suas vidas.

A estrutura do seminário e, consequentemente, deste livro, é fundamentada no modelo de Níveis NeuroLógicos, que foi inspirado no trabalho de Gregory Bateson (a relação entre os Níveis NeuroLógicos e o trabalho de Bateson está coberta em profundidade no *Apêndice A*). A ideia básica desse modelo é de que existe uma hierarquia de níveis de aprendizagem e mudança em nossas vidas – cada nível transcende, mas inclui processos e relacionamentos com o nível abaixo dele. A extensão dos níveis nessa hierarquia inclui nosso ambiente, comportamento, capacidades, crenças, valores, identidade e propósito com respeito ao sistema maior ou "campo" do qual fazemos parte.

A premissa do modelo de Níveis NeuroLógicos é que cada nível em sua hierarquia tem uma diferente estrutura e função em nossas vidas. Consequentemente, diferentes tipos de suportes são necessários para eficientemente produzir e gerenciar mudança nos vários níveis. Nós *guiamos* pessoas a aprender sobre novos ambientes, por exemplo, nós as *conduzimos* para aumentar competências de comportamentos específicos; as *ensinamos* novas capacidades cognitivas; as *orientamos* capacitando suas crenças e valores; *apadrinhamos* crescimento no nível de identidade; e *despertamos* a consciência das pessoas para o sistema maior ou "campo".

Para ter sucesso em alcançar resultados desejados em cada um desses níveis, nós precisamos também de instrumentos eficazes. Então, um dos principais objetivos do "De Coach a Awakener" é prover caixas de ferramentas para cada nível de mudança a ser endereçada.

Uma implicação importante na abordagem deste livro é que instrumentos diferentes têm usos e propósitos diferentes; e isto é importante para selecionar os instrumentos corretos para o trabalho. Instrumentos que são eficazes para produzir mudança em um nível, por exemplo, mas podem ter um valor limitado em outros níveis. Como uma analogia, o bisturi de um cirurgião deve ter pouco uso para alterar o código genético de uma célula. Querer atualizar crenças usando uma técnica de comportamentos pode ser como usar um martelo para conduzir um parafuso ou cortar uma placa ao meio com uma chave de fenda. Com uma serra seria muito mais fácil e eficaz.

É importante salientar que os "instrumentos" descritos neste livro são intencionados a ser mais do que técnicas de-uma-só-vez, que são usadas para fixar alguma coisa que está quebrada. Um instrumento é algo que pode ser usado e reusado, para construção de algo novo, tanto quanto para melhorar ou reparar o que já existe.

A meta geral é para que coaches e clientes usem os instrumentos juntos para ajudar os clientes a construir o futuro que eles desejam e ativar os recursos necessários para alcançar este futuro. O papel do coach é ensinar seus clientes a utilizarem os instrumentos com eles mesmos. Quando clientes se tornam proficientes em cada instrumento da caixa de ferramentas, são capazes de usar esses instrumentos com progressiva menor dependência do coach para seus sucessos. Desta forma, esse livro pode ser tão valioso para clientes quanto para coaches.

Como o livro foi organizado sequencialmente, começando com os instrumentos e suportes necessários para a mudança no nível de ambiente e culminando com o nível espiritual, não é necessário ler ou usar o material de uma forma sequencial. Sinta-se livre para pular e focar na área de mudança que for mais relevante a você.

Robert Dilts

Março, 2003
Santa Cruz, Califórnia

Introdução

Geralmente, *coaching* é o processo de ajudar pessoas e times a alcançar o pico de desempenho em suas habilidades. Isso envolve extrair pontos fortes das pessoas, ajudá-las a ultrapassar barreiras pessoais e facilitar para que atuem mais eficientemente como membros de um time. Então, um processo eficiente de coaching requer uma ênfase tanto na tarefa quanto no relacionamento.

Coaching enfatiza a mudança generativa, se concentra em definir e alcançar metas específicas. Metodologias do coaching são orientadas para resultados em vez de serem orientadas para problemas. Elas tendem a ser mais altamente focadas em soluções e promoção de desenvolvimento de novas estratégias para pensamento e ação, em oposição a tentar resolver problemas e conflitos do passado. A solução de problemas e as mudanças remediativas estão mais associadas à consultoria e à terapia.

Origens do Coaching

O termo *coach* veio da palavra *coche* do Inglês Médio, que significa "carroça ou carro". De fato, a palavra ainda carrega esse significado atualmente — por exemplo, quando uma pessoa viaja "coach" em uma estrada de ferro ou companhia aérea. Um "coach" é literalmente um veículo que carrega uma pessoa ou grupo de pessoas de um local de início para outro desejado.

A noção de coaching no sentido educacional deriva do conceito de que um tutor "transmite" ou "transporta" o estudante através de seus exames. Um coach educacional é definido como um "tutor particular", "alguém que instrui ou treina um executante ou um grupo de executantes" ou "alguém que instrui participantes nos fundamentos de um esporte competitivo e direciona estratégias de time". Este processo de ser um coach é definido como "treinar intensivamente" (como instrução ou demonstração).

Desta forma, historicamente, coaching é tipicamente focado para alcançar a melhoria com respeito ao desempenho de comportamentos específicos. Um coach eficiente deste tipo (tais como um "coach de voz", um "coach de atuação", um "coach de arremesso") observa o comportamento da pessoa e dá dicas ou guias de como se aprimorar em contextos e situações específicas. Isso envolve promover o desenvolvimento da competência no comportamento da pessoa através de observação e feedback cuidadosos.

A Revolução do Coaching

Em anos recentes, começando nos anos 80, a noção de coaching tem assumido um significado mais generalizado e amplo. Coaching em organizações envolve uma variedade de maneiras de ajudar pessoas a melhorar seu desempenho, incluindo coaching de projetos, situacional e transacional. O *coaching de projetos* envolve o gerenciamento de estratégias de um time para alcançar um resultado mais eficiente. O *coaching situacional* foca em específicos enriquecimentos ou aumento de desempenho em um contexto. O *coaching transacional* envolve ajudar pessoas a mover-se de um trabalho ou papel a outro.

Muitas empresas e organizações estão optando por coaching desses tipos, em lugar de ou em adição ao treinamento. Como coaching é mais focado, contextualizado e individualmente visado, frequentemente, é mais rentável do que métodos tradicionais de treinamento em produção de uma mudança real.

A questão essencial a ser endereçada por todos os tipos de coaching organizacional é: "Como pode a empresa ser estruturada mais eficientemente através do desenvolvimento pessoal de gerentes e líderes individuais, agindo independentemente e em times?" Para prover uma resposta prática a essa questão, coaching executivos para organizações cobrem uma série de atividades, incluindo:

- Desenvolvimento pessoal, em um contexto não terapêutico, que está alinhado às metas da organização;
- Consultorias de negócios com base um-para-um;
- Transformação organizacional por meio dos indivíduos e alinhamento organizacional pelas metas futuras.

Questões comuns tratadas em coaching executivo envolvem os meios necessários para atingir os resultados desejados em áreas-chave de negócios e empreendedorismo, e incluem:

- ❖ Criar possibilidades generativas;
- ❖ Fazer escolhas;
- ❖ Afirmar expectativas (para si mesmo/para outros);
- ❖ Estabelecer comunicação clara;
- ❖ Criar gerenciamento de tempo;
- ❖ Aprender com erros passados;
- ❖ Prover resolução de problemas;
- ❖ Melhorar relacionamentos no trabalho;
- ❖ Estabelecer gestão para cima/para baixo;
- ❖ Prover equilíbrio de vida pessoal e profissional.

Outra área rapidamente desenvolvida é a de coaching de vida. *Coaching de vida* envolve ajudar pessoas a alcançar metas pessoais, que podem ser mais largamente independentes dos objetivos profissionais ou organizacionais. Parecido com o coaching transicional, o coaching de vida ajuda pessoas a lidar eficientemente com a variedade de questões que podem encontrar enquanto elas se movem de uma fase a outra.

O "C" maiúsculo e o "c" minúsculo no Coaching

Claramente, o coaching pessoal, o coaching executivo e o coaching de vida provêm suporte a um número diferente de níveis: comportamento, capacidades, crenças, valores e até identidade. Estas novas e mais genéricas formas de coaching – coaching executivo e coaching de vida – podem ser referidos como o "C" maiúsculo de Coaching.

O coaching com "c" minúsculo é mais focado no nível de comportamento e se refere ao processo de ajudar pessoas a alcançarem ou melhorarem um desempenho em um comportamento específico. Os métodos do coaching com "c" minúsculo derivam primariamente do modelo de treinamentos esportivos, provendo consciência de recursos e habilidades e desenvolvendo competência consciente.

O Coaching com "C" Maiúsculo envolve ajudar pessoas a alcançar efetivamente resultados em uma série de níveis. Ele enfatiza a mudança generativa, concentra em fortalecer a identidade e os valores e trazer sonhos e metas para a realidade. O que engloba as ferramentas do coaching com "c" minúsculo também, mas inclui muito mais.

Este livro aborda uma série de instrumentos e ferramentas necessárias para ser um eficiente Coach com "C" Maiúsculo.

PNL e Coaching

As técnicas e os métodos apresentados neste livro são tirados em grande parte do campo de *Neuro-Linguistic-Programming* (PNL). As habilidades e ferramentas da PNL são excepcionalmente adequadas para a promoção de coaching eficaz. O foco da PNL sobre a condição de boa formulação de resultados, a sua fundamentação em modelagem de artistas excepcionais, e sua capacidade de produzir processos passo a passo para promover excelência, a torna um dos mais importantes e poderosos recursos tanto para os "C" quanto aos "c" coaches.

As habilidades, ferramentas e técnicas comuns da PNL que suportam um coaching eficaz incluem: estabelecimento de metas e condições de boa formulação de resultados, gestão de estados internos, obtenção de diferentes posições perceptivas, identificação de momentos de excelência, mapeamento de recursos e fornecimento de f*eedback* de alta qualidade.

O Laço de Modelagem no Coaching

Embora o foco do coaching seja, normalmente, sobre *o que* uma pessoa está fazendo e precisa fazer a fim de ter um desempenho eficaz, o foco da PNL e do processo de modelagem da PNL é sobre *como* ter um desempenho ótimo. A Modelagem envolve identificação e análise de exemplos de performances de sucesso (um tipo de combinação de aferição e análise de sucesso); por vezes, por comparações com performances mal-sucedidas (Veja "Modelando com PNL", Dilts, 1999.).

Coaching e modelagem são, portanto, dois processos essenciais e complementares para o alcance do desempenho ideal em qualquer área, formando um laço entre o que precisa ser feito e como fazê-lo. Modelagem aumenta o desempenho do coach, definindo como tarefas e atividades-chave podem ser feitas da melhor forma, e a modelagem oferece aos coaches formas de ajudar as pessoas a interiorizarem e colocarem em prática o que foi modelado (Veja "Modelagem e Coaching", Dilts e DeLozier, 2002.).

O laço "coaching-modelagem" é um exemplo de *aprendizagem de laço duplo*. Há um velho ditado que diz que "se você dá a uma pessoa um peixe, você o alimentou por um dia; mas se você ensinar uma pessoa a pescar, você a alimentou pelo resto de sua vida". "A *aprendizagem de laço duplo*" implicaria ajudar uma pessoa a pegar um peixe, e ao fazê-lo, ensinar a pessoa a pescar ao mesmo tempo. Assim, trata-se de alcançar dois resultados simultaneamente, aprender *o que* fazer e, ao mesmo tempo, *como* fazer.

Modelagem
Melhora no desempenho
Coaching
O que

Laço duplo de aprendizagem envolve dois níveis simultâneos de aprendizado

Em certo sentido, a aprendizagem de laço duplo envolve a obtenção de "dois com preço de um". Em um processo criativo de laço duplo, por exemplo, uma pessoa seria treinada a chegar a uma importante e inovadora ideia ou solução e, ao mesmo tempo, aprenderia uma estratégia ou "receita" para gerar outras ideias criativas que poderiam ser aplicadas em outras situações no futuro.

O objetivo das ferramentas e processos neste livro é fornecer esta capacidade de laço duplo, combinando treinamento e modelagem para enriquecer e melhorar o desempenho eficaz.

Níveis de Aprendizado e Mudança em Indivíduos e Organizações

Níveis NeuroLógicos é um dos mais úteis modelos para o "C" coaches (veja *Apêndice A*). Ambos, coaching e modelagem, têm frequentemente necessidade de abordar múltiplos níveis de aprendizagem e mudança, a fim de serem bem-sucedidos. De acordo com o modelo de *Níveis NeuroLógicos* (Dilts, 1989, 1990, 1993, 2000), a vida de pessoas em qualquer sistema e, na verdade, a vida do sistema em si, pode ser descrita e compreendida num número de níveis diferentes: ambiente, comportamento, capacidades, valores e crenças, identidade e espiritualidade.

No nível mais básico, coaching e modelagem devem tratar o *ambiente* no qual um sistema e os seus membros agem e interagem – isso é, *quando* e *onde* as operações e relações dentro de um sistema ou organização tomam espaço. Os fatores ambientais determinam o contexto e constrangimentos em que as pessoas operam. O ambiente de uma organização, por exemplo, é composto de fatores, como a posição geográfica de suas operações, os edifícios e instalações definem o "local de trabalho", o design do escritório, da fábrica, entre outros. Além da influência que esses fatores ambientais podem ter sobre as pessoas dentro da organização, também se pode analisar a influência e o impacto que as pessoas, dentro de uma organização, exercem sobre o meio ambiente e quais produtos ou criações eles trazem para o meio ambiente.

Em outro nível, podemos examinar os *comportamentos* e as ações específicas de um grupo ou indivíduo — isto é, *o que* a pessoa ou organização faz dentro do ambiente. Quais são os padrões determinados de trabalho, interação ou comunicação? Em um nível organizacional, os comportamentos podem ser definidos em termos de procedimentos gerais. No nível individual, comportamentos assumem a forma de rotinas de trabalho específicas, hábitos ou atividades relacionadas ao trabalho.

Outro nível de processo envolve as estratégias, habilidades e *capacidades*, através das quais a organização ou o indivíduo seleciona e dirige as ações dentro do seu ambiente — isto é, *como* ele gera e orienta seu comportamento dentro de um contexto particular. Para um indivíduo, capacidades incluem estratégias cognitivas e habilidades, tais como aprendizagem, memória, tomada de decisão e criatividade, o que facilita o desempenho de um comportamento ou tarefa particular. Em um nível organizacional, as capacidades estão relacionadas com as infraestruturas disponíveis para apoiar a comunicação, inovação, planejamento e tomada de decisões entre os membros da organização.

Estes outros níveis de processo são moldados por *valores e crenças*, que fornecem motivação e orientações por trás das estratégias e capacidades utilizadas para alcançar os resultados comportamentais no ambiente — isso é, *por que* as pessoas fazem as coisas da maneira que elas fazem em um determinado tempo e lugar. Nossos valores e crenças fornecem o reforço (*motivação* e *permissão*) que suporta ou inibe as capacidades específicas e os comportamentos. Valores e crenças determinam como são dados significados aos eventos, e estão no centro do julgamento e da cultura.

Valores e crenças dão suporte ao senso de *identidade* de um indivíduo ou organização – isso é, *quem* está por trás do por quê, como, o quê, onde e quando. Os processos de nível de identidade envolvem senso de papel e missão das pessoas em relação à sua visão e aos sistemas maiores de que são membros.

Normalmente, uma missão é definida em termos do serviço prestado pelas pessoas em um papel especial com respeito a outros dentro de um sistema maior. A identidade ou função específica é expressa em termos de vários valores e crenças-chave, que determinam as prioridades a serem seguidas por indivíduos dentro da função. Estes, por sua vez, são apoiados por uma maior gama de habilidades e capacidades, que são necessárias para manifestar valores e crenças particulares. Capacidades eficazes produzem um conjunto ainda maior de comportamentos e ações específicas, que expressam e adaptam valores com relação a muitos determinados contextos e condições ambientais.

Há outro nível, que pode ser mais bem referido como nível espiritual. Este nível tem a ver com a percepção dos sistemas maiores a que pertencem e nos quais participam as pessoas. Essa percepção se relaciona com senso de uma pessoa *por quem* ou *para o que* as suas ações são dirigidas, proporcionando uma sensação de significado e propósito para suas ações, capacidades, crenças e identidade-papel.

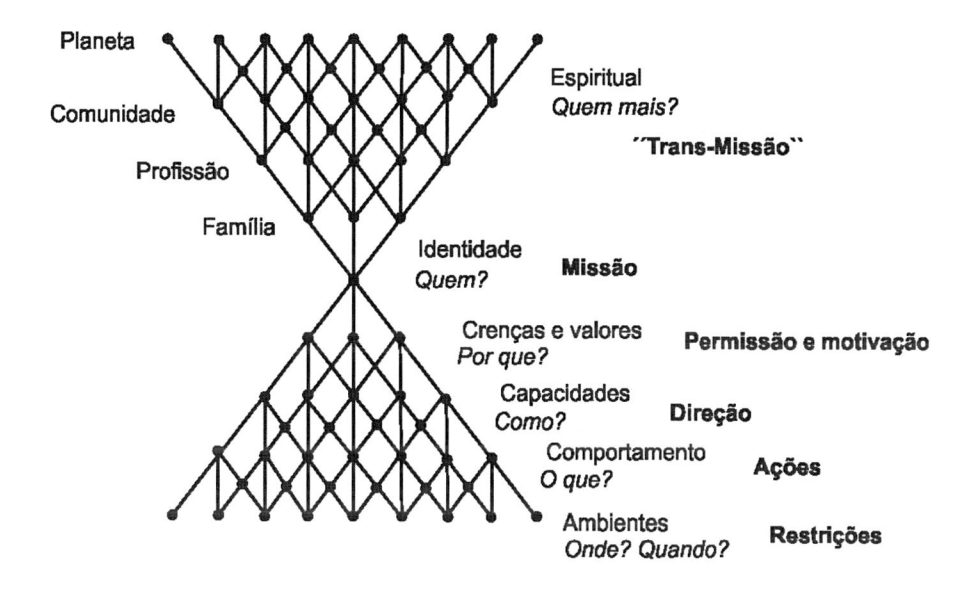

Níveis de processos dentro de indivíduos e organizações

Em resumo, coaching e modelagem devem abordar vários níveis de fatores:

• **Ambientais** – determinam as oportunidades ou constrangimentos a que os indivíduos e as organizações devem reconhecer e reagir. Elas envolvem considerar *onde e quando* o sucesso ocorre;

• **Comportamentais** – são as etapas de ações específicas tomadas, a fim de alcançar o sucesso. Elas envolvem *o que*, especificamente, deve ser feito ou realizado, a fim de obter sucesso;

• **Capacidades** – se relacionam com os mapas mentais, planos ou estratégias que levam ao sucesso. Elas dirigem *como* as ações são selecionadas e monitoradas;

• **Crenças e Valores** – fornecem o reforço que apoia ou inibe as capacidades e ações específicas. Elas se relacionam com o *porquê* um determinado caminho é tomado e as mais profundas motivações que levam as pessoas a agir ou perseverar;

• **Identidade** – dizem respeito ao sentido do papel ou missão das pessoas. Estes fatores são uma função de *quem* uma pessoa ou grupo percebe-se ser;

• **Espiritualidade** – referem-se à visão do sistema maior ao qual as pessoas fazem parte. Estes fatores envolvem *por quem ou para quem* uma determinada ação ou caminho tenha sido tomado (o propósito).

Níveis de Apoio à Aprendizagem e Mudança — um Roteiro para o "C" Maiúsculo Coaching

A tarefa do Coach "C" é fornecer o apoio necessário e "a guarda", fundamentais para que os clientes possam desenvolver, crescer e evoluir com sucesso em todos os níveis de aprendizagem e mudança. Dependendo da situação e das necessidades do cliente, o coach pode ser chamado a dar apoio em um ou em todos esses níveis, exigindo que ele assuma um dos vários papéis possíveis (Dilts, 1998, 1999, 2000).

Guiding e Caretaking (Guiando e Cuidando)

Guiar e cuidar tem a ver com prover suporte em relação ao "ambiente" no qual a mudança tem lugar. Guiar é um processo de direcionar a outra pessoa ao longo do caminho, conduzindo-a do estado atual para o estado desejado. Pressupõe-se que o "guia" já esteve lá antes e conheça o melhor caminho (ou pelo menos um caminho) para alcançar o estado desejado. Ser um cuidador ou "guardião" envolve proporcionar um ambiente seguro e que dê suporte. Tem a ver com atender o contexto externo certificando-se de que o que é necessário esteja disponível e não haja distrações desnecessárias ou interferências externas.

Coaching

Coaching tradicional (ou seja, coach "c" minúsculo) está focado em um nível comportamental, envolvendo o processo de ajudar outra pessoa a alcançar ou melhorar a performance de um comportamento particular. Métodos de coaching neste nível derivam principalmente de um modelo de formação desportiva, promovendo a consciência dos recursos e habilidades, e o desenvolvimento da competência consciente. Eles envolvem extrair e fortalecer capacidades das pessoas através da observação cuidadosa e feedback, facilitando-os a agir em coordenação com outros membros da equipe. Um coaching efetivo desse tipo observa o comportamento das pessoas e lhes dá dicas e orientações sobre como melhorar em contextos e situações específicas.

Teaching (Ensinando)

Ensinar refere-se a ajudar uma pessoa a desenvolver suas *habilidades e capacidades cognitivas*. O objetivo de ensinar é geralmente assistir pessoas para que elas ampliem suas competências e "habilidades de pensar" relevantes para uma área de aprendizado. O ensinar foca na aquisição de habilidades cognitivas gerais, em vez de performances particulares em situações específicas. Um professor ajuda uma pessoa a desenvolver novas estratégias para pensar e agir. A ênfase de ensinar está mais em novos aprendizados do que em refinar a performance anterior de alguém.

Mentoring (Sendo um Mentor)

Ser Mentor implica guiar alguém para descobrir suas próprias competências inconscientes e superar as resistências e interferências internas, pela confiança na pessoa e validando suas intenções positivas. Mentores ajudam a moldar ou influenciam as *crenças e valores* da pessoa por uma forma positiva de "ressonância" com ela, libertando e revelando a sua sabedoria interna, frequentemente por meio do seu próprio exemplo. Este tipo de orientação, em geral, torna-se parte da pessoa, de modo que a presença do Mentor não seja mais necessária. As pessoas são capazes de manter "mentores internos" como conselheiros e guias para suas vidas em muitas situações.

Sponsoring (Apadrinhando)

Sponsorship é o processo de reconhecimento e validação ("ver e abençoar") da essência ou identidade da outra pessoa. Sponsorship envolve buscar e salvaguardar o potencial das pessoas, focando no desenvolvimento da identidade e dos valores essenciais. Um Sponsorship efetivo resulta do compromisso de promover algo que já está dentro da pessoa ou grupo, mas que não se manifesta na sua total capacidade. Isto é alcançado pelo envio constante de mensagens tais como: "Você existe. Eu vejo você. Você é valioso. Você é importante, especial, único. Você é bem-vindo. Você pertence a este lugar. Você tem algo para contribuir". Um bom Sponsor cria um contexto no qual as pessoas possam atuar, crescer e se exceder. Sponsors proveem condições, contatos e recursos que permitam ao grupo ou indivíduo, que está sendo "apadrinhado", colocar foco, desenvolver e usar suas próprias habilidades e competências.

Awakening (Despertando)

O despertar vai além de coach, de ensinar, de ser um mentor e um sponsor, para incluir o nível da *Visão, Missão e Espírito*. Um awakener dá suporte a outra pessoa para prover contextos e experiências que tragam à tona o melhor entendimento daquela pessoa sobre amor, sobre si mesma e sobre espiritualidade. O awakener *desperta* os demais através de sua própria integridade e congruência e coloca as outras pessoas em contato com suas próprias missões e visões por estar em contato pleno com sua própria missão e visão.

Como exemplo destes vários níveis de suporte em um nível muito simples e prático, considere o exemplo de uma pequena equipe de uma liga de beisebol.

Para que um grupo de jovens se torne uma equipe eficaz, os técnicos precisam organizar os recursos ambientais essenciais, tais como o campo, os uniformes, equipamentos e refrescos. Estes seriam fornecidos por vários caretakers. Os jogadores também precisam de orientações relativas à forma de chegar ao campo e aos treinos e jogos, isto é, onde e quando as atividades vão ocorrer.

Para utilizar estas oportunidades e recursos de forma adequada, os jovens terão de desenvolver competência comportamental com as ações fundamentais que compõem o jogo. Esta viria através de coaching tradicional ("c" pequeno). Coaching de arremessos e rebatidas, por exemplo, tem necessidade de observar os jogadores jogando a bola e balançando o bastão, e fornecer feedback e dicas para jogadas individuais específicas. Os coaches também têm que ajudar os jogadores a coordenar estas atividades (juntamente com campo e base de corrida), a fim de atuar como uma equipe.

A competência comportamental é inútil, no entanto, se os jogadores não entendem o jogo. Assim, os coaches também têm de ensinar aos jogadores as regras do jogo e explicar-lhes como ajustar as suas ações em diferentes situações. Isto envolve compreensão cognitiva e julgamento com base no conhecimento de possíveis contingências e resultados. Os jogadores também precisam aprender a centrar a sua atenção de forma adequada e manter a sua "cabeça no jogo". Estes são elementos do chamado "jogo interno" de um esporte particular. É este conhecimento e a compreensão que formam a base para a habilidade e a capacidade de jogar o jogo.

Para trabalhar em conjunto de forma eficaz e desenvolver a "vontade de vencer", os jogadores também precisam acreditar em si mesmos e em seus colegas de equipe e partilhar valores comuns. Um trabalho fundamental de um coach é ajudar a incutir valores e crenças que vão motivar os jogadores a crescer e obter sucesso. O treinador deve motivá-los para exporem valores fundamentais, como o respeito, a confiança, a disciplina, o trabalho em equipe e outros, demonstrando-os pelo seu próprio exemplo. Além disso, um bom coach terá de fornecer inspiração e motivação para os jogadores manterem o foco e passarem por situações difíceis. O jogador, por vezes, pode sofrer uma "queda", ou seja, passar por uma fase de baixo desempenho, o que pode diminuir sua autoconfiança e crença em si mesmo. Em tais situações, o coach terá de agir como um mentor para ajudá-lo a recuperar um estado de espírito positivo.

Se um jogador está lutando para pegar uma jogada ou batendo na placa, por exemplo, o coach poderia chamar um "tempo" e ter uma breve conversa com o jogador. Durante essa conversa, o coach normalmente não está oferecendo um feedback comportamental específico ou explicando o jogo para o jogador. Em vez disso, o coach geralmente diz algo como: "Vamos. Você sabe que você pode fazer isso. Estamos todos atrás de você. Basta relaxar e dar o seu melhor". O objetivo destas mensagens de encorajamento é ajudar a fortalecer e reforçar a crença do jogador em si mesmo.

Os melhores coaches também são "patrocinadores" para seus jogadores, reconhecendo-os como indivíduos únicos e especiais, vendo que cada jogador é um "vencedor" em um nível de identidade, dando boas-vindas a cada um para a equipe como um importante e valorizado contribuinte. É esse reconhecimento que inspira profundamente cada jogador para dar o seu melhor. Uma boa indicação do poder desse tipo de patrocínio é demonstrada pelos resultados das tentativas de induzir estados de desempenho de excelência e pico de atletas. Quando lhe pediram para "pensar em um momento em que ele estava realmente jogando o seu melhor e executando com excelência", o atleta normalmente recorda alguns eventos, mas muitas vezes tem alguma dificuldade em recuperar o efeito completo do estado de pico. Por outro lado, quando solicitado a "pensar em seu melhor treinador," muitos atletas entram imediatamente em um estado forte, inventivo. Foi através do seu reconhecimento e reconhecimento do seu treinador que passou a se ver como um "jogador de bola" e um "vencedor".

As pessoas muitas vezes comentam que aprenderam importantes lições de vida através do seu envolvimento com o esporte. Isso ocorre quando um coach é capaz de ajudar a despertar neles a experiência do jogo como uma metáfora mais profunda para a vida. Sem dúvida, a razão pela qual algumas pessoas acabam dedicando suas vidas a um esporte é porque elas se sentem ligadas a algo maior através do esporte. Um resultado fundamental para um coach é trabalhar para criar um tipo de "espírito de equipe", de tal forma que os jogadores sintam um senso de propósito e de pertencimento. Este é um fator-chave de sucesso para cada equipe e algo que pode durar o resto da vida de uma pessoa.

Este grupo complementar de competências — caretaking, guiding, coaching, teaching, mentoring, sponsoring and awakening — define o conjunto de habilidades de um Coach "C". Estas são habilidades essenciais, independentemente de se estar treinando um pequeno time da liga de beisebol, um colega de trabalho para melhorar sua capacidade de se comunicar, um grupo de projeto em uma empresa, uma pessoa que faz uma transição de vida, ou o diretor de uma multinacional. Cada um dos diferentes níveis de apoio requer uma qualidade diversa de relacionamento por parte do coach e um conjunto diversificado de ferramentas. As ferramentas de mentoring, por exemplo, são distintas das demais.

Como a analogia da pequena liga ilustra, muitas situações vão exigir uma combinação ou sequência de ferramentas, habilidades e tipos de apoio. O propósito deste livro é definir os tipos de contextos e situações que instam o Coach "C" maiúsculo a se concentrar em um determinado papel, ou seja, caretaker, guide, coach, teacher, mentor, sponsor, awakener — para fornecer um conjunto de ferramentas específicas para cada função. Em outras palavras, para fornecer o conjunto de ferramentas que um coach efetivo precisa para gerenciar todo o escopo do Coach "C" ao treinar atividades — de caretaking a awakening.

Capítulo 1

Cuidando e Guiando

Visão geral do Capítulo 1

Cuidando e Guiando
- Fatores Ambientais
- Cuidando
- Guiando
- Afirmações e Estilo do Caretaker ou do Guide

Caixa de Ferramentas do Caretaker: "Psicogeografia"
- Usando Psicogeografia com Grupos e Equipes
- Usando Psicogeografia para Facilitar Tipos Diferentes de Processos de Grupos
- Psicogeografia como Aspecto-Chave do Coaching e do Caretaking

Caixa de Ferramentas do Caretaker: Anjo da Guarda
- Checklist do Anjo da Guarda

Caixa de Ferramentas do Caretaker: Mapeamento, Metáfora e Intervisão
- Mapeamento
- Metáfora e Analogia
- Intervisão
- Mapeamento de Processos de Intervisão

Caixa de Ferramentas do Caretaker: Automapeamento e Ciclos Causais
- Ciclos Causais
- Fazendo um Mapa de Ciclos Causais

Resumo

Cuidando e Guiando

Você tem que conhecer o território — O Homem Música.

Orientar e guardar tem a ver com o fornecimento de apoio com respeito ao meio ambiente onde uma mudança individual ou organizacional está ocorrendo.

Fatores ambientais

Nosso *ambiente* é o contexto externo onde ocorrem os nossos comportamentos e interações. "Ambiente" é o que nós percebemos como sendo "fora" de nós. Um ambiente em particular é composto por fatores tais como o tipo de lugar, as condições climáticas, a alimentação, o nível de ruído, e muitos outros que cercam um indivíduo ou grupo. Estímulos externos vão afetar as respostas e o estado dos indivíduos e dos membros do grupo e devem ser considerados como parte de qualquer processo orientado. Os fatores ambientais determinam, assim, as oportunidades externas ou restrições que os indivíduos e as organizações devem reconhecer e como reagir. Tais influências ambientais moldam a nossa experiência do *onde* e *quando* de um determinado "espaço-problema" de uma mudança, isto é, o fator contextual, como espaço físico e restrições de tempo, que influenciam a nossa forma de abordar um problema ou objetivo.

Em teoria da decisão, as variáveis ambientais incluem todas as dimensões de um "espaço-problema", que são percebidas como fora do controle dos atores ou tomadores de decisão. O tempo, por exemplo, é uma variável ambiental clássica. É algo que não podemos controlar diretamente e devemos nos adaptar. Nossa escolha de roupas, no entanto, é uma "variável de decisão" relacionada com nossas reações comportamentais a particulares variáveis ambientais. Para atingir com sucesso o resultado de permanecermos quentes e secos, quando ficarmos ao ar livre, devemos levar em conta as variáveis ambientais e de decisão.

Para alcançar um determinado resultado ou estado desejado, oportunidades e constrangimentos ambientais precisam ser identificados e tratados de alguma forma. Assim, para além da definição de um estado atual e um estado desejado, o desempenho eficaz envolve aproveitar as oportunidades e abordar as limitações do ambiente onde se está operando. As decisões que as pessoas tomam e os recursos que escolhem para mobilizar são frequentemente o resultado do ambiente em que se percebem ou assumem que estão agindo. Os fatores ambientais aparecem no planejamento como "contingências" — fatores que podem ou não variar, mas que não estão sujeitos ao controle arbitrário do indivíduo ou organização.

Caretakers e Guides nos ajudam a criar ou aproveitar as oportunidades ambientais e a identificar e lidar com as restrições ambientais.

Cuidando

Ser um caretaker ou "guardião" significa promover um ambiente seguro e de apoio. Tem a ver com assistir ao contexto externo, certificando-se de que o que é necessário esteja disponível, e tomar medidas para ver que não há distrações desnecessárias ou interferências do exterior.

Bons pais, por exemplo, atuam como caretakers quando preparam um espaço de jogo seguro e estimulante para os seus filhos. Todos os itens potencialmente perigosos são removidos, e brinquedos, ferramentas interessantes e outros artifícios devem são fornecidos para as crianças se interessarem. Tal ambiente promove a oportunidade de experimentar e explorar, baseando-se em seus interesses e desejos individuais.

Outro bom exemplo de caretaking é quando uma pessoa vai a um hospital ou uma clínica. Em tal ambiente, as necessidades físicas dos pacientes são supridas e eles são colocados em um contexto que está livre das tensões, contaminações e tentações de seus arredores típicos. Isso permite que as pessoas se concentrem em si mesmas e nas mudanças pessoais ou internas que precisam tomar a fim de se recuperar ou curar.

A criação de um evento em "local externo" eficaz para gestores é outro exemplo de uma espécie de caretaking. O objetivo desses eventos é o de proporcionar um ambiente enriquecedor e de apoio, propício para a construção e o crescimento pessoal da equipe.

Como estas analogias sugerem, quando um coach está agindo como um caretaker, vai querer criar um contexto que maximamente suporta seus clientes para serem capazes de alcançar seus objetivos e se desenvolverem com sucesso. Trata-se de considerar questões como:

• De quais recursos externos e suporte os clientes precisam para alcançar seus objetivos?

• Onde os clientes podem obter esses recursos e o que poderão lhes proporcionar?

• Para atingir os seus resultados, quais ações e comportamentos os clientes precisam explorar ou experimentar?

• Onde, quando e com quem os clientes poderiam experimentar essas ações e comportamentos?

• De que tipo de ambiente, apoio e proteção os clientes precisam de outras pessoas para ser capazes de fazer isso?

• De quais as ferramentas e recursos físicos (por exemplo, cadeira, bebidas, instrumentos de escrita, jornal, quadro branco, flip-chart, marcadores etc.) os clientes precisam, a fim de atingir seus objetivos?

• Quais medidas devo tomar para garantir fisicamente que meus clientes fiquem seguros, ininterruptamente, facilmente ouvidos e esclarecidos sobre prazos e outros itens?

Guiando

O Dicionário Webster define um guia como "aquele que leva ou direciona o caminho de outro", e "uma pessoa que apresenta e explica os pontos de interesse." Assim, guiding relaciona-se com o processo de ajudar a dirigir a outra pessoa ao longo do caminho que leva de alguns estados presentes para os estados desejados, e ajudar a pessoa a estar ciente das principais oportunidades e constrangimentos ao longo do caminho. O termo pode ser atribuído ao Inglês Antigo *witen*, que significa "saber." A implicação é que o "guia" foi lá antes, e sabe a melhor maneira (ou, pelo menos, uma forma) para alcançar o desejado estado – isso é, que o guia "esteve lá, já fez isso, tem a T-shirt".

Quando chegamos a algum local desconhecido ou ambiente, (como uma nova cidade, museu, aeroporto, shopping etc.) nós imediatamente procuramos algum tipo de orientação, seja na forma de um mapa ou um real guia – para nos ajudar a encontrar o caminho. Guias ajudam-nos a aprender e reconhecer marcos-chave e saber o que procurar quando procuramos um destino específico. Em ambientes e eventos bem planejados, guias estão muitas vezes estacionados em vários pontos ao longo de um percurso, de modo que as pessoas não se percam.

Guias também nos ajudam a compreender algo da experiência e da história relacionado com o ambiente em que estamos, para nos familiarizar com os padrões e costumes importantes.

Assim, quando atua como um guia, um coach ajuda a orientar seus clientes para o terreno que vão viajar, fornecendo orientação, dicas e outros conhecimentos com base na sua experiência. Trata-se de considerar questões como:

• Qual é o novo território aonde o cliente vai, a fim de alcançar o seu estado desejado?

• Quais são as informações de que o cliente necessita para navegar com sucesso nesse novo ambiente?

• Quando é que o cliente vai precisar dessa informação?

• Quais são as pistas contextuais mais importantes o cliente precisa estar ciente de?

• Quais as minhas experiências pessoais que eu posso compartilhar com o cliente para tornar a sua viagem mais fácil?

- Que tipo de "mapa do caminho" eu posso fornecer para o cliente?
- Qual o nível de detalhe que esse mapa precisa incluir?
- Que tipos de "marcos" ou pontos de referência eu posso fornecer ao cliente?

Afirmações e Estilo de Cuidador ou Guia

Quando estão dando assistência e suporte a outros, as crenças do guia ou cuidador incluem:

As pessoas têm as capacidades que precisam para terem sucesso.

Em ambiente de suficiente segurança, as pessoas descobrirão e aplicarão os recursos que precisam para alcançarem seus resultados.

Se forem dadas as guias apropriadas, os mapas e instrumentos, clientes serão capazes de usar seus próprios recursos para encontrar sua maneira de fazer as coisas acontecerem.

O estilo típico de liderança usado pelo caretaker ou guide é conhecido como "gerenciamento por exceção." Gestão por exceção é o estilo de liderança em que o coach só intervém quando surgem problemas, ou quando os clientes precisam de algo específico. Enquanto as pessoas estão "fazendo progresso" e as coisas estão indo na direção certa, o guia ou cuidador não tenta mudar nada. Se o cliente necessita de algo ou começa a se perder ou a ficar fora da pista, então o caretaker ou guide irá fornecer apoio sob a forma de algum tipo de ajuste ou informação ambiental.

Como um estilo de liderança, gestão por exceção tem o efeito de transferência de liderança para os outros. Guiding ou caretaking dá às pessoas muita liberdade para agir de acordo com seu próprio critério em um contexto de relativa segurança. O guia ou cuidador está sempre disponível para ajudar ou resolver problemas se houver uma crise ou alguma outra dificuldade (como um líder do seminário monitorando os estudantes durante um exercício ou pais monitorando crianças em um jogo).

Caixa de Ferramentas do Cuidador: "Psicogeografia"

Um dos objetivos do caretaker eficaz é o de garantir que o ambiente ajude a dar suporte ao cliente para alcançar os resultados desejados. "Psicogeografia" refere-se à influência que acordos e relações microgeográficos exercem sobre pessoas, processos psicológicos e interações interpessoais. A Psicogeografia refere-se ao fato de que a relação espacial entre os membros de um grupo tem uma influência não verbal importante, mediante processos e interações de um com outro no grupo. As relações espaciais e orientação entre as pessoas exercem tanto uma influência física quanto simbólica sobre a interação entre os membros do grupo e cria uma espécie de "circuito" relacional entre as pessoas, determinando o tipo e a qualidade da interação. Assim, a psicogeografia é uma importante ferramenta do caretaker.

Consideremos o caso simples de dois indivíduos que interagem entre si. Se eles ficarem cara a cara a curta distância, esta psicogeografia vai criar e apoiar uma direta e, provavelmente, intensa interação entre os dois (positiva ou negativa). Se os dois se moverem para mais longe um do outro, a intensidade da interação será susceptível a diminuir. Se os dois pararem um ao lado do outro, a natureza essencial do seu relacionamento e interação provavelmente irá mudar um pouco. Tornam-se mais como parceiros ou membros de uma equipe, com foco em uma direção comum ou tarefa, em vez de um no outro. Se uma pessoa for ligeiramente para trás e para o lado da outra, ela irá provavelmente começar a entrar no papel de quem dá suporte, de coach ou de mentor para o outro.

É importante que os coaches considerem o impacto de sua própria relação física com os seus clientes, e que ajudem os clientes a reconhecer como tais relações físicas afetam suas interações com os outros.

Em relacionamento/ conversa direta ou confronto ``Eu`` versus ``Você``

Relacionamento menos direto

Parceiros olhando juntos para a mesma direção ``Nós``

Provendo suporte ou orientação

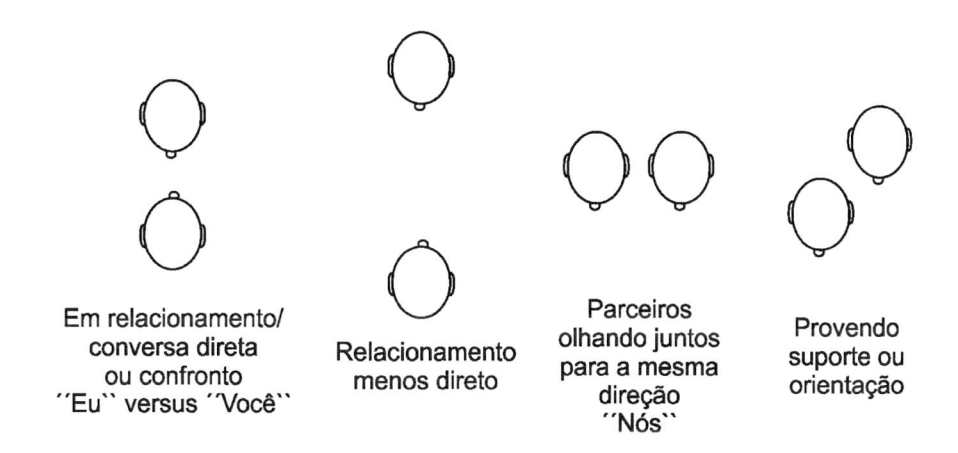

A "Psicogeografia" influencia e expressa a qualidade do relacionamento e interação entre pessoas

Psicogeografia em Grupos e Equipes

Os mesmos tipos de arranjos de influência "circuito" estão refletidos no comportamento de grupos maiores. Considere a constelação ou "circuito" representado pela interação esquematizada abaixo. Muita coisa pode-se inferir sobre a qualidade da interação e as relações entre os diversos indivíduos envolvidos pela sua psicogeografia.

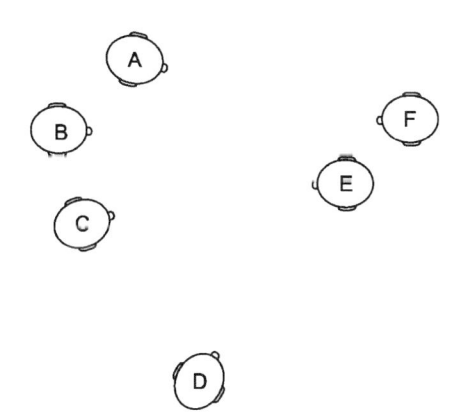

A Psicogeografia de um grupo reflete as relações e interações de um com o outro

Parece evidente que A, B e C formam um grupo, E e F formam um outro grupo, e D parece ser mais um observador. A atenção de todos os membros do grupo, no entanto, parece estar principalmente focada em E. E parece ter mais de um papel de liderança com F como um defensor. A, B e C, por outro lado, parecem ser mais iguais em status.

Observe a diferença entre o grupo anterior e o grupo seguinte, no qual F mudou de localização.

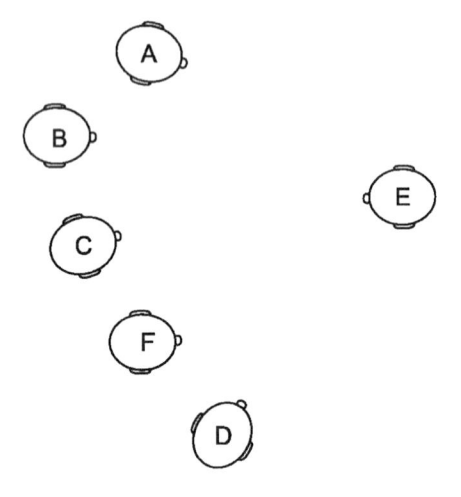

Psicogeografias diferentes refletem e reforçam interações e relacionamentos diferentes

Nesta disposição, todos os indivíduos parecem ser um grupo, com E dirigindo ou levando o grupo de alguma forma. A atenção de F, no entanto, parece estar dirigida a outro lugar que não a E.

A Psicogeografia tem implicações importantes para o treinamento de equipe, liderança e dinâmica de grupo. A criação de uma sala de reuniões de certa maneira, por exemplo, é uma "meta mensagem" sobre o tipo de interação na qual se espera que as pessoas participem. Como exemplo, sentar em círculo, como numa mesa redonda, incentiva diferentes tipos de feedback e interações entre os membros do grupo mais do que sentar em uma mesa retangular, ou em um arranjo de "estilo de teatro". A mesa redonda também transmite um tipo diferente de relação simbólica entre os membros do grupo. Por exemplo, se alguém entrar em uma sala que está configurada com um quadro-negro na frente, e cadeiras dispostas de frente para frente da sala em "estilo teatro", estará susceptível a interpretar como um contexto para uma "apresentação", e então vai se preparar para sentar-se passivamente e ouvir. Se essa pessoa entrar em uma sala em que um pequeno grupo de cadeiras está organizado um de frente para o outro em um formato de "mesa redonda", ela provavelmente irá interpretar como um contexto para "discussão" e ficará pronta para ser mais pró-ativa e participativa.

A psicogeografia circular tenderá a concentrar as pessoas em suas relações interpessoais, distribuindo atenção igualmente entre todos os membros do grupo, o que implica um estatuto de igualdade entre todos eles. Sentar a uma mesa retangular, por outro lado, cria um sentimento de hierarquia. O foco é normalmente dirigido para a cabeceira da mesa, e a pessoa sentada à "cabeceira da mesa" é geralmente aquela com maior status, seguida pela pessoa sentada mais próxima ao seu lado da "mão direita", e então da "mão esquerda".

Sentar em um semicírculo tende a concentrar a atenção dos membros do grupo para tudo o que está na frente do semicírculo. Isso tende a implicar igualdade de status entre os indivíduos no semicírculo, trabalhando para tomar medidas ou chegar a um consenso com relação ao que está no centro de seu foco comum. Um grupo sentado lado a lado em linha reta também implica um foco comum para todos os membros do grupo, mas reduz grandemente a interação entre os membros. Eles estariam agindo, mas não "interagindo" como um grupo.

Usando Psicogeografia para Facilitar Tipos Diferentes de Processos em Grupo

Diferentes psicogeografias podem ser construídas e utilizadas para promover diferentes tipos de processos de grupo. Um círculo, por exemplo, é uma psicogeografia eficaz para "sonhar" ou de brainstorming, porque intensifica a interação entre os membros do grupo. Isso implica que todos os membros, e, portanto, todas as ideias, são de igual valor, e as pessoas podem deixar as ideias "saltarem" para fora rapidamente e adicionar ideias às ideias das outras, sem se tornarem excessivamente focadas em qualquer indivíduo ou ideia.

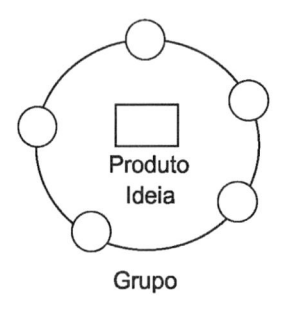

"Psicogeografia" eficiente para "Sonhar" ou Brainstorming

Um semicírculo é uma psicogeografia mais eficaz para "realizar" ou planejar como implantar um objetivo ou sonho particular. Em semicírculo, as pessoas ainda seriam consideradas pares, mas seu foco estaria muito mais direcionado para um determinado ponto. A ideia ou plano torna-se desconectado de qualquer membro do grupo específico, esse transforma no foco comum de todos no grupo. A implicação é que os membros do grupo são muito mais focados em sua tarefa do que em seu relacionamento, e que eles estão se movendo em direção a um consenso.

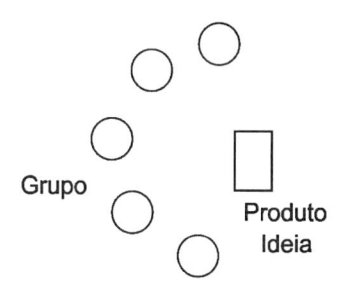

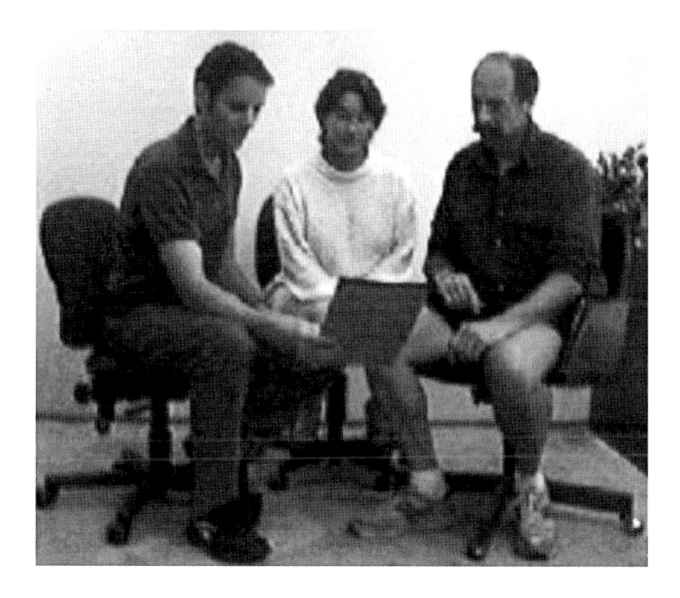

"Psicogeografia" eficiente para "Realizar" ou Planejar

A psicogeografia em que os membros do grupo estão todos em uma linha, sentados um ao lado do outro, como se formassem um painel, olhando para a meta ou ideia, é a mais eficaz para criticar ou avaliar. A proximidade dos membros do grupo pressupõe que cada pessoa faça parte do mesmo grupo. Indivíduos, no entanto, serão muito mais inclinados a responder de acordo com sua própria perspectiva, ao invés de verificar as reações de outros membros do grupo.

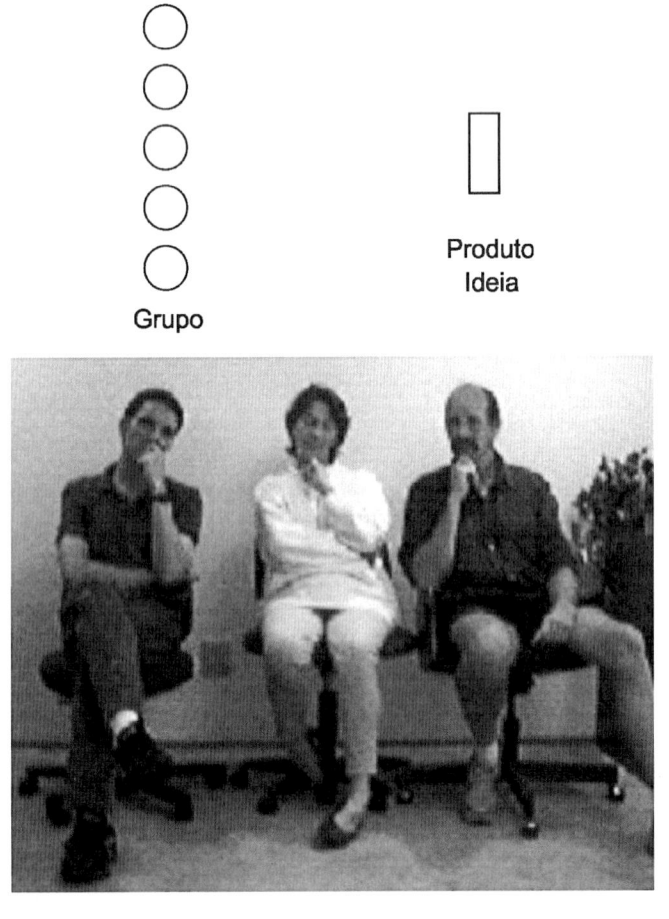

"Psicogeografia" eficiente para "Criticar" ou Avaliar

Psicogeografia como um Aspecto-Chave de Coaching e "Cuidando"

Um aspecto-chave e muito pragmático do coaching é organizar a psicogeografia para as suas sessões de coaching com seus clientes. É importante que o ambiente externo ofereça suporte aos tipos de atividades nas quais seu cliente vai ser envolvido. Antes de iniciar cada sessão com os seus clientes, considere as seguintes perguntas:

• Que tipo de ambiente eu quero criar para o meu cliente(s) para esta sessão?

• Que tipo de dinâmica interativa o cliente(s) precisa ter para a sessão? (Isto é, exploratória, brainstorming, aberta, focada, reflexiva etc.)

• Que tipo de arranjo físico da sala facilita essa dinâmica? (Isto é, presença e posição de mesas, cadeiras, flip chart, quadro branco, projetor etc.)

• Dados os objetivos do meu cliente para esta sessão especial, que tipo de psicogeografia vai apoiar mais o indivíduo ou equipe para alcançar com sucesso o estado desejado?

• Como vou posicionar fisicamente o meu cliente (s) com respeito:

  - A mim mesma?

  - Ao flip chart, quadro branco, projetor etc.?

  - Aos outros participantes (se houver)?

Caixa de Ferramentas do Cuidador: Anjo da Guarda

O papel do cuidador pode ser comparado em alguns aspectos ao de um "anjo da guarda", que vigia e protege outra pessoa a distância. "Anjo da Guarda" é um termo usado em alguns exercícios de PNL para designar um tipo de "Meta Pessoa", cuja tarefa é dar apoio e incentivo a determinados membros do grupo. Um papel comum para tais Anjos da Guarda é o de suporte para uma pessoa que se prepara para atuar em uma situação interativa. O Anjo da Guarda apoia o executor em uma variedade de maneiras, incluindo:

• Prover as necessidades físicas do executor (isto é, certificando-se de que ele tenha uma cadeira, água, instrumentos de escrita, quadro branco, flip chart etc.);

• Assegurar, fisicamente, que o executor fique seguro, não seja interrompido, seja facilmente ouvido, e que os prazos do desempenho estejam claros;

• Incentivar as palavras e ideias do executor não verbalmente, acenando com a cabeça, sorrindo e rindo;

• Verbalmente incentivando o executor dizendo autenticamente coisas como: "Por favor, conte-nos mais", "fascinante" e "sim".

O Anjo da Guarda fornece seu apoio contínuo ao seu "cliente" durante a realização, de uma distância, ajudando-o a permanecer em um estado de recursos, dando um feedback encorajador e estabelecendo âncoras de recursos.

O que se segue é um exemplo de algumas medidas comuns tomadas pelo Anjo da Guarda para garantir que todo o apoio externo adequado seja fornecido para o cliente.

Checklist do Anjo da Guarda

1. Perguntar ao cliente o "estado de recurso" interno em que ele gostaria de estar durante a sua performance;

2. Levar o cliente a identificar um exemplo passado(s) do estado, e revivê-lo tão completamente quanto possível;

3. Observar os sinais físicos associados ao estado de recursos (isto é, postura, gestos, tom de voz, expressão facial do cliente etc.). Isso ocorre para que o Anjo da Guarda possa dizer quando o cliente se encontra (ou está fora) do estado desejado;

4. Selecionar com o cliente um sinal ou "âncora" para lembrá-lo destas memórias engenhosas (por exemplo, uma piscadela, aceno com a cabeça, um sorriso etc.);

5. Pedir ao cliente que identifique possíveis áreas problemáticas que possam surgir durante a performance. Estas são as áreas em que é importante o Anjo da Guarda ter certeza de fornecer o sinal de lembrete e dar incentivo;

6. Determinar a psicogeografia a ser utilizada pelo Anjo da Guarda (isto é, onde o Anjo da Guarda deve posicionar-se com respeito ao cliente);

7. Estabelecer sinal S.O.S. a ser utilizado pelo cliente, isso é, um sinal que ele possa usar para solicitar um maior incentivo do Anjo da Guarda;

8. Ensaiar a forma como vai utilizar o sinal durante a execução da performance.

Este processo pode ser aplicado em uma variedade de contextos e situações, que vão desde fazer uma apresentação para liderar uma equipe até se comunicar com uma pessoa difícil.

Caixa de Ferramentas do Guia:
Mapeamento, Metáfora e Intervisão

Uma função importante de bons guias é fornecer-nos mapas úteis a seguir. Os mapas nos ajudam a navegar com mais sucesso um novo território. Assim, uma ferramenta essencial para orientação eficaz é criar mapas que possam oferecer orientação para os outros, a fim de melhor lidar com um determinado "território" ou terreno.

Mapeamento

Mapeamento refere-se ao processo de fazer uma representação de algum 'território' experiencial. Mapeamento envolve a identificação e codificação de elementos-chave que compõem alguns fenômenos ou processos especiais de como fazer um mapa das ruas em uma cidade particular, as veias e artérias no sistema circulatório humano, o movimento de uma frente meteorológica ou a características geográficas de um determinado estado ou país. O Dicionário Webster, por exemplo, define o mapeamento como "uma função tal que, para cada elemento de um conjunto, há um único elemento de outro conjunto." Assim, enquanto há muitas formas diferentes de "mapas" – simbólico, csqucmático, metafórico etc., a característica mais importante de um mapa é o grau de correspondência entre os elementos no mapa e os elementos do território que representam.

O valor do mapeamento é que ele permite-nos compreender, planejar e comunicar sobre alguma experiência ou fenômeno sem ter que realmente "estar lá." Pontos de destaque de interesse podem ser classificados em uma estrutura a ser analisada, contrastada e mudada. Mapeamento também faz com que seja possível projetar e prever potenciais respostas e ocorrências futuras em algum grau. Um inspetor de construção, por exemplo, pode notar a proeminência de água sob uma casa, verificar os pontos altos e baixos na área imediata, observar as formas em que a água está parada ou em movimento, e criar um sistema de drenagem para lidar com o problema da água.

Da mesma forma, a partir da perspectiva da PNL, as características de uma "paisagem" pessoal podem ser mapeadas e usadas para criar planos eficazes para a mudança e melhoria. O processo de modelagem na PNL, por exemplo, envolve a criação de um mapa de padrões de comportamento de uma pessoa, que podem então ser aplicados de diversas maneiras.

É importante ter em mente, contudo, que "o mapa não é o território". Uma característica fundamental de todos os mapas é que, em algum grau, eles devem eliminar, distorcer ou generalizar aspectos do território em que foram criados para representar. Também é importante lembrar que os territórios mudam. Mesmo um mapa muito detalhado e preciso de um determinado território pode se tornar obsoleto se o território que ele representa mudar.

Do ponto de vista da PNL, os seres humanos são criadores de mapas ávidos; e os nossos mapas do mundo servem como nosso guia principal para interpretar e responder ao mundo que nos rodeia. Nossos mapas mentais podem nos ajudar ou limitar-nos, dependendo do grau em que os seus elementos correspondem ao território que se destinam a representar, e sobre as escolhas que eles disponibilizam.

Metáforas e Analogias

Um dilema que às vezes confronta coaches quando são chamados a serem guias é que eles não têm experiência direta anterior com o contexto ou ambiente específico a ser enfrentado por seus clientes. Uma maneira de resolver este tipo de desafio é o coach criar mapas para o seu cliente, usando a metáfora ou analogia. Metáforas e analogias nos permitem traçar paralelos entre um ambiente ou experiência e outra.

Segundo o antropólogo e teórico da comunicação Gregory Bateson, a capacidade de encontrar analogias é uma função do pensamento abdutivo, que contrasta com processos de pensamento indutivo e dedutivo. Bateson argumentou que o pensamento abdutivo ou analógico leva a mais criatividade, e era a fonte da arte e do gênio. Bateson acreditava que analogias nos levam a concentrar-nos na estrutura mais profunda da nossa experiência, em vez de diferenças superficiais.

Assim, uma vantagem adicional do uso de metáforas e analogias é que elas podem nos estimular a enriquecer a nossa compreensão de algum processo ou fenômeno, e também para descobrir e avaliar as nossas hipóteses. Mudar as metáforas que usamos para entender uma situação ou fenômeno muitas vezes desencadeia a criatividade e leva a novas perspectivas. Uma representação metafórica é uma maneira muito comum e poderosa de desenvolver novas associações no que diz respeito à compreensão de uma ideia, situação ou conceito. É também uma ferramenta útil para transferir a aprendizagem entre os diferentes contextos. Ela estimula um tipo de pensamento que leva ao nível de abstração necessária para transferir ou aplicar aprendizagens específicas entre os contextos.

Fazendo analogias entre diferentes tipos de contextos (por exemplo, esquiando ou trabalhando em um escritório) podemos criar novas áreas de "espaço perceptivo." Por exemplo, você pode achar que, embora o esqui seja algo que se faz por si mesmo e um contexto de escritório tem muitas outras pessoas, ainda pode haver uma espécie de relevância metafórica ou analógica entre esquiar e trabalhar em um escritório. Você pode fazer a analogia que evitar árvores e buracos, enquanto esquiar é como lidar com potenciais interferências criadas por pessoas no escritório.

Intervisão

O termo "intervisão" tem sido usado há alguns anos por psicoterapeutas europeus como uma maneira de descrever sessões de grupo em que eles discutem como lidar com um desafio ou situações de seus pacientes em suas práticas. Intervisão pode ser contrastado com supervisão. Numa "supervisão" existe uma relação hierárquica implícita entre as pessoas; o supervisor fornece o "mapa certo" para a outra pessoa. Na "intervisão" presume-se que as pessoas sejam iguais e que não haja um mapa certo.

Intervisão tem muito a ver com a influência do modo como representamos e conceituamos nossos problemas, ideias e resultados. Um dos objetivos deste processo é aplicar estratégias visuais e simbólicas de pensamento para ajudar a mapear soluções. Uma poderosa forma de cocriatividade surge do fato de que as pessoas têm diferentes mapas do mundo. A maneira como alguém representa um problema ou resultado em particular pode automaticamente ajudar a enriquecer a própria percepção da pessoa na situação. Nas palavras de Albert Einstein: "Nosso pensamento cria problemas que o mesmo tipo de pensamento não pode resolver." Obter novos mapas é uma forma muito poderosa de encontrar novas soluções.

Mapeamento de Processo de Intervisão

O que se segue é uma descrição de uma forma de adaptar o processo intervisão por agir como um guia em um contexto de coaching.

1. O cliente descreve uma situação em que ele gostaria de ser orientado: "Eu preciso de orientação na seguinte situação...".

2. O guia escuta os principais elementos e padrões da situação (a "estrutura profunda"). Quando o cliente tiver terminado de descrever a situação, o guia pensa em situações em que ele tenha estado que sejam semelhantes ao que o cliente tenha descrito. Se o guia não tenha vivido o mesmo meio físico como o descrito pelo cliente, o guia pode utilizar o processo de analogia para encontrar situações que sejam paralelos em relação aos elementos-chave e padrões descritos pelo cliente.

3. O guia, em seguida, faz um desenho simbólico ou metafórico representando sua compreensão da situação do cliente e a orientação que ele vai oferecer ao cliente. A imagem pode ser qualquer tipo de diagrama ou esboço. Por exemplo, alguém pode desenhar uma árvore ou paisagem; outra pessoa pode apenas desenhar um grupo de símbolos como retângulos, círculos e estrelas e conectá-los com linhas e setas.

   O guia desenha sua própria imagem individual de sua compreensão da situação do cliente e que solução potencial tem para oferecer.

4. O guia, em seguida, mostra ao cliente sua imagem, explicando a possível solução, isto é, o guia mostra o seu mapa e diz:

O meu entendimento de sua situação é...

Eu estive em uma situação semelhante àquela que você descreveu. Isso foi...

O que fiz foi...

O que eu acho que você precisa é...

Se você estiver trabalhando em um grupo ou equipe, muitas vezes, é útil fazer este processo com várias pessoas no papel de guias, a fim de obter uma ampla gama de diversidade. Desde que "intervisíveis" significa, literalmente, para ser "mutuamente visível", um grupo de intervisão geralmente ocorre com os membros do grupo sentados em círculo. Cada guia chama a sua própria imagem individual de sua compreensão da situação do cliente e potencial solução que ele ou ela tem a oferecer.

Após as soluções possíveis serem apresentadas ao cliente, pode ser útil discutir as premissas por trás dos vários desenhos e interpretações. Contrastar mapas e suposições de diferentes pessoas sobre um determinado ambiente é uma forma de enriquecer as percepções sobre esse espaço perceptual e descobrir outras hipóteses.

O pressuposto do exercício é que fazer mapas externos na forma de desenhos é um método eficaz para: 1) reconhecer a diversidade de mapas entre as pessoas e 2) desenvolver múltiplas perspectivas de uma situação particular.

No final do processo de intervisão, o cliente deve dar feedback para o guia (s), em termos de como o seu próprio mapa da situação foi enriquecido. O cliente reafirma a situação e descreve de que forma o seu mapa foi enriquecido.

Caixa de Ferramentas do Guia: Automapeamento e Ciclos Causais

Outra forma que o Guia pode oferecer e dar suporte a clientes é ajudá-los no mapeamento de seus próprios sucessos passados. Esta é uma forma de automodelagem e pode ajudar a esclarecer o entendimento do cliente de seu ambiente e solidificar recursos potenciais.

Diferentes tipos de mapas podem revelar características de um determinado território, que não pode ter sido previamente notado. Mapas de ciclos causais constituem uma forma particularmente reveladora de mapeamento que ajuda a descobrir e esclarecer a dinâmica sistêmica-chave associada a um ambiente ou situação particular.

Ciclos Causais

Conceituar processos e fenômenos em termos de "ciclos causais" é uma parte essencial do pensamento sistêmico. Em "A Quinta Disciplina", livro clássico sobre o pensamento sistêmico, Peter Senge (1991) afirma que a "essência" da disciplina do pensamento sistêmico é:

a) Ver relações, em vez de cadeias de causa-efeito lineares;

b) Ver todo o processo de mudança em vez de instantâneos.

Senge afirma que, para pensar sistemicamente, devemos alterar as nossas formas de visualizar e mapear a estrutura das situações que estamos tentando compreender ou influenciar. Como ponto de partida, Senge sugere o tipo de estrutura circular mostrado no seguinte esquema dos processos envolvidos na apresentação de um copo com água. O diagrama mostra os elementos básicos envolvidos na atividade como um ciclo de feedback simples, conectados por setas que indicam a "influência" que os vários elementos exercem uns sobre os outros. Senge enfatiza o uso de setas circulares como uma maneira de garantir que uma pessoa visualize todo o ciclo de feedback e quebre o hábito de linear o pensamento mecânico.

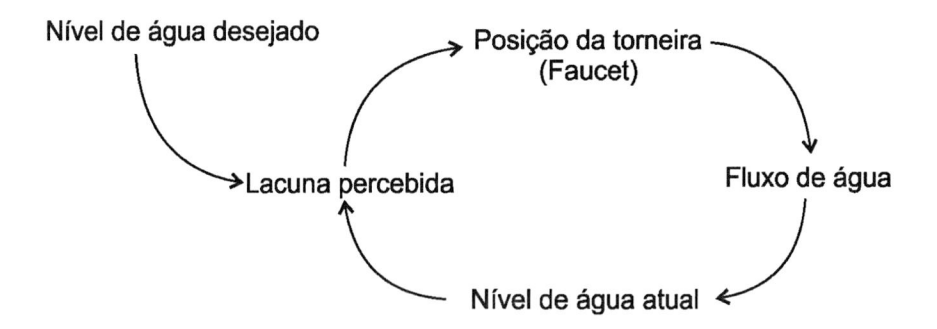

Um diagrama "Laço Causal" para encher um copo com água

Usar laços causais para ajudar os clientes a visualizarem as relações entre "ambientes" e as variáveis de "decisão" pode fornecer orientações úteis e ajudá-los a compreender melhor como utilizar as oportunidades e gerenciar restrições.

O processo a seguir fornece uma estrutura para a utilização de mapas de laços causais para ajudar clientes a modelar os principais fatores de sucesso a partir de suas próprias experiências bem-sucedidas.

Fazendo um Mapa de Ciclos Causais

Peça ao seu cliente que se recorde de um momento em que ele foi capaz de gerir com sucesso um momento de transição ou mudança — um tempo em que ele foi capaz de "saltar para trás" da adversidade ou "sobreviver em um mundo em mudança." Com o seu cliente, crie um "mapa do ciclo causal" desta "história de mudança", seguindo os seguintes passos:

1. Anote de 7 a 10 palavras-chave da história ou exemplo em um pedaço de papel, enquanto seu cliente estiver falando. Palavras-chave podem ser de qualquer tipo: comportamentos, pessoas, crenças, valores, fenômenos etc.

2. Desenhe setas ligando as palavras-chave que ilustram as influências entre as palavras-chave que capturam o fluxo da história (as setas devem estar sob a forma de um arco ou semicírculo em vez de uma linha reta.). Uma influência positiva ou reforço

pode ser indicado pela adição de um (+) sob a seta. Influências negativas ou de enfraquecimento podem ser mostrados pela colocação de um (-) sob a seta.

3. Passe pelo mapa inicial do cliente quando ele acabar de contar sua história, verificando as palavras-chave e dando-lhe a oportunidade de editá-las ou adicionar outra palavra-chave que pode ter faltado. Também avalie e verifique os links que você tenha traçado entre as palavras-chave.

4. Certifique-se de que você tem circuito "fechado" de feedback (como uma regra de ouro, todas as palavras-chave devem ter pelo menos uma seta que vai com elas, e outra seta apontando para elas).

5. Limite o mapa, considerando os atrasos que possam estar envolvidos entre links, e procurando outros elos perdidos que possam ser uma parte importante da história.

6. Descubra quais são as crenças por trás do mapa (quais os pressupostos que esses links pressupõem?).

Frequentemente, você vai achar que a gestão da mudança envolve vários laços relacionados com a forma como (os passos e estratégias envolvem), o porquê (as crenças, valores e motivação relacionados com a mudança) e quem (o papel e a identidade das questões).

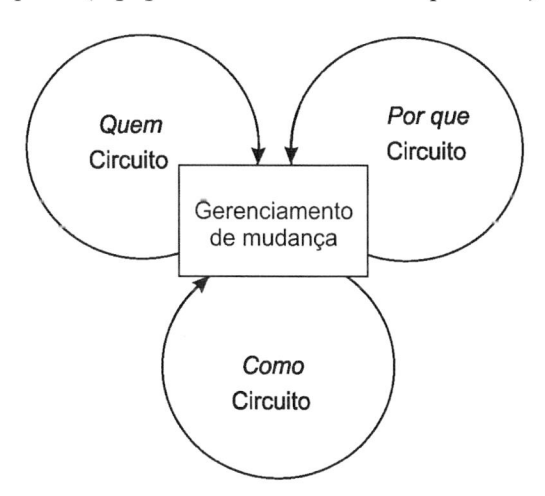

Gerenciamento de mudanças frequentemente envolvem um ciclo "Como", um ciclo "Por quê" e um ciclo "Quem"

Como exemplo, considere a seguinte descrição feita por um cliente sobre um tempo que ele foi capaz de lidar eficazmente com uma situação difícil.

> *Alguns anos atrás, eu estava envolvido em um novo empreendimento. As coisas correram bem no início, e ficamos muito animados sobre o que estávamos fazendo. Tivemos uma ideia realmente inovadora e parecia estar liderando o mercado. Mas então a competição ficou mais forte e a economia começou a cair. Isso levou a uma série de desafios internos dentro da nossa equipe de gestão e conflitos sobre qual direção tomar. Como um dos membros fundadores, eu estava sob muita pressão e estava começando a sentir-me com pouca resistência.*
>
> *Eventualmente, eu tive que dar um passo atrás, obter alguma distância e definir alguns limites pessoais. Isso ajudou a aliviar um pouco a pressão, e eu fui capaz de me lembrar o que era a nossa visão e o que ela representava. Como resultado, eu era capaz de ter clareza sobre quais eram os nossos objetivos e qual o meu papel em alcançá-los. Tivemos uma reunião e a equipe falou sobre a importância de se realinhar com a visão original e os valores que ela representava. Isto permitiu-nos olhar para o que estávamos fazendo e verificar as possíveis áreas de resíduos ou distração. Algumas pessoas decidiram deixar a empresa, mas os que ficaram foram realmente comprometidos. Então, nós ficamos em menor número, mas mais focados.*
>
> *Nós também conversamos com alguns dos nossos principais clientes que estiveram conosco desde o início, perguntando-lhes sobre as suas necessidades e o que poderíamos fazer para fornecer um melhor serviço.*

Como resultado, acabamos caindo um pouco do que estávamos fazendo, redirecionando alguns dos nossos produtos e começando com um foco fresco. Não pudemos obter os resultados através da queda, mas estávamos ainda mais prontos do que nossos concorrentes para fornecer o que nossos clientes necessitavam e tiramos partido das novas oportunidades quando as coisas melhoraram.

Uma maneira de mapear essa "história de mudança" usando uma abordagem de ciclo causal é mostrada no diagrama a seguir.

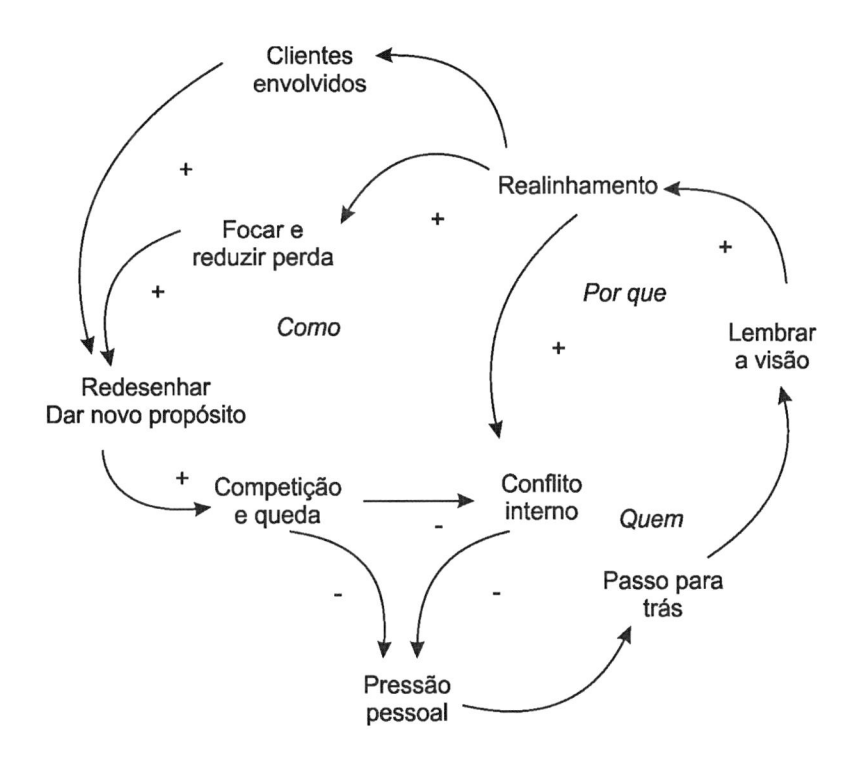

Exemplo de mapa de Ciclo Causal para processo de mudança de clientes

O diagrama ilustra que a concorrência e a economia em declínio estavam criando conflito interno entre a equipe de gestão. Ambos os fatores desencadearam o aumento da sensação de pressão pessoal sentida pelo cliente. Através do ciclo de pisar para trás e lembrar a visão (o que circular), um processo de realinhamento ocorreu, reduzindo o conflito interno dentro da equipe (o ciclo por quê). Isso também desencadeou dois circuitos paralelos de reorientação e reduziu desperdício e os clientes envolvidos (o ciclo como) levaram à remodelação e reaproveitamento de produtos e serviços e, finalmente, ajudou a resolver positivamente as questões relacionadas com a concorrência e crise econômica.

Esses mapas podem ajudar os clientes a "ver" padrões em suas próprias experiências com as quais eles possam aprender e as transformar em estratégias eficazes que possam ser usadas para lidar com os desafios futuros.

Resumo

Em resumo, caretaking e guiding são processos que tratam do ambiente de clientes de coaching.

Caretaking envolve atender ao contexto externo em curso do cliente, certificando-se de que o que é necessário está disponível, e tomar medidas para ver que não haja distrações desnecessárias ou interferências do exterior.

Psicogeografia é uma ferramenta de caretaker que ajuda a otimizar as relações espaciais e interativas dentro das quais o cliente se encontra.

Agir como um *Anjo da Guarda* é outro recurso do caretaker em que o coach fornece suporte fundamental para os clientes que estão enfrentando novas barreiras de desempenho ou ambientes desafiadores.

Guiding envolve orientar os clientes para ambientes desconhecidos, proporcionando-lhes orientação, dicas e outros conhecimentos úteis, incluindo a experiência pessoal do guia.

Os processos de mapeamento, metáfora e intervisão são ferramentas que fornecem aos clientes formas de obter informações úteis e conhecimentos sobre ambientes que são novos para eles.

Mapas de Ciclos Causais ajudam os clientes a tomar consciência da dinâmica sistêmica significativa dentro de seus ambientes e mais claramente reconhecer como tirar proveito das oportunidades e gerenciar restrições.

Capítulo 2

Coaching

Visão geral do Capítulo 2

Coaching
- Comportamentos
- Coaching de Comportamento

Caixa de Ferramentas do Coaching: Estabelecendo Metas
- Definindo Metas
- Questões de Estabelecimento de Metas

Caixa de Ferramentas do Coaching: Resultados Bem Formulados
- Folha de Trabalho para Resultados Bem Formulados

Parábola do Golfinho
- Princípios do Coaching Ilustrados pela Parábola do Golfinho
- Relevância da Parábola do Golfinho para o Coaching
- Aplicação da Parábola do Golfinho

Caixa de Ferramentas do Coaching: Feedback e Alongamento

Caixa de Ferramentas do Coaching: Análise Contrastiva e "Mapeamento Cruzado"
- Formato de Análise Contrastiva
- Postura e Performance Corporal
- Gestos e Performance

Caixa de Ferramentas do Coaching: Ancoragem
- Ancorando Seus Recursos Internos

Resumo

Coaching

*Não é a vontade de vencer que importa — todo mundo tem isso.
É a vontade de se preparar para ganhar o que importa.*

Paul "Urso" Bryant

*Todos nós temos sonhos. Mas, a fim de tornar sonhos em realidade,
é preciso uma enorme quantidade de determinação, dedicação,
autodisciplina e esforço.*

Jesse Owens

Caretaking e guiding frequentemente evoluem para o Coaching em mais profundidade, o que traz com ele uma relação diferente com o cliente e um conjunto distinto de ferramentas. Em contraste com guias, coaches contribuem ativamente para os clientes desenvolverem competências comportamentais específicas. A noção de coaching, como vamos usá-la neste capítulo, é a do pequeno "c" de coaching ou "coaching de performance." Como foi estabelecido anteriormente, pequeno "c" coaching é mais focado em um nível comportamental, referindo-se ao processo de ajudar outra pessoa a obter ou melhorar um desempenho comportamental particular.

Comportamentos

Um desempenho comportamental eficaz envolve a capacidade de sentir e coordenar as ações do seu corpo enquanto você se move através de um ambiente externo particular. Este nível de aprendizagem e mudança relaciona-se com as atividades específicas ou resultados comportamentais que ocorrem dentro de um ambiente — isso é, *o que* acontece ou é suposto acontecer em um determinado onde e quando. Assim, os nossos *comportamentos* são as ações físicas explícitas e reações através das quais nos relacionamos com as pessoas e os ambientes que nos rodeiam. Os comportamentos são o produto do sistema psicomotor, em um nível mais profundo de neurologia do que o dos órgãos dos sentidos que usamos para perceber o nosso ambiente.

Os comportamentos específicos em que as pessoas se envolvem ativamente, como tarefas, procedimentos e interações interpessoais, servem como o principal meio para a consecução de metas e resultados desejados. Os fatores comportamentais são as etapas de ação específicas tomadas, a fim de alcançar o sucesso. Eles abrangem o que, especificamente, deve ser feito ou realizado, a fim de ter sucesso.

Coaching Comportamental

Como já mencionamos, os métodos do pequeno "c" coaching derivam principalmente de um modelo de formação desportiva, promovendo a consciência dos recursos e habilidades, e o desenvolvimento da competência consciente. Estes métodos envolvem expor e fortalecer a capacidade das pessoas através da observação cuidadosa e feedback, facilitando os indivíduos a agir em coordenação com outros membros da equipe. Coaches de desempenho eficaz observam cuidadosamente os comportamentos dos seus clientes e lhes dão dicas e orientações sobre como melhorar em contextos e situações específicas.

Ao apoiar e trabalhar com os outros, algumas das crenças do pequeno coach "c" incluem:

> *Que as pessoas têm as capacidades que necessitam para desempenhar efetivamente. Esses recursos podem ser extraídos com recompensas e entradas apropriadas.*
>
> *Meu cliente vai melhorar o seu desempenho, naturalmente, se for dado o incentivo e feedback apropriado.*
>
> *Todo mundo é o melhor do mundo em alguma coisa. Com o incentivo adequado e meu feedback, o meu cliente vai se tornar o melhor que ele pode ser.*

Se as pessoas souberem melhor o que já estão fazendo bem, elas podem facilmente ampliá-lo.

Meus clientes vão crescer e melhorar por meio de se esforçar e obter um feedback positivo por tentar.

O estilo de liderança do coach "c" é a de recompensa contingente. *Recompensa contingente* é um estilo de liderança bastante diretiva. Trata-se de contrair uma troca de recompensa por esforço. Um bom coach, neste nível, diz às pessoas o que fazer se quiserem ter sucesso ou serem recompensadas. O coach garante às pessoas que podem obter o que querem em troca do esforço e dá comendas especiais e reconhecimento pelo bom trabalho. Coaches "c" eficazes também fornecem feedback comportamental específico, para saber como melhorar.

Caixa de Ferramentas do Coaching: Estabelecendo Metas

Uma das habilidades mais importantes do Coaching é ajudar as pessoas a definir e solidificar objetivos. Como foi dito na *Introdução* deste livro, as metodologias do coaching são focadas na solução e orientadas no resultado, em vez de orientadas no problema. Certamente, sem um objetivo, nenhum sistema de recompensas ou feedback pode ser estabelecido.

O Dicionário *Webster* define um objetivo como "o fim para que o esforço ou a ambição é dirigido", ou "uma condição ou estado a ser provocado por meio de um curso de ação." A meta, então, é essencialmente estado desejado ou resultado de uma pessoa ou grupo. É a resposta para a pergunta: "O que você quer?" As metas são a fonte de motivação e podem estimular poderosos processos de auto-organização que mobilizem tanto os recursos conscientes e inconscientes.

As metas são característica fundamental de todas as técnicas, estratégias e intervenções da PNL. Elas constituem o alvo e o foco central de toda a atividade associada a qualquer intervenção ou estratégia particular. Tem sido dito que "se você não quer nada, então PNL é de nenhum valor para você".

Devido à sua importância, é importante que os coaches ajudem seus clientes a estabelecer metas adequadas e significativas. Neste sentido, ser um bom coach é um pouco como ser um motorista de táxi. Qual é a primeira pergunta que o motorista faz quando o você entra no táxi? O motorista pergunta: "Aonde você está indo?" Você pode dizer para o motorista, "Eu odiava estar aqui. Eu tive um monte de problemas. Foi simplesmente horrível". No entanto, depois de ouvir pacientemente e reconhecer seu desconforto, o motorista terá que eventualmente respeitosamente repetir a pergunta: "Então, aonde você quer ir?" Você pode responder com: "Bem, eu não quero ir ao McDonald`s, e tive um tempo terrível no zoológico da última vez que fui. E eu certamente não quero ir a qualquer lugar frio". Mais uma vez, o motorista pode graciosamente reconhecer as suas preocupações, mas ainda deve continuar a perguntar: "Para onde você quer ir, então?".

A identificação de metas e resultados de clientes de coaching, por vezes, pode ser tão desafiadora como o exemplo do taxista acima. Muitas vezes, quando as pessoas vêm para o coach, sabem mais sobre o que elas não querem do que o que querem.

As descrições a seguir mostram alguns métodos comuns que as pessoas usam para definir metas, cada uma das quais pode oferecer diferentes perspectivas sobre a natureza do estado desejado de um cliente.

Definição de Metas

Metas são mais frequentemente estabelecidas *em relação a* um estado atual ou um "estado problema". Por exemplo, uma pessoa pode ter um estado problema que envolva o "medo de falar em público". A mais simples (embora muitas vezes mais problemática) forma de fixação de metas é definir o objetivo como a *negação do estado de problema*. Se o estado problema envolve o medo de falar em público, uma pessoa pode, inicialmente, definir o seu objetivo como "Eu quero parar de ter medo de falar na frente de um grupo".

Enquanto esta é certamente uma maneira comum de identificar os objetivos e pode ser um bom ponto de partida, o problema com esta estratégia é que ela realmente não responde à pergunta "O que você quer?" É uma declaração do que a pessoa *não* quer, e, portanto, não há nenhuma meta real. Na verdade, declarações negativas como estas, muitas vezes, concentram mais as pessoas no estado de problema do que no estado desejado. Considere o desafio um tanto paradoxal da seguinte instrução: "Não pense em um elefante azul pelos próximos trinta segundos." A fim de saber sobre o que você não deve pensar, você tem que pensar sobre isto!

Um segundo método de definição de objetivo comum é defini-lo como a *polaridade* ou *o oposto do estado problema*. No caso de medo de falar em público, a pessoa pode dizer: "Eu quero estar confiante ao falar na frente de um grupo." Mais uma vez, esta é uma estratégia lógica e, certamente, ajuda a pessoa a se concentrar em algum lugar que não seja o problema; mas também pode criar polaridades internas e conflitos. Estabelece-se uma constante referência e comparação com o estado problema. Nas palavras de Albert Einstein: "Você não pode resolver um problema com o mesmo nível de pensamento que está criando o problema." A polaridade é definida no mesmo nível de pensar como o seu oposto.

Um terceiro processo de definição de objetivo envolve o uso de uma referência externa ou modelo de papel como um meio para definir o estado desejado. No planejamento e desenvolvimento organizacional, este é muitas vezes referido como "benchmarking." No exemplo de falar em público, uma pessoa pode fazer isso, dizendo: "Eu quero falar com um grupo como Martin Luther King faria." Isso tem certas vantagens sobre a negação simples e o efeito polarizador, pois fornece uma referência concreta para comparação e ajuda a dirigir a atenção para longe do estado de problema. Um dos desafios com este processo é que ele é um resultado "comprimento do braço", isto é, uma referência exteriorizada. O que pode tornar difícil a identificação pessoal, assim como levar as pessoas a construir expectativas inadequadas, ou criar os tipos de incongruência e dissimulação, que vêm de imitação. Isso pode trazer para fora comparações negativas e a sensação de fracasso. Há também o perigo ecológico da aplicação de um comportamento que é adequado em um contexto (ou seja, a do modelo) para situações em que não se encaixa.

Outra estratégia para a definição de metas envolve o uso de características importantes para definir a estrutura do estado desejado. Estas qualidades podem ser extraídas a partir de si mesmo ou qualquer modelo-chave de função. Com relação ao falar em público, isso poderia envolver algo como o raciocínio: "Eu quero incorporar as qualidades de domínio quando eu estou falando a um grupo: tais como, flexibilidade, congruência, integridade etc." Esta é essencialmente uma abordagem dedutiva. Trata-se de manifestar características e princípios de nível superior em situações concretas. Enquanto ele abre a porta para uma maior flexibilidade de ação e de expressão, é também necessariamente removido a partir de experiências pessoais específicas. Assim, ele pode levar a clareza de entendimento sobre o que é necessário, mas não garante necessariamente que as pessoas serão capazes de fazer o que é necessário.

Um quinto método de definição de metas envolve o estabelecimento de um resultado "generativo". Ao invés de ser definido em relação a um estado de problema ou de acordo com referências externas ou abstratas, um resultado generativo envolve estender qualidades engenhosas existentes. Metas geradoras são declarações de que se quer "mais", e são caracterizadas pela palavra "mais". Por exemplo, em uma situação de falar em público, uma pessoa pode dizer: "Eu quero ser mais equilibrado e criativo". Um aspecto importante do presente método generativo para definição dos resultados é que ele pressupõe que uma pessoa já possui e é capaz de comportamentalmente executar, pelo menos, algumas das qualidades e características desejadas. Com esta abordagem, o resultado é visto como simplesmente uma questão de ter mais do que já se tem.

Isto traz uma estratégia final de definição de metas, a de agir "como se" já se tivesse alcançado o estado desejado. É mais difícil definir metas enquanto elas ainda estão associadas ao momento problema. Na verdade, isto é muitas vezes parte do problema em si; quando se está preso ao estado de problema, é muito mais difícil ser criativo e pensar em alternativas. Com a estratégia "como se", saímos do estado de problema e nos movemos ao tempo do estado desejado, imaginando como seria se houvéssemos atingido o estado desejado. Em relação ao falar em público, uma pessoa pode dizer: "Se eu já tivesse atingido o meu estado desejado, eu estaria relaxado e confortável na frente das pessoas no momento."

Todas as diferentes estratégias para a definição de metas têm suas vantagens e ajudam tanto o cliente como o coach a ter uma compreensão mais rica do estado desejado do cliente. Na verdade, a estratégia de definição de metas mais eficaz é usar todas elas como parte do processo de definição de metas. Juntas, elas formam uma sequência poderosa para explorar e construir metas alcançáveis a partir de uma série de perspectivas.

Perguntas para Estabelecimento de Metas

Você pode usar o seguinte conjunto de perguntas com os clientes para ajudá-los a desviar a atenção de seu estado problema ao seu estado desejado e desenvolver uma representação rica e robusta de seus objetivos.

Identifique o estado de problema.

Qual é o estado de problema que você quer mudar?

Meu problema é que eu _____.

Defina o objetivo utilizando cada uma das estratégias de definição de metas:

1. A negação do estado de problema. O que você quer *parar ou evitar*?

Eu quero parar _____.

2. Identifique a polaridade do estado de problema. *O que é o oposto do estado de problema?*

Quero _____ ao invés de...

3. Defina o estado desejado com respeito a uma referência externa. *Quem mais já é capaz de alcançar um estado desejado semelhante ao que você quer?*

Quero agir ou ser como _____.

4. Use características-chave para definir a estrutura do estado desejado. *Quais são as características importantes (encarnadas pelo modelo que você selecionou em sua resposta anterior) que você gostaria de manifestar no estado desejado?*

Eu quero incorporar as características de _____.

5. Estabeleça um resultado "generativo" — Estendendo qualidades engenhosas existentes. *Que qualidades, associadas ao seu estado desejado, você já tem que você precisa ou gostaria de ter mais?*

Eu quero ser mais _____.

6. Agindo "como se". *Se já tivesse atingido o seu estado desejado, o que você estaria fazendo, ou desejava fazer mais?*

Se eu já tivesse atingido o meu estado desejado, eu seria _____
_____.

Depois de ter definido uma meta, é importante verificá-la para ter certeza de que ela está "bem formada." A PNL tem estabelecido uma série de "condições de boa formulação" para os resultados, que ajudam a garantir que as metas sejam realistas, motivadoras e realizáveis.

Caixa de Ferramentas do Coaching: Objetivos bem Formulados

As condições de boa formulação formam o conjunto de condições que um objetivo deve satisfazer a fim de produzir um resultado eficaz e ecológico. Na PNL, um objetivo particular é considerado "bem formulado" se ele puder ser:

1. Expresso em termos positivos;
2. Definido e avaliado de acordo com evidências baseadas em experiências sensoriais;
3. Iniciado e mantido pela pessoa ou grupo que o deseja;
4. Estabelecido para preservar a intenção positiva do estado presente;
5. Contextualizado de forma adequada para se ajustar à ecologia do sistema circundante.

Em resumo, um objetivo é considerado "bem formulado" quando estão reunidas as seguintes condições:

1. *O resultado deve ser expresso em termos positivos*. Em muitos aspectos, é praticamente e logicamente impossível dar a alguém a negação de uma experiência. Assim, se um cliente diz: "Eu não quero mais me sentir tão ansioso", ou "Eu não quero ser tão crítico de mim mesmo", ou "Eu quero ser menos chateado pelos meus colegas de trabalho", a primeira tarefa do coach é descobrir o que o cliente, na verdade, quer no lugar da experiência negativa (como o motorista de táxi mencionado). O coach pode perguntar: "Se você não estivesse ansioso, o que você estaria sentindo em vez disso?" Ou "O que você gostaria de estar fazendo a si mesmo no lugar de ser crítico?" Ou "Como seriam as coisas como se você fosse capaz de ser menos perturbado pelos seus colegas de trabalho?". Em geral, é muito mais fácil treinar um cliente para operar para um resultado positivo do que se afastar de uma negativa.

2. *O resultado deve ser testável e demonstrável na experiência sensorial.* A única maneira em que a definição de um resultado vai ser útil para qualquer pessoa é se ela está explicitamente capaz de perceber e avaliar o progresso em sua direção, enquanto ela tenta alcançá-lo. Em nossa analogia do motorista de táxi, isso significa que temos de dar ao condutor um local que seja realmente acessível. Se fosse para dizer algo como: "Eu quero ir a algum lugar legal", o motorista não teria informações específicas o suficiente para chegar lá. Da mesma forma, os coaches precisam ajudar os clientes a identificar e definir as manifestações comportamentais de seus estados desejados. Um coach efetivo irá minimamente estabelecer dois conjuntos de critérios, ou testes, para o resultado do cliente: a) um conjunto para o contexto do processo em curso; e b) um conjunto para o cliente usar fora do ambiente do coaching. Por exemplo, o coach pode perguntar: "O que será uma demonstração para você e eu, aqui, hoje, que você pode conseguir o resultado (s) que você deseja para si mesmo?" E "Qual será a demonstração para você, que você alcançou (ou está para alcançar) o seu resultado (s) com seus colegas de trabalho (cônjuge, filhos, família, chefe, ou outros)?". O coach, então, tem uma maneira explícita de saber quando ele tem sido bem-sucedido com o cliente.

3. *O estado desejado deve ser iniciado e mantido pelo cliente.* Um dos principais objetivos de um bom coach é colocar o local de controle, com relação a alcançar o resultado, com o cliente. Assim, se um cliente afirma: "Eu quero que meu supervisor pare de me ignorar", a declaração não ainda satisfaz qualquer um dos critérios listados até agora para um resultado bem formulado. Neste caso, o coach deveria primeiro perguntar: "O que o seu supervisor estaria fazendo se ele não o estivesse ignorando?" (obtenção de uma declaração positiva do resultado). O coach, então, deseja obter uma descrição baseada no sensorial de como o supervisor estaria dando atenção para o cliente. Algumas respostas satisfatórias poderiam ser: "Ele iria falar mais comigo sobre os projetos que estou trabalhando", ou "Ele iria

notar e comentar sobre a qualidade do meu trabalho com mais frequência." O coach, em seguida, deseja colocar o controle do resultado nas mãos do cliente, perguntando: "O que poderia você fazer (que você fez, você está fazendo) para obter que seu supervisor queira falar com você sobre os seus projetos e comentar sobre o seu trabalho com mais frequência?". O coach poderia, então, ajudar o cliente a desenvolver a flexibilidade adequada do comportamento para alcançar o resultado.

4. *O estado desejado deve preservar qualquer subproduto positivo do presente estado*. Os subprodutos positivos de comportamentos aparentemente negativos são mais bem ilustrados quando são referidos como hábitos (tabagismo, excesso de comida, consumo excessivo de álcool, entre outros). Muitos fumantes, por exemplo, fumam para acalmar-se quando estão nervosos. Um número surpreendente de fumantes fuma para se lembrar, e obrigar-se a respirar profundamente. Se um fumante para de fumar e nenhum substituto ou alternativo é instalado, com o qual o fumante possa relaxar e lembrar-se de respirar profundamente, ele irá experimentar uma grande quantidade de dificuldade e desconforto. Quando o subproduto positivo não é explicitamente contabilizado no estado desejado, as pessoas, muitas vezes, assumem comportamentos substitutos que se tornam mais problemáticos. Por exemplo, as pessoas podem se entregar a excessos ou beber, em vez de fumar, quando estão nervosas, ou manifestar alguma outra forma de "substituição de sintomas." Muitas pessoas procrastinam, a fim de evitar consequências potencialmente desconfortáveis de agir. Especialmente em empresas e organizações, as repercussões de qualquer resultado desejado devem ser exploradas em detalhe para que eles possam estar preparados para tratá-las adequadamente. O coach vai querer explorar o que o cliente, bem como o sistema do cliente, vai perder, bem como ganhar, mediante a realização de qualquer resultado. Às vezes, a onda de choque através de um sistema que resulta de uma mudança no comportamento de um membro pode criar um resultado que seja mais problemático do que o problema que se apresenta inicialmente.

5. *O resultado deve ser devidamente contextualizado e ecologicamente correto.* Muitas vezes as pessoas afirmam os seus resultados na forma de absolutos ou "quantificadores universais". Em tais casos, fica implícito que o resultado é procurado em todos os contextos e em todas as circunstâncias, quando na realidade o comportamento antigo pode ser bastante útil e apropriado em algumas situações, e, inversamente, o comportamento desejado possa ser inadequado e problemático em outras situações. Portanto, se alguém diz: "Eu quero parar de ser tão hesitante sobre compartilhar minhas ideias", o coach pode perguntar: "Existem momentos em que estar hesitante sobre compartilhar suas ideias seria adequado?" Ou "Há algum momento em que você gostaria de ser hesitante sobre partilhar as suas ideias?". Da mesma forma, se alguém diz: "Eu quero ser mais assertivo com membros da minha equipe quando eles são pouco cooperantes", o coach responderia: "Há situações em que os membros da equipe são pouco cooperantes, mas você não gostaria de ser assertiva?". Em cada caso, o coach está especificando as fronteiras e os limites apropriados para os resultados desejados e indesejáveis. O objetivo do coaching eficaz não é tirar as respostas ou comportamentos ou simplesmente substituir um comportamento por outro, mas para dar ao cliente mais opções. Para garantir que as opções disponíveis para o cliente vão ser as melhores, o treinador terá que frequentemente contextualizar resultados desejados para horários específicos, pessoas, lugares, atividades etc.

Folha de Trabalho:
Condições de Boa Formulação de Objetivos

1. **Resultado** — Expresso em termos positivos. *O que você quer?*

2. **Evidência** — Demonstração baseada no âmbito sensorial do resultado. *Como, especificamente, você vai saber quando atingir esse objetivo? Quais são os desempenhos/critérios? Como eles serão testados?*

3. **Metas Autorrealizáveis** — Ser iniciado e mantido pela pessoa ou grupo. *O que especificamente você vai fazer para atingir este objetivo?*

4. **Conservação de Intenções, "subprodutos" positivos e ganhos secundários do estado de problema.** *Que coisas positivas, de qualquer forma, você ganha a partir do seu atual modo de fazer as coisas? Como você vai manter essas coisas em sua nova meta?*

5. **Resultado Apropriadamente contextualizado** _ O objetivo está devidamente contextualizado e ecologicamente correto. *Quem e o que mais alcançar este objetivo poderiam afetar? Em que condições você quer e não quer ter este resultado?*

- Contextos em que o resultado é desejado:
- Contextos em que o resultado não é desejado:

Parábola do Golfinho

O papel mais importante do coach "c" é fornecer feedback e incentivar os clientes para que eles possam reconhecer e otimizar ações e comportamentos-chave. A "Parábola do Golfinho" a seguir fornece uma analogia poderosa e um conjunto de princípios para coaches de todos os tipos.

O antropólogo Gregory Bateson passou vários anos estudando os padrões de comunicação de golfinhos e botos. A fim de completar a sua investigação, o centro de pesquisa em que ele esteve envolvido muitas vezes usou os animais sob estudo para colocar em shows ao vivo para o público, frequentemente até três vezes por dia. Os pesquisadores decidiram demonstrar ao público o processo de indução de um golfinho para participar de um truque. O golfinho era conduzido de um tanque de retenção para o tanque da apresentação à frente da plateia. O coach espera até o golfinho fazer algum comportamento conspícuo (que é visível para os seres humanos) — por exemplo, levantar a cabeça para fora da água em uma determinada maneira. O coach, então, sopra um apito e dá um peixe ao golfinho e espera até que o golfinho, eventualmente, repita o comportamento. Depois apita novamente e lhe dá outro peixe. Logo o golfinho tinha aprendido o que fazer para obter o peixe e levantou a cabeça, muitas vezes, fornecendo uma demonstração bem sucedida de sua capacidade de aprender.

Algumas horas mais tarde, porém, o golfinho foi trazido de volta para o tanque de exposição para um segundo show. Naturalmente, ele começou a levantar a cabeça para fora da água, como o fez no primeiro show, e esperou pelo apito esperado e pelos peixes. O coach, é claro, não queria que o golfinho fizesse o mesmo velho truque, queria demonstrar ao público como aprender um novo. Depois de passar cerca de dois terços do período de apresentação a repetir o velho truque mais e mais, o golfinho finalmente tornou-se frustrado e virou sua cauda. O coach imediatamente soprou o apito e jogou-o um peixe. O golfinho surpreso e um pouco confuso cautelosamente virou sua cauda novamente, e novamente recebeu o apito e peixes. Logo foi alegremente sacudindo sua cauda, com sucesso demonstrando novamente a sua capacidade de aprender e foi devolvido ao seu tanque de casa. Na terceira sessão, depois de ter sido levado para o tanque de exposição, o golfinho começou obedientemente lançando sua cauda como ele tinha aprendido na sessão anterior. No entanto, uma vez que o coach queria que aprendesse algo novo, não foi recompensado. Mais uma vez, por cerca de dois terços da sessão de treino, o golfinho repetiu o giro de cauda, com crescente frustração, até que finalmente, fora de exasperação, ele fez algo diferente, como girar em torno de si. O treinador imediatamente soou o apito e deu um peixe. Depois de um tempo, ele com sucesso aprendeu a virar-se para o público e foi levado de volta ao seu tanque de casa.

Por quatorze shows, o golfinho repetiu esse padrão — ele passou os primeiros dois terços do show em repetições fúteis do comportamento que tinha sido reforçado na mostra precedente, até que, aparentemente por "acidente", era envolvido em uma nova peça de comportamento conspícuo e foi capaz de completar a demonstração de treinamento com sucesso.

Em cada show, no entanto, o golfinho tornou-se cada vez mais perturbado e frustrado por estar "errado" e o coach achou necessário quebrar as regras do contexto de formação e periodicamente dar ao boto um "peixe não ganho", a fim de preservar a sua relação com ele. Se o golfinho se tornasse muito frustrado com o coach, provavelmente se recusaria a cooperar em tudo com ele, o que criaria um grave revés na pesquisa, bem como nos shows.

Finalmente, entre a décima quarta e décima quinta sessão, o golfinho parecia tornar-se quase selvagem com emoção, como se tivesse de repente descoberto uma mina de ouro. E quando ele foi deixado no tanque de exposição para o último show, colocou um desempenho elaborado incluindo comportamentos que nunca tinham sido observados — oito completamente novos e distintos comportamentos, sendo quatro dos quais nunca vistos na sua espécie antes.

Princípios do Coaching Ilustrados pela Parábola do Golfinho

Os elementos importantes da história são:

1. O golfinho deve aprender uma classe de comportamentos e não um comportamento em particular.

2. A especificidade do comportamento é determinada pelo golfinho e não pelo treinador. A tarefa essencial do coach é gerenciar o contexto de forma que o golfinho possa criar novos comportamentos.

3. O aprendizado é o contexto específico (o tanque de exibição).

4. O apito não é um estímulo específico que desencadeia uma resposta específica e, sim, uma mensagem para o golfinho sobre algo que ele já fez.

5. O peixe dado ao golfinho não é tanto um reforço por um comportamento em particular que o golfinho tenha feito, é mais uma mensagem sobre seu relacionamento com o coach. O peixe é uma meta-mensagem.

6. Se o coach não está sensível ao relacionamento e não faz coisas que o preserve, o processo como um todo pode falhar.

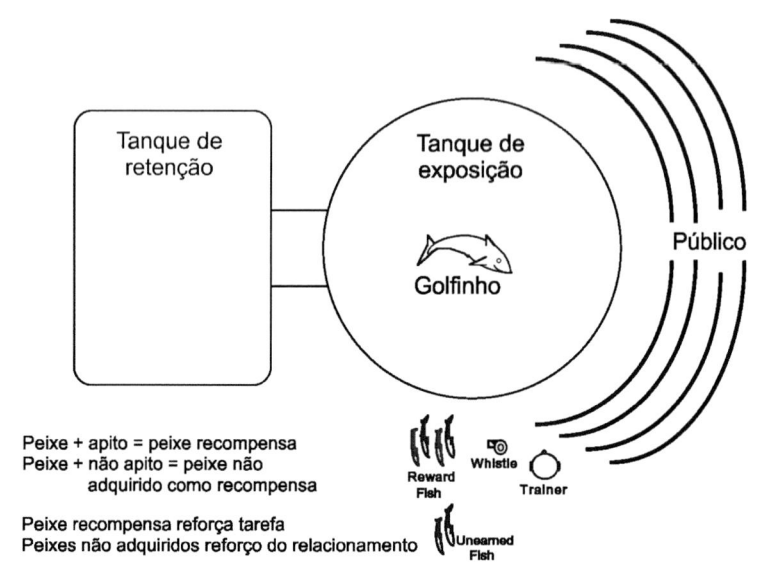

Um coach eficaz deve fornecer ambos: Feedbacks (peixes ganhos por recompensa) e Incentivos (peixes não adquiridos como recompensa)

De acordo com Bateson, os estímulos utilizados em tais experiências de aprendizagem não são apenas gatilhos para os reflexos, mas são marcadores de contexto que dão ao animal uma pista para interpretar o contexto — uma espécie de meta-mensagem. A combinação apito-peixe torna-se um marcador de contexto que diz: "Repita o comportamento que você acabou de fazer." O tanque de exposição é um marcador de contexto que rodeia o contexto apito-peixe e diz: "Faça alguma coisa diferente do que o que você fez para os shows anteriores." A relação com o coach, como Bateson aponta, é o contexto do contexto do contexto. Isto é, a relação com o coach é um contexto que envolve ambos os outros contextos. O relacionamento com o coach atravessa o tanque de retenção, o tanque de exposição, o apito e os peixes. E o contexto definido pela responsabilidade implícita do coach para o público influencia sua relação com o golfinho.

Relevância da Parábola do Golfinho para o Coaching

Na analogia da parábola do golfinho de Bateson, o coach é como um treinador; o golfinho é como o intérprete ou o cliente; o tanque de desempenho é como o escritório, a sala de aula ou outro ambiente em que o executor deve agir; e o público observando o coach e o golfinho representa a organização ou sistema social circundante ao intérprete e coach.

Semelhante a um bom coach, a missão do treinador de golfinhos não é de "condicionar" comportamentos específicos, mas, sim, de colocar o golfinho em um processo criativo dentro de seu próprio conjunto natural de comportamentos. O sucesso do treinador de golfinho é baseado em sua capacidade de "tirar" ou liberar a criatividade do boto. Trata-se de reforçar o boto para gerar novos comportamentos por conta própria dentro dos limites e condições de um contexto específico, definido por um determinado tempo e espaço.

O treinador de golfinho não é um desaparecido observador desencarnado, objetivo (como se percebe na maioria dos pesquisadores com animais), mas está em uma intensa relação com o boto — e o sucesso do treinador depende da manutenção da qualidade desse relacionamento. A comunicação relacional não é realizada através de "estímulos" e objetivada através de "reforços", mas através de mensagens e meta-mensagens sobre (1) o estado e status dos seres envolvidos na relação; (2) o conjunto de contextos em que tanto a tarefa como a relação está ocorrendo e (3) o nível de mensagens a serem enviadas. O meio no qual a mensagem está sendo enviada é uma mensagem de nível superior sobre a mensagem a ser enviada.

Aplicação da Parábola do Golfinho

A Parábola do Golfinho enfatiza alguns princípios importantes para treinamento e aprendizagem, incluindo:

1. A relevância de ambos, tarefa e relacionamento, na melhoria de desempenho.
2. A importância e as dificuldades de aprender a aprender, como parte de um desempenho eficaz.
3. A influência de outras pessoas (o público) sobre atividades e relacionamento entre o treinador e o executor.
4. A relevância de diferentes tipos de retorno (o apito e os peixes) no que diz respeito à aprendizagem.
5. O fator de feedback eficaz relacionado com ambas as informações (apito) e motivação (peixe).
6. A aprendizagem no nível superior envolvendo a atividade automotivada por parte do executor.
7. A falta de feedback positivo que pode prejudicar o relacionamento entre o coach e o executor e causar 'desistência' por parte do executor.

Uma pessoa que está tentando aprender a ser um executor mais eficaz é como o boto no tanque de treinamento. Ele deve fazer alterações autoiniciadas no comportamento, dependendo da natureza do contexto, e responder a vários tipos de feedback.

A abordagem da PNL para coaching eficaz envolve a implementação de feedback e recompensas semelhantes às descritas na parábola do golfinho. Os indivíduos se envolvem em atividades, gerando interações com os outros, que estão relacionadas com a definição e implantação de objetivos específicos. Em vários pontos, nestas atividades são fornecidos dois tipos de feedback às pessoas: "apitos" e "peixe". "Apitos" são dados na forma de observações sobre determinados comportamentos. "Peixes" são fornecidos sob a forma de comentários pessoais que refletem algo que o observador gostou sobre esses comportamentos. Este tipo de feedback não é fornecido apenas por formadores e coaches "oficiais", mas por todos os membros da equipe de grupo ou de aprendizagem. Em um determinado nível, o objetivo deste tipo de feedback é identificar o que alguém está fazendo bem e incentivá-lo a fazer mais do mesmo. Num nível mais profundo, o objetivo é incentivar as pessoas a ser mais pró-ativas, continuamente à procura de formas de melhorar e se tornar mais flexíveis.

Para serem eficazes em dar este tipo de feedback, as pessoas precisam primeiro aprender a distinguir observações de interpretações. O "apito" deve basear-se em comportamentos observáveis, concretos. O "peixe" reflete interpretações relacionadas a esse comportamento. A regra neste tipo de feedback é que se você fizer uma observação, você também deve fornecer um "peixe" (um comentário sobre o que você gostou sobre o que você observou). Observações sem quaisquer interpretações ou respostas de acompanhamento são apenas dados. Eles não contêm nenhuma motivação ou significado. Seria como o treinador soprar o apito, mas nunca oferecer qualquer peixe para o golfinho. Feedback fornece informações quando contém dados específicos relevantes para a tarefa a ser executada (como o apito do treinador). Feedback fornece motivação quando a informação ou a tarefa é feita de maneira mais "significativa" (como quando o treinador conecta a tarefa com a doação do peixe).

Da mesma forma, se você faz um comentário sobre algo de que gostou, você também deve fornecer uma descrição do comportamento específico para o qual a sua resposta se relaciona. Se uma pessoa recebe elogios ou alguma outra recompensa, mas nenhuma informação sobre o que ela tem feito para provocar tal reação, a pessoa vai perguntar: "O que eu fiz? O que é isso?". Isso é porque o indivíduo não tem ideia do que repetir ou como melhorar.

Por exemplo, digamos que uma pessoa fez uma apresentação sobre a sua visão e missão. Quando essa pessoa tenha terminado a interação, um membro do grupo pode dizer: "Eu observei que você continuamente fez contato visual com os membros do grupo (apito), o que tornou mais fácil para sentirmos que éramos todos parte da mesma equipe (peixe)".

Assim, a forma de base do feedback contém sempre dois elementos principais:

O que eu observei: _____

O que eu gostei sobre ele: _____

As pessoas também são convidadas a dar "presentes" ou "peixes não ganhos" sob a forma de incentivo ou comentários positivos que não são tarefas relacionadas. Por exemplo, uma pessoa pode dizer à outra: "Eu aprecio o seu compromisso com a congruência e integridade." Ou, "Obrigado por seu apoio e encorajamento." Este tipo de mensagem é focado principalmente sobre o indivíduo e a relação. Sua finalidade é reforçar o sentido de relacionamento entre os membros do grupo.

Note-se que este processo não inclui qualquer negativo ou o feedback 'corretivo'. O foco é sobre o que uma pessoa está fazendo e isso está funcionando bem. Assim como em nosso exemplo do golfinho, o treinador não jogou qualquer "peixe podre" para o golfinho quando ele não gostou do que o golfinho estava fazendo. O treinador nem impôs qualquer outra forma de punição ou condicionamento negativo. Ao invés de dar feedback negativo, o golfinho simplesmente recebeu uma ausência de apito ou peixe, exceto se ele tivesse feito algo novo.

Às vezes as pessoas pensam que este tipo de feedback, eventualmente, torna-se ineficaz, porque as pessoas construiriam a ilusão de que elas são sempre bem-sucedidas e não cometem nenhum erro. E isso pode ser verdade, se não fosse para os outros elementos do processo. Um executivo de negócios sábio disse uma vez que, a fim de "crescer como um líder", uma pessoa deve sentir "uma forte vontade de modificar o ambiente para torná-lo melhor, em seguida, criar situações desafiadoras que (ele ou ela) não possa sair, exceto mudando". Este é o lugar onde o aluno participa na criação do desafio que o levará ao seu crescimento. A "ilusão" de sucesso é evitada porque o executor é encorajado a criar "situações difíceis" para si mesmo. Porque o ambiente não é hostil, o aluno é capaz de monitorar o seu próprio caminho de aprendizagem autogerida.

Os pressupostos deste método de feedback são: "Você está em um contexto em que é seguro aprender. Você pode ser curioso e criativo, e desafiar a si mesmo. A quantidade que você é capaz de aprender e crescer depende de sua própria iniciativa. Não há problema em tentar coisas novas e cometer erros. Nada de ruim vai acontecer com você se você não executar perfeitamente em primeiro lugar. Você será guiado pelo feedback concreto e de suporte. O que é mais importante é que você faça o seu melhor pessoal. Você não vai ser criticado se você não fizer o "caminho certo"; porque não há uma correta maneira de se comportar. Em vez disso, a eficácia de suas ações muda dependendo do contexto e do tipo de *público* — que você pode determinar, tornando-se mais consciente de certos sinais. Assim, é importante explorar continuamente novos comportamentos e desenvolver a sua própria consciência, flexibilidade e autodomínio."

Tenha em mente que a finalidade deste tipo de feedback é incentivar o desenvolvimento da flexibilidade e da capacidade de produzir novos comportamentos como uma adaptação a um contexto de mudança. Se uma pessoa necessitou seguir um procedimento específico em um contexto estável ou com risco, o processo que envolve a supervisão e o feedback corretivo pode ser mais apropriado. O objetivo deste método de aprendizagem é extrair, "revelar" e maximizar habilidades naturais através de um processo de encorajamento e feedback eficaz.

Caixa de Ferramentas do Coaching: Feedback e Alongamento

Um dos objetivos do coaching é ajudar as pessoas a desenvolver uma gama mais ampla de flexibilidade em seu comportamento. O exercício seguinte aplica uma série de princípios derivados da parábola do golfinho para ajudar a incentivar e recompensar o desempenho eficaz.

1. O cliente seleciona um contexto no qual interpreta uma meta de desempenho bem formulado que ele tenha definido.

2. Com a ajuda do coach, o cliente encena uma dramatização simples por aproximadamente 5 minutos (simulando o contexto selecionado pelo intérprete) para que o executor comportamentalmente pratique alcançar os seus objetivos.

3. Quando o executor completar a dramatização, o coach lhe dá feedback da seguinte forma:

    O que eu observei: _____

    O que eu gostei sobre isso: _____

    O feedback pode ser dado oralmente e por escrito.

    Fornecer "apitos e peixes" escritos permite que as pessoas os levem para casa e os leiam mais tarde.

4. O coach, em seguida, faz sugestões de comportamentos específicos que desafiariam, "esticariam", ou aumentariam a flexibilidade do executor em relação a seus objetivos, tais como:

    Mova suas mãos mais (ou menos)

    Mude a sua posição física no que diz respeito a outra pessoa

    Mantenha contato visual constante com a outra pessoa

    Fale em analogias e metáforas

5. O executor escolhe uma das sugestões e continua ou repete a dramatização por mais 2 a 3 minutos, incorporando-a em como ele tenta atingir a meta (s) definida.

6. No final, o executor para e, novamente, o coach fornece um feedback, na forma:

O que eu observei: _____

O que eu gostei sobre isso: _____

O processo pode ser repetido tantas vezes quanto o coach e o executor decidirem ser apropriado.

Ao trabalhar com um grupo ou equipe, várias pessoas podem oferecer "apitos e peixes" e "sugestões de alongamento" ao executor, de modo a aumentar a quantidade de feedback e as opções que ele pode oferecer.

No final do processo, o executor pode partilhar o que ele tiver aprendido no que diz respeito às suas competências conscientes ou inconscientes.

Caixa de Ferramentas do Coaching: Análise Contrastiva e Mapeamento Cruzado

Uma vez que os resultados bem formulados foram estabelecidos, assim como os critérios de desempenho, uma das principais tarefas de um coach é ajudar os clientes a identificar e ativar os recursos fundamentais necessários para alcançar os resultados e satisfazer os critérios. Um simples e poderoso conjunto de ferramentas para isto é a análise contrastiva e o mapeamento cruzado.

A análise contrastiva e o mapeamento cruzado são bons exemplos da aplicação pragmática do circuito de coaching de modelagem. A *análise contrastiva* refere-se ao processo de comparação de diferentes estados, representações, mapas, performances ou descrições, com a finalidade de descobrir as "diferenças que fazem a diferença." Ao comparar e contrastar, uma pessoa pode descobrir informações que lhe permitam ter uma melhor compreensão da estrutura da experiência. Por exemplo, quando uma pessoa tem uma experiência de criatividade em um contexto e uma experiência de estar sem criatividade em outro. Estas duas situações podem ser analiticamente contrastadas com respeito às diferenças fundamentais envolvidas. A pessoa pode notar como sentimentos, postura corporal, foco de atenção, crenças e valores, estratégias de pensamento e das condições ambientais são diferentes. O conhecimento destas diferenças pode então ser utilizado para realizar alterações estratégicas que permitam que a pessoa se torne mais criativa em situações diversas.

O *mapeamento cruzado* é um termo usado para descrever o processo de transferência de recursos ou elementos de uma estratégia, estado ou situação para outra, um estado de problema), para precipitar a mudança ou produzir uma solução. O mapeamento cruzado é tipicamente feito em conjunto com uma análise contrastiva, em que os processos e as características de duas experiências ou situações são comparados por semelhanças e diferenças. Certas características de um estado ou de uma estratégia são então transferidas para o outro, através da orientação verbal, ou outras estratégias comportamentais.

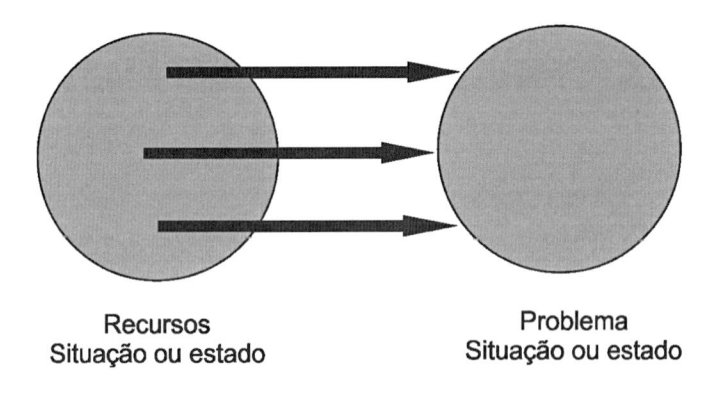

Recursos
Situação ou estado

Problema
Situação ou estado

Em "Mapeamento Cruzado", recursos e elementos de um estado ou situação são transferidos para outro, a fim de criar mudanças ou encontrar uma solução

Assim, o processo de mapeamento cruzado envolve vários passos:

1. Identificação dos estados ou situações a serem contrastados.

2. Comparação e contraste dos estados ou situações a fim de obter e identificar diferenças fundamentais.

3. Alteração das características de um dos estados ou situações (um estado preso, por exemplo) para incorporar as principais

características do outro estado (de recursos) ou situação. Isso pode ser realizado por meio de sugestão verbal, *role playing*, planejamento ou agindo "como se".

A seguir, um formato de coaching/modelagem simples em que um coach pode aplicar o mapeamento cruzado com uma pessoa ou equipe para trazer recursos para uma situação desafiadora. Isso é feito por contrastes de situações difíceis, com exemplos passados de sucesso, a fim de identificar fatores-chave de sucesso e transferi-los para outros contextos.

Formato Análise Contrastiva

1. Peça ao membro individual ou à equipe para pensar em uma situação desafiadora.

    "Qual é a situação de desafio que você está enfrentando?"

2. Conduza cada elemento da equipe e outros a pensarem em momentos em que eles foram capazes de realizar de forma eficaz.

    "Você pode pensar em uma situação semelhante em que você foi capaz de permanecer com recursos ou ser bem sucedido?"

3. Reflitam juntos sobre os principais fatores de sucesso e aprendizagem.

    "O que você fez?" "O que você aprendeu?"

4. Explore como fatores significativos de sucesso e de aprendizagem podem ser transferidos ou "mapeados" para a situação que atualmente é um desafio.

    "Como você pode aplicar o que você fez ou aprendeu nessa situação de desafio que você está enfrentando agora?"

Postura Corporal e Desempenho

Como um complemento para o processo de análise contrastiva, as imagens seguintes podem ser utilizadas para ajudar os clientes a identificar as características comportamentais-chave associadas a estados de recursos. Um cliente pode ser instruído a circundar as imagens que mais representam a sua postura quando estiver em um estado de desempenho eficaz. Os clientes podem ser instruídos a colocar um quadrado em torno das imagens que mais representam a sua postura quando eles estão presos, distraídos ou em dúvida (os clientes devem escolher tanto uma vista frontal quanto uma lateral).

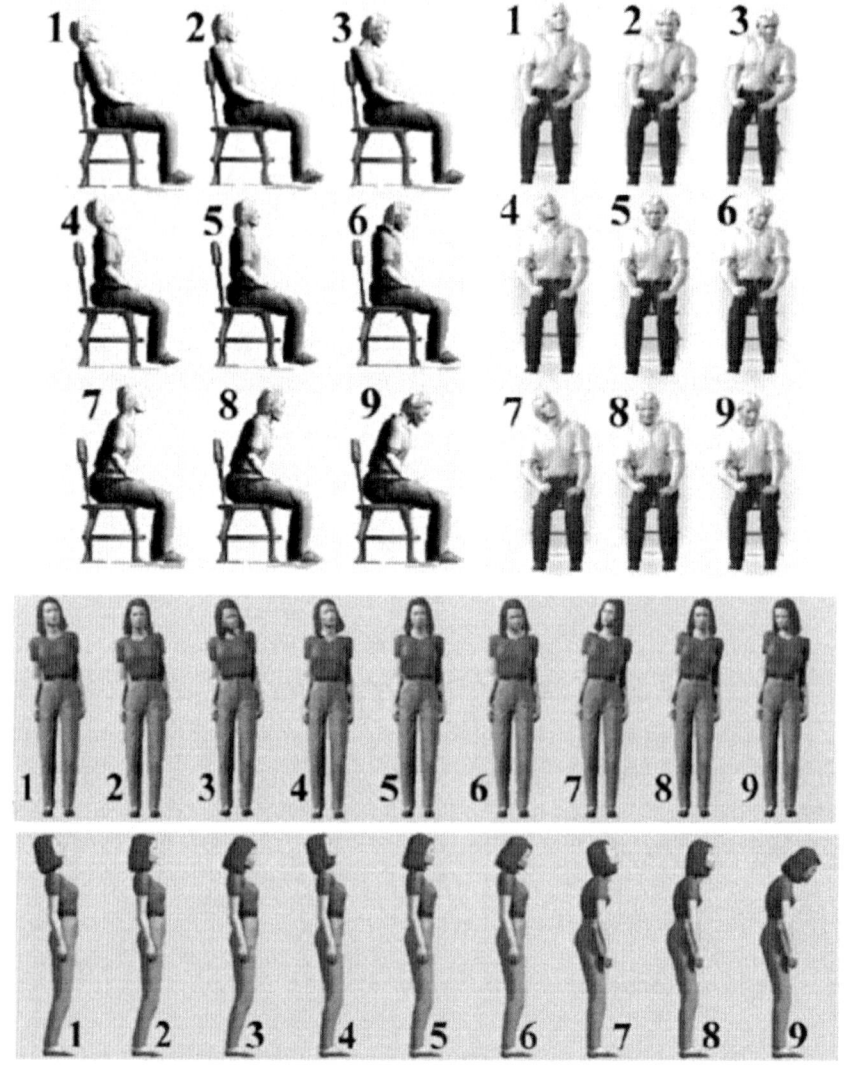

Gestos e Desempenho

Recordando os estados contrastantes identificados na primeira comparação, os clientes podem ser instruídos a circundar a imagem que melhor representa os gestos que eles mais usam frequentemente em um estado de desempenho eficaz, ou desenhar os gestos na imagem fornecida para a direita.

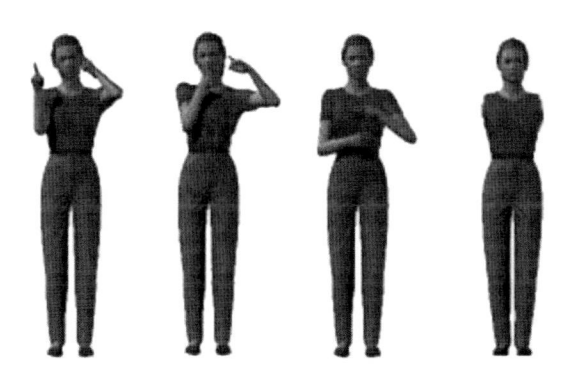

Estado de Performance Eficiente

O cliente pode então circundar a imagem que melhor representa os gestos que caracterizam um estado preso ou distraído, ou desenhar os gestos na imagem fornecida pela direita.

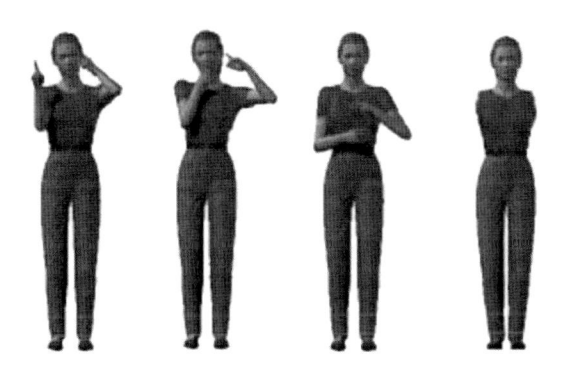

Estado Aprisionado ou Desatento

Caixa de Ferramentas do Coaching: Ancoragem

Outra ferramenta simples, mas poderosa, que os coaches podem usar para ajudar os clientes a ter acesso e fazer transferência de recursos para contextos e situações em que eles são necessários é a de *ancoragem*. Em PNL, ancoragem refere-se ao processo de associar uma resposta comportamental com algum gatilho ambiental ou mental, de modo que a resposta possa ser rapidamente reacessada. A ancoragem é um processo que, na superfície, é semelhante à técnica de "condicionamento" usada por Pavlov, para criar uma ligação entre a audiência de um sino e a salivação em cães. Ao associar o som de um sino com o ato de dar comida para seus cachorros, Pavlov descobriu que, apenas ao tocar o sino, os cães começavam a salivar, mesmo que nenhum alimento fosse oferecido. Em estimulo resposta condicionado da fórmula comportamental, no entanto, o estímulo é sempre uma sugestão ambiental e a resposta é sempre uma ação comportamental específica.

Na PNL este tipo de condição associativa foi expandido para incluir ligações entre aspectos da experiência diferentes de sugestões puramente ambientais e respostas comportamentais. Uma imagem lembrada pode se tornar âncora para uma sensação interna particular, por exemplo. Um toque na perna pode se tornar âncora para uma fantasia visual ou mesmo uma crença. Um tom de voz pode tornar-se uma âncora para um estado de excitação ou de confiança. Uma pessoa pode escolher conscientemente estabelecer e ancorar esta associação para si mesma. Ao invés de ser um reflexo patelar irracional, uma âncora torna-se uma ferramenta de autocapacitação. A ancoragem pode ser uma ferramenta muito útil para ajudar a estabelecer e reativar os processos mentais associados com a criatividade, aprendizagem, concentração e outros recursos importantes.

Ancorando seus Recursos Internos

Os coaches podem estimular os clientes a usar âncoras ou gatilhos para ajudá-los a obter rapidamente recursos internos quando necessário, A ancoragem utiliza o processo natural de associação para ajudar os clientes a se lembrar de experiências positivas através dos seguintes passos:

1. Identifique um recurso interno que poderá ajudá-lo a melhorar o seu desempenho (por exemplo, determinação, motivação, confiança, calma etc.).
2. Lembre-se de um momento em que você experimentou esse recurso fortemente.
3. Encontre algo para usar como uma âncora para acionar este recurso (objeto, imagem mental, palavra-chave, gesto etc.).
4. Coloque-se de volta para a experiência engenhosa. Veja o que você viu, ouviu e o que você sentiu tão vividamente quanto possível. Ligue a memória desta experiência à sua âncora, deslocando sua atenção momentaneamente para ela.
5. Limpe sua mente por um momento. Faça algo para distrair-se.
6. Coloque sua atenção em sua âncora. Você deve começar imediatamente a ter a sensação de recursos. Se não acontecer isto, repita o passo número 4 mais algumas vezes.

Resumo

Coaching de desempenho, ou coaching "c" minúsculo, é direcionado para ajudar os clientes a desenvolver competências comportamentais específicas. Os métodos de coaching de desempenho envolvem extrair e fortalecer a capacidade das pessoas através da observação, do encorajamento e do feedback. Coaches de desempenho eficazes observam cuidadosamente os comportamentos dos seus clientes, dando-lhes dicas e orientações sobre como se melhorar em situações e contextos específicos, ajudando-os a obter acesso mais completo aos seus próprios recursos internos.

Estabelecer metas e objetivos bem formulados é uma ferramenta primária de desempenho de coaching eficaz. Metas claras fornecem direção e foco para todas as atividades de coaching.

Fornecer feedback positivo e incentivo, através de mensagens explícitas voltadas tanto para tarefa quanto para relacionamento, é uma forma eficaz de ajudar as pessoas a se esticar e desenvolver sua flexibilidade comportamental para alcançar mais eficazmente os resultados desejados.

As ferramentas de análise contrastiva e o mapeamento cruzado ajudam os clientes a se tornarem mais conscientes dos fatores físicos e mentais que produzem um comportamento eficaz e a aplicar os fatores de sucesso mais conscientemente para produzir resultados eficazes em outros contextos.

A ancoragem é uma ferramenta útil para ajudar o acesso aos clientes e transferir os seus próprios recursos internos entre os diferentes contextos e situações.

Capítulo 3

Ensinando

Visão geral do Capítulo 3

Ensinando
- Desenvolvendo Capacidades
- Ensinando e a Performance do "Jogo Interno"

Canais Representacionais
- Canais Representacionais e Estilos de Liderança

Caixa de Ferramentas do Teaching: Estilos de Liderança
- Questões de Avaliação
- Aplicação dos Resultados das Questões de Avaliação dos Estilos de Liderança

Caixa de Ferramentas do Ensinando: Visualizando Sucesso e "Ensaio Mental"

Caixa de Ferramentas do Ensinando: Gerenciamento de Estados
  • O Círculo de Excelência

Modelando Capacidades
  • O T.O.T.S.: Requisições Mínimas para Modelagem de Ferramentas e Comportamentos Eficazes

Caixa de Ferramentas do Teaching: T.O.T.S. em Questões de Modelagem
  • Caixa de Ferramentas do Teaching: Mapeando T.O.T.S. Eficazes

Caixa de Ferramentas do Teaching: Aprendizagem Cooperativa
  • Processo de Aprendizagem Cooperativa

Caixa de Ferramentas do Teaching: Focando em Feedback Em vez de no Fracasso

Posições Perceptivas Básicas em Comunicação e Relacionamentos
  • Segunda Posição

Caixa de Ferramentas do Teaching: Construindo uma Perspectiva de "Segunda Posição"

Caixa de Ferramentas do Teaching: Meta Mapeamento
  • Formato Básico de Meta Mapa

Caixa de Ferramentas do Teaching: Imaginando
  • Formato Coaching de Imaginação

Resumo

Ensinando

Aprender é descobrir o que você já sabe.
Fazer é demonstrar que você sabe disso.
Ensinar é lembrar aos outros que eles sabem tão bem quanto você.

Richard Bach

Ensinar é o processo de ajudar as pessoas a desenvolver habilidades e capacidades cognitivas. O objetivo do ensino é ajudá-las a aumentar competências e "*habilidades de pensamento*" relevantes para uma área de aprendizagem. O ensino centra-se na aquisição de habilidades cognitivas gerais, em vez de performances particulares em situações específicas. Um professor eficiente ajuda a pessoa a desenvolver novas estratégias para pensar e agir. A ênfase do ensino é mais sobre a nova aprendizagem do que no aperfeiçoamento de seu desempenho anterior.

Desenvolvimento de Capacidades

Nossas capacidades cognitivas se relacionam com os mapas mentais, planos ou estratégias que levam ao sucesso. Eles demonstram como as ações são selecionadas e monitoradas. Capacidades envolvem o domínio sobre classes inteiras de comportamento, isso é, saber como fazer alguma coisa. Enquanto alguns comportamentos são respostas simplesmente reflexivas a estímulos ambientais, a maioria de nossas ações não é. Muitos dos nossos comportamentos vêm de "mapas mentais" e outros processos internos cuja fonte está dentro de nossas mentes. Este é um nível de experiência que vai além de nossas percepções do ambiente imediato. Nós podemos fazer fotos de coisas que não se relacionam com o ambiente em que nos encontramos, por exemplo. Nós podemos nos lembrar de conversas e eventos que ocorreram anos atrás. Podemos imaginar eventos que podem acontecer daqui a alguns anos.

Capacidades vêm a partir do desenvolvimento de um mapa mental que nos permite selecionar e organizar grupos de comportamentos individuais. Capacidades têm a ver com as estratégias mentais e mapas que as pessoas desenvolvem para guiar os seus comportamentos específicos. Simplesmente se engajar em comportamentos não assegura que a aprendizagem terá lugar. São nossas estratégias cognitivas que determinam como selecionar e orientar esses comportamentos. São essas estratégias que determinam se um aluno realmente desenvolve as capacidades necessárias para continuamente e elegantemente realizar a habilidade comportamental que vem praticando. O grau em que as pessoas são capazes de generalizar algo a novas situações fora do contexto em que inicialmente aprenderam é uma consequência de suas capacidades mentais. A função das capacidades é proporcionar a percepção e direção necessária para atingir determinados objetivos.

O desenvolvimento de capacidades envolve o estabelecimento de mapas e estratégias cognitivas. De acordo com o modelo de níveis neurológicos, capacidades ficam entre nossas crenças e nossos comportamentos. Nossas capacidades nos permitem transformar nossas crenças e valores em comportamentos concretos.

Ensinando e a Performance do "Jogo Interno"

As noções de ensino e as capacidades em desenvolvimento com respeito ao coaching estão relacionadas ao que pode ser referido como o jogo interior de desempenho. O conceito de "jogo interno" foi desenvolvido por Timothy Gallwey (1974, 2000) como uma forma de ajudar as pessoas a alcançar a excelência em vários esportes (por exemplo, tênis, golfe, esqui etc.), na música, em negócios e gestão. O sucesso em qualquer área de atuação envolve o uso da mente, bem como do corpo. Preparar-se mentalmente para um bom desempenho é a essência do jogo interno.

O "jogo externo" tem a ver com habilidades físicas. Em um esporte como o beisebol, por exemplo, tem a ver com: segurar e balançar o bastão, o passo, lance, campo, bases executados etc. O "jogo interno", por outro lado, tem a ver com a abordagem mental, para o que a pessoa está fazendo. Inclui a atitude, confiança em si mesmo, na equipe, capacidade de se concentrar efetivamente, lidar com erros e pressão, e assim por diante.

Atletas e coaches muitas vezes falam sobre a importância de se concentrar e "colocar a cabeça no jogo." Quando o seu jogo externo e o jogo interno estão trabalhando em conjunto, ações fluem com uma espécie de excelência sem esforço que é chamado de "jogar na zona." Alguns indicadores de que o seu jogo interno está em ordem e que você está na "zona" são:

- Sentimento de confiança e ausência de ansiedade e insegurança;
- Sem medo do fracasso ou de autoconsciência sobre a realização de seus objetivos;
- Foco sobre a realização lindamente e excelentemente;
- Desempenho vem naturalmente e sem ter que pensar sobre isso.

O coaching "c" minúsculo de desempenho é claramente mais focado no "jogo externo" de um desempenho particular. Ao ensinar, o foco do coach é ajudar o cliente a desenvolver o seu "jogo interno".

Algumas das crenças de um professor efetivo incluem:

Todo mundo é capaz de aprender.

Tenho questões e ideias, que são excitantes e estimulantes, que eu posso compartilhar com os outros

Eu serei enriquecido com ideias e questões desta pessoa.

O processo de expansão de suas capacidades no mundo é inerentemente motivador.

As pessoas vão aprender com facilidade se forem dados louvor e reconhecimento para as suas próprias ideias.

As pessoas aprendem de sua própria maneira e em seu próprio ritmo, e que é a melhor maneira para eles.

Esta pessoa é inteligente. Ela merece ter o meu conhecimento e atenção.

Ela vai fazer bom uso de qualquer conhecimento ou informação que eu fornecer, e da maneira que for melhor para ela.

O estilo de liderança mais comum de um professor é a de estímulo intelectual. Estímulo intelectual envolve encorajar as pessoas a encontrar novas perspectivas e repensar as suas próprias ideias. Como resultado, as situações antigas e questões são pensadas de novas maneiras. A simulação intelectual salienta inteligência, racionalidade e cuidado com a resolução de problemas. Professores frequentemente louvam novas ideias e pensamentos claros.

Ao agir como professores, coaches concentram-se em ajudar as pessoas a desenvolver clareza, nova compreensão e um mapa mais amplo do mundo. Os professores estimulam tanto os novos mapas cognitivos quanto ajudam a fornecer as experiências de referência que dão significado a esses mapas. A ênfase do professor é sobre como aprender. Como Gallwey descreve:

Coaching [no de nível capacidade de R.D.] escuta o processo de pensamento de alguém.

A parte mais importante do trabalho de um coach é ouvir bem.

O coaching eficaz no local de trabalho segura um espelho para os clientes, para que eles possam ver o seu próprio processo de pensamento.

Como coach, eu não estou ouvindo o conteúdo do que está sendo dito, o máximo que eu estou ouvindo é a maneira como eles estão pensando, incluindo a forma como a sua atenção é focada e como eles definem os elementos-chave da situação. (P. 182)

Assim, um professor eficaz ajuda as pessoas a desenvolver novas estratégias para a aprendizagem, ao invés de simplesmente apresentar novos conteúdos. Bons professores também reconhecem e se adaptam aos estilos individuais de aprendizagem (por exemplo, visual, auditivo, cinestésico) dos estudantes.

Canais Representacionais

De acordo com a PNL, nós construímos nossos mapas mentais de um ambiente ou comportamento particular de informações dos cinco sentidos ou "sistemas representacionais": visão, audição, sensação, paladar e olfato. Os sentidos constituem a forma ou a estrutura de pensamento, em oposição ao seu conteúdo. Cada pensamento que você tem, independentemente do seu conteúdo, vai ter uma função de imagens, sons, sentimentos, cheiros ou sabores, e como aquelas representações se relacionam entre si. Estamos constantemente articulando representações sensoriais para construir e atualizar nossos mapas da realidade. Fazemos esses mapas com base no feedback da nossa experiência sensorial.

Os *canais de representação* dizem respeito aos sentidos e ao tipo de modalidade sensorial ou representação que uma pessoa está empregando a fim de aprender ou se comunicar. Quando alguém está falando em voz alta, está usando um canal *verbal* de representação externa. A escrita é um canal *visual* de representação. Um canal pictórico ou simbólico da representação envolve desenhos, símbolos e diagramas. Manifestações comportamentais constituem um canal *físico* da representação.

O canal representacional que um cliente usa, a fim de aprender, desenvolver ou aperfeiçoar as suas capacidades é um aspecto significativo de ajudar o cliente a ser bem-sucedido em seu "jogo interno". A partir da perspectiva da PNL, é importante para os coaches estarem cientes da maneira como eles e seus clientes usam estes canais de representação diferentes, interna e externamente ao se comunicar ou aprender. O cliente, por exemplo, tende a ser principalmente verbal, preferindo discussão e interações faladas? Talvez o modo preferido de um cliente de comunicação e aprendizagem seja lendo e escrevendo. Talvez o cliente tenha uma preferência para fotos e imagens, ou goste de agir fisicamente, praticando suas ideias em dramatizações ou "micromanifestações".

Que sentido uma pessoa usa para representar cognitivamente informações, tais como eventos futuros desejados e consequências potenciais, não é simplesmente um detalhe trivial. Por exemplo, algumas pessoas têm problemas para realizar tarefas, porque têm grandes visões, mas nenhuma compreensão dos sentimentos do esforço necessário para realizar a visão, ou nenhuma realização da sequência lógica de atividades que levam à meta.

Diferentes modalidades de representação têm diferentes pontos fortes. O canal verbal de representação, por exemplo, é forte em termos de sequenciamento de informação. O canal visual é muitas vezes a melhor maneira de sintetizar as informações em um todo ou "gestalt". Atuar uma ideia ou um conceito revela fisicamente os seus aspectos concretos.

Canais de Representação e Estilos de Aprendizagem

A noção de "estilo de aprendizagem" é um reconhecimento de que as pessoas aprendem de maneiras diferentes. Diferentes pessoas desenvolvem suas capacidades sensoriais em diferentes graus. Algumas são naturalmente mais visuais. Para outras pessoas é mais difícil formar imagens visuais ou pensar visualmente em tudo. Algumas são mais verbais, e podem falar e articular experiências muito facilmente, enquanto outras lutam com as palavras. As palavras as confundem. Outras são mais orientadas por sensações e a aprender fazendo.

Muitas vezes fazemos suposições que os outros têm as mesmas capacidades cognitivas que temos. Mas nem sempre é assim. Na comunicação com os outros, combinar seu canal de representação é um método importante de estabelecer "rapport" e garantir que eles vão entender a comunicação.

A aprendizagem pode ser melhorada tanto por fortalecer a fraqueza de alguém ou pelo reforço, utilização de seus pontos fortes. Se uma pessoa não costuma usar a visualização, encorajá-la a pensar em termos de imagens poderia ser muito transformacional para ela. Se alguém já é bom em visualizar, enfatizar e enriquecer o uso desse recurso também pode aumentar a capacidade de aprendizagem em determinadas situações.

Enfatizar diferentes canais de comunicação e representação pode levar as pessoas a diferentes tipos de estilos de pensamento. Por exemplo, o canal visual ajuda a estimular o pensamento imaginativo. O canal verbal é muitas vezes mais eficaz para o pensamento lógico ou crítico. Concentrar-se em canais físicos as influencia a ser mais realistas, orientadas pela ação.

Em resumo, os diferentes canais de representação podem ser utilizados para melhorar a aprendizagem e a comunicação de várias formas:

1) Combinar com o canal mais utilizado e valorizado pelo tipo de alunos ou receptores (apelando a uma força).

2) Utilizar um canal que não é muitas vezes explorado, de forma a estimular novas formas de pensar ou perceber (o fortalecimento de uma fraqueza).

3) Enfatizar o canal representacional mais adequado ou aquele mais adequado para um processo cognitivo ou tipo específico de tarefa de aprendizagem,

4) Reforçar sobreposições ou conexões entre diferentes canais de representação.

Caixa de Ferramentas do Teaching: Estilos de Aprendizagem

Questões de Avaliação

Compreender o estilo de aprendizagem dos próprios clientes é essencial para o sucesso de um coach efetivo, especialmente quando no papel de professor. Para ajudar a determinar o estilo de aprendizagem de um cliente, você pode apresentar-lhe com as seguintes perguntas. O cliente indica a resposta que melhor explica a sua preferência. Se uma única res posta não corresponder, o cliente pode indicar mais opções. Em um pasta, mantenha o controle de quantas das respostas do cliente são V, A ou C.

1. Lembre-se de um momento em sua vida quando você aprendeu a fazer algo como jogar um jogo de tabuleiro. Como você aprendeu melhor?

    V) Com pistas-imagens visuais, diagramas, instruções escritas?

A) Ouvindo alguém explicar isso?

C) Experimentando, tentando isso?

2. Você está tendo dificuldade em encontrar o caminho para o hotel onde já esteve hospedado por apenas alguns dias. Você:

C) Dirige ao redor e tenta encontrar um marco familiar?

A) Pede direções?

V) Olha em um mapa?

3. Você precisa aprender a usar um novo programa em um computador. Você;

C) Pede a um amigo para orientá-lo?

V) Olha o manual que vem com o programa?

A) Telefona para um amigo e faz perguntas sobre isso?

4. Você não tem certeza se uma palavra deve ser escrita "dependente" ou "dependante". Você

V) Vê as imagens da palavra em sua mente e escolhe o que parece certo?

A) As projeta em sua mente?

C) Escreve as duas versões e escolhe aquela que considera correta?

5. Você prefere um professor que gosta de usar:

V) Diagramas de fluxo, folhetos, slides?

C) Viagens de campo, laboratórios, sessões práticas?

A) Alto-falantes, discussões com convidados?

6. Você adquiriu um item que requer montagem. Seria a maneira mais fácil para você descobrir como:

   A) Ouvindo uma fita que descreve os passos que você precisa tomar?

   C) Começando a colocá-lo em conjunto e montá-lo através de tentativa e erro?

   V) Assistindo a um vídeo dele ou lendo instruções impressas?

7. Você está cuidando de casa de um amigo enquanto ele está de férias. Você precisa aprender rapidamente como cuidar do quintal e/ou de animais de estimação do seu amigo. É melhor para você:

   V) Assistir alguém fazer isso?

   A) Obter instruções e discutir completamente?

   C) Ter alguém a orientá-lo?

8. Uma pessoa lhe dá um número muito importante (como um número de telefone, código ou número de série) para você se lembrar. Para ter certeza de que vai se lembrar, você:

   A) Repete-o a si mesmo ou para outra pessoa?

   V) Faz uma imagem mental dele?

   C) Escreve ou digita várias vezes?

9. Você tem que fazer uma apresentação oral a um pequeno grupo. Você se sente mais confortável de que será capaz de fazer esta apresentação, quando você tem:

   A) Um bom senso do tom básico e das palavras que você quer para se comunicar?

V) Diagramas e notas que você pode olhar durante a apresentação?

C) Ensaiado a apresentação muitas vezes?

10. Quais destes passatempos você mais gosta?

C) Passeio ao ar livre/jardinagem/dança?

V) Desenho / pintura / passeios turísticos / fotografia?

A) Música / cantar / contar histórias?

11. Para adquirir uma nova habilidade, você prefere:

A) Ouvir uma descrição e fazer perguntas?

V) Ver diagramas e assistir a demonstrações?

C) Fazer exercícios?

12. Quando você realmente quer ensinar algo aos outros, você:

V) Cria uma imagem para eles?

A) Explica logicamente a eles?

C) Leva-os fisicamente através da imagem?

Aplicando os Resultados das Questões de Avaliação dos Estilos de Aprendizagem

Para determinar a preferência de aprendizagem do seu cliente, some o número de letras V, A e C que ele tenha indicado. Combine a letra que seu cliente registrou com maior frequência para a mesma letra nas categorias dos estilos de aprendizagem abaixo. Cada categoria contém sugestões que ajudarão você a se adaptar ao estilo de aprendizagem do seu cliente e para facilitar o seu processo de aprendizagem.

V) Visual

Alunos *visuais* tendem a aprender observando ou lendo. Quando você está treinando ou ensinando um cliente mais orientado visualmente, você vai querer fornecer a ele uma abundância de imagens, gráficos e materiais de leitura. Use imagens e fotos para ilustrar pontos-chave e ideias, e lembre o cliente de fazer imagens mentais e usar a visualização de lembrar informações significativas.

Para ensinar novos comportamentos, demonstre os elementos-chave para o seu cliente, ou faça-o assistir o comportamento por modelos, seja ao vivo ou em vídeo.

Ao discutir ideias, atraia-os com símbolos, gráficos e diagramas. Certifique-se de que haja papel e lápis ou marcadores coloridos diferentes. Marque pontos-chave com cores e incentive seu cliente a redesenhar e reconstruir imagens de diferentes maneiras, substituindo palavras por símbolos e iniciais. Também é uma boa ideia a prática de transformar aspectos visuais em palavras.

A) Auditivo

Uma pessoa com um estilo de aprendizagem *auditivo* vai aprender melhor através da escuta e discussão. Quando você está treinando ou ensinando um cliente com preferência de aprendizagem auditiva, você vai querer explicar as coisas com cuidado, repetir os pontos-chave e incentivá-lo a fazer muitas perguntas. Será crucial oferecer definições claras. Se o cliente estiver tentando compreender uma informação, sendo orientado visualmente, será útil organizar diagramas em declarações e descrever ou falar sobre imagens e fotos.

É importante ser uma boa "caixa de ressonância" para o seu cliente e incentivá-lo a pensar em voz alta. Também refletir de volta o que o cliente tenha dito, de modo que ele possa ouvir-se em outra voz. Clientes auditivos podem se beneficiar do uso de um gravador, colocando ideias-chave em fitas e ouvindo-as novamente mais tarde. Também é frequentemente útil que o cliente saiba que você pode estar disponível por telefone, para que ele possa chamá-lo com todas as perguntas ou discutir ideias ou decisões.

Os clientes que têm um estilo de aprendizagem auditiva devem ser encorajados a discutir temas com os amigos, explicar ideias a outras pessoas e reafirmar os pontos-chave em outras palavras.

C) Cinestésico

Alunos *cinestésicos* precisam tornar-se fisicamente envolvidos, movendo-se e tentando coisas. Quando você está treinando ou ensinando um cliente cinestésico, você vai querer usar uma abordagem usando as mãos, aplicação de métodos de tentativa e erro em que o cliente pode fisicamente explorar e experimentar. Alunos cinestésicos prosperam na prática, com exercícios e exemplos da vida real de ideias-chave.

Para ajudar com recolhimento verbal, clientes cinestésicos podem ser encorajados a escrever as palavras de novo e de novo, e a elaborar listas de respostas práticas. Eles também devem ser encorajados a atuar em pontos-chave e ideias, a fim de "pegá-los no músculo".

Ao ensinar novos comportamentos, é importante para clientes orientados cinestesicamente passarem pelas peças-chave do desempenho. Ao planejar e se preparar para um futuro desempenho, os clientes orientados cinestesicamente devem ser encorajados a usar todos os seus sentidos, colocando-se em situações particulares em sua imaginação e interpretação ou ensaiando o que vão fazer em determinadas situações.

Se você está treinando um grupo ou equipe de pessoas com uma variedade de diferentes estilos de aprendizagem, você vai querer ter uma abordagem multissensorial. Para cada ideia-chave ou aspecto significativo do desempenho, você vai querer perguntar a si mesmo: "Como posso demonstrar isto visualmente? Como posso demonstrar isto para que as pessoas obtenham uma sensação para elas? Como posso demonstrar isto para que eles ouçam?".

Caixa de Ferramentas do Teaching: Visualização do Sucesso e "Ensaio Mental"

A prática física é o que constrói as habilidades de seu "jogo externo" e as coloca em "memória muscular" para que você não tenha que pensar sobre isto durante uma performance. Da mesma forma, certos exercícios mentais podem ajudá-lo a melhorar o seu "jogo interno". Independentemente do estilo de aprendizagem ou canal representacional preferido de seus clientes, praticar estratégias modeladas de outros pode ser muito útil e ajudar os clientes a expandir suas capacidades cognitivas.

A Visualização, por exemplo, é muitas vezes usada por atletas e psicólogos do esporte para ajudar a refinar as capacidades e melhorar o desempenho. Existem vários exemplos de como a visualização tem sido usada para promover e melhorar o desempenho físico. Em um estudo, por exemplo, ginastas que estavam aprendendo um novo movimento foram divididos em dois grupos. Um grupo foi instruído a visualizar-se ser capaz de fazer um movimento particular, enquanto o outro grupo não recebeu nenhuma instrução. Um par de semanas mais tarde, quando chegou a hora para eles fazerem este movimento particular, sem o benefício de qualquer prática física anterior, o grupo que visualizou teve uma taxa de sucesso de 50% a 60%, enquanto que o grupo que não tinha visualizado obteve apenas cerca de 10% de sucesso inicialmente.

Em outro exemplo, um time de basquete foi dividido em dois grupos, a fim de praticar "lances livres." Um grupo praticou fisicamente fazer os lançamentos. O outro grupo foi instruído a sentar na arquibancada e praticar mentalmente, visualizando lançamentos. Quando os dois grupos competiram entre si para ver quem teria melhor desempenho, os jogadores que visualizaram acertaram mais cestas do que o grupo que tinha realmente praticado.

A visualização é uma forma de "ensaio mental." O ensaio mental se refere à nossa capacidade de praticar um processo ou atividade em nossas mentes. As seguintes instruções podem ser usadas pelo coach para orientar os clientes através do processo básico de ensaio mental:

1. Escolha a habilidade que você quer melhorar.
2. Pense em um bom modelo para essa habilidade. Imagine como é feita em sua mente como se você fosse um observador vendo um vídeo.
3. Coloque-se em sua imagem mental, como se você fosse jogador, e imagine que você está fazendo a ação exatamente como você imaginou isso. Veja, ouça e sinta a coisa toda.

Caixa de Ferramentas do Teaching: Gerenciamento de Estados

O estado interno de uma pessoa é uma influência importante em sua habilidade de interagir com os outros e ter um desempenho eficiente. Conhecer como gerenciar o estado interno em alguém é uma ferramenta de sucesso importante em praticamente todas as áreas de competência humana. De acordo com o grande psicólogo William James:

> *"A maior revolução de nossa geração é a descoberta de que, através de mudanças em atitudes internas de suas mentes, os seres humanos podem mudar aspectos externos de suas vidas".*

Atletas que se sentem prontos para um evento esportivo, por exemplo, preparam seus estados internos tanto quanto se preparam fisicamente. Eles falam da importância de se manterem calmos, relaxados e focados internamente, mesmo para eventos que necessitam de esforço e expansão de energia física.

Como outro exemplo, em um estudo sobre liderança eficaz, perguntaram aos gerentes: "Como você lida com situações desafiadoras, que envolvem incerteza, conflito e/ou complexidade?". A reação mais comum a esta questão foi alguma coisa como:

> *Eu reúno o máximo de informações que eu puder, olho a situação de cada ângulo e reúno dados importantes. Mas quando estou realmente em uma situação destas, eu não penso de verdade sobre o que farei ou direi ou como deveria reagir ou responder. Existem coisas demais que podem acontecer e que eu ainda não pensei a respeito. No momento, há apenas uma coisa em minha mente: Em qual estado eu quero estar?*
>
> *Pois caso eu esteja no estado errado, vou lutar, não importando quão preparado eu esteja. Mas se eu estiver no estado certo, caso eu não saiba a resposta, a inspiração virá.*

Alguns estados internos, tais como "a ansiedade de teste", nos inibem de utilizar nossos recursos de forma eficaz, e realmente nos bloqueiam de utilizar o que sabemos. Estados de recursos, por outro lado, nos ajudam a otimizar nossa competência mental e física a executar com excelência.

Sob a perspectiva da PNL, os estados internos são uma síntese dos atributos mentais e fisiológicos que influenciam o desempenho e estimulam os processos inconscientes. Ter métodos para selecionar e gerenciar o estado interno de alguém é uma parte fundamental em responder a ou solucionar situações problemáticas. Diferentes tipos de estados internos são mais eficazes para segurar situações diferentes e problemas. Aprender várias estratégias para estabelecer e mudar estados internos pode torná-lo mais eficaz em todos os aspectos de sua vida pessoal e profissional.

O Círculo de Excelência

Uma das partes mais importantes do "jogo interno" é a capacidade de gerir nossos estados internos. Isto envolve a capacidade de selecionar e manter os tipos de estados internos que irão promover e sustentar o desempenho eficaz. O Círculo de Excelência é um processo fundamental da PNL para ajudar as pessoas mais intencionalmente e gerir eficazmente os seus estados internos. Sua finalidade é ajudá-las a ancorar, enriquecer e recuperar estados de desempenho ideal.

O propósito do processo Círculo de Excelência consiste em: 1) descobrir algo sobre suas próprias pistas internas e comportamentais para um estado eficiente; 2) estabelecer uma âncora interna para ser capaz de reacessar mais facilmente este estado; e 3) aprender a observar e ler pistas de outras pessoas mais eficazmente.

O treinador pode orientar o cliente através do procedimento Círculo de Excelência usando as seguintes instruções:

1. Encontre um estado de recurso que você quer experimentar mais frequentemente (por ex., criatividade, confiança).

2. Identifique um momento específico em que você experimentou aquele estado totalmente.

3. Imagine um círculo no chão à sua frente, ou selecione uma cor específica, um símbolo ou alguma outra pista visual ou auditiva que você iria associar àquele estado.

4. Quando você estiver pronto, entre no círculo (ou em outro símbolo que você tenha escolhido). Reviva a experiência, associando-se plenamente ao estado. Veja através de seus próprios olhos, ouça alentamente e sinta as sensações, os padrões de respiração, etc.

Entrando no círculo de excelência

5. Faça um inventário dos padrões cognitivos, tanto os óbvios quanto os sutis, associados ao estado. Focalize sua atenção e perceba qualquer representação interna, características de submodalidade, padrões de respiração, tensão muscular etc.

6. Aprimore sua experiência do estado amplificando qualquer submodalidade (cor, movimento, brilho etc.) associada ao estado, incluindo todas as modalidades representacionais (visão, audição, sensação, movimento, olfato e paladar).

7. Saia e quebre o estado.

8. Teste seu "círculo de excelência", entrando nele e percebendo quão rápida e plenamente você pode reacessar o estado.

9. Repita os passos 1 a 7 até que você possa alcançar um acesso fácil e claro ao estado.

10. Identifique situações nas quais você quer ter este estado. Imagine que você pode pegar seu "círculo de excelência" em cada situação e faça a "ponte ao futuro" da sua experiência.

O Círculo de Excelência permite que os clientes descubram padrões cognitivos e físicos fundamentais associados com os estados pessoais de desempenho ideal. Ele também ajuda os clientes e coaches a desenvolver a consciência sobre os tipos de pistas que podem ser valiosas em termos de reconhecer e gerenciar os estados de outras pessoas.

Mesmo comportamentos muito sutis podem fazer a diferença no desempenho. Se você pode encontrar algumas destas pistas, você pode ajudar a acessar novamente esse estado de uma forma mais consciente e proposital. Quanto mais você sabe sobre os aspectos cognitivos e fisiológicos associados com suas próprias performances de pico, maior a chance que você tem de ser capaz de acessá-los novamente à vontade.

Modelagem de Capacidades

Visualização, ensaio mental e gerenciamento de estados são exemplos de capacidades cognitivas. Estas capacidades são as estruturas mais profundas por trás de tarefas ou procedimentos específicos. Os procedimentos são normalmente uma sequência de ações ou passos que levam à realização de uma determinada tarefa. A habilidade especial ou capacidade, no entanto, (tais como a capacidade de pensar de forma criativa, ou se comunicar de forma eficaz) pode servir como um suporte para muitos tipos de tarefas, situações e contextos. Em vez de uma sequência linear de etapas, as competências são organizadas em torno de um T.O.T.S. (Miller, Gallanter e Pribram, 1960) — um ciclo de feedback entre (a) meta, (b) a escolha dos meios utilizados para alcançar esses objetivos e (c) as provas utilizadas para avaliar o progresso em direção aos objetivos.

T.O.T.S.: Requisitos Mínimos para a Modelagem de Habilidades e Comportamentos Eficazes

As letras T.O.T.S. representam Teste-Operação-Teste-Saída. O conceito T.O.T.S. sustenta que todas as performances eficazes giram em torno de se ter uma meta fixa e uma variável de meios para alcançar este objetivo.

Este modelo indica que, enquanto nós pensamos, nós definimos metas em nossa mente (consciente ou inconscientemente) e desenvolvemos um TESTE para quando esse objetivo for alcançado. Se esta meta não for alcançada, OPERAMOS para mudar alguma coisa ou fazemos alguma coisa para nos aproximar de nosso objetivo. Quando os nossos critérios de teste são alcançados, nós, em seguida, SAÍMOS para a próxima etapa. Assim, a função de qualquer parte específica de um programa comportamental poderia ser para (T)estar informações dos sentidos, a fim de verificar o progresso em direção à meta ou para (O)perar, para mudar alguma parte da experiência em curso para que ele possa satisfazer o (T)este e (S)air para a próxima parte do programa.

Como um exemplo, um teste para um "coaching" eficaz pode ser de um cliente ser capaz de alcançar um padrão específico de desempenho. Se o cliente ainda não atingiu esse padrão, o coach precisará operar ou passar por procedimentos (como a definição de objetivos bem formulados, deslocando a psicogeografia, o mapeamento através de recursos, a ancoragem etc.) para tentar ajudá-lo a melhorar a ponto em que ele é capaz de alcançar o nível desejado de desempenho. Quando o padrão for atendido, o coach e o cliente podem sair para outra atividade.

De acordo com a PNL, a fim de modelar efetivamente uma habilidade particular ou desempenho, nós precisamos identificar cada um dos elementos-chave da T.O.T.S. relacionado com a habilidade ou desempenho:

1) Os objetivos do executor.

2) Os procedimentos de provas e evidências utilizados pelo executor para determinar o progresso em direção à meta.

3) O conjunto de escolhas aplicados pelo executor para chegar à meta e os comportamentos específicos em uso para implementar essas escolhas.

4) A forma como o executor responde se o objetivo não é atingido inicialmente.

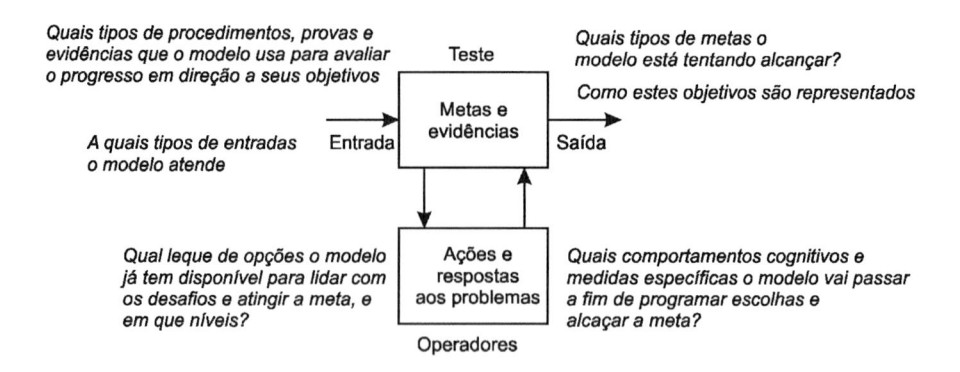

```
Quais tipos de procedimentos, provas e
evidências que o modelo usa para avaliar      Teste         Quais tipos de metas o
o progresso em direção a seus objetivos                     modelo está tentando alcançar?
                                           ┌─────────┐      Como estes objetivos são representados
                                           │ Metas e │
A quais tipos de entradas    Entrada       │evidências│ Saída
o modelo atende                            └─────────┘

  Qual leque de opções o modelo         ┌─────────┐    Quais comportamentos cognitivos e
  já tem disponível para lidar com      │ Ações e │    medidas específicas o modelo vai passar
  os desafios e atingir a meta, e       │respostas│    a fim de programar escolhas e
  em que níveis?                        │aos problemas│ alcançar a meta?
                                        └─────────┘
                                         Operadores
```

Modelagem envolve a definição de vários elementos de ações e respostas aos problemas no T.O.T.S. do Executor

O T.O.T.S. é uma ferramenta útil e poderosa que pode ser usada como parte do ciclo de coaching/modelagem. As seguintes perguntas podem ser utilizadas pelos coaches para ajudar os clientes a automodelar os principais fatores de sucesso de seus próprios desempenhos passados os quais permitem alcançar uma melhor qualidade e consistência no futuro.

Caixa de Ferramentas do Teaching: T.O.T.S. Questões de Modelagem

1. Qual o contexto em que você normalmente usa a habilidade a ser modelada?

2. Quais são as metas ou objetivos que orientam as ações conforme você aplica a habilidade nesse contexto? (liste-os em frases curtas ou palavras-chave).

3. O que você usa como prova para saber que você estava realizando esses objetivos?

   a) Quais critérios você usa para avaliar os resultados?

1) Como, especificamente, você sabe quando continuar com o que você está fazendo em relação a tentar algo diferente? Quais são seus pontos de ir ou não ir?

2) Como você identifica os bons resultados e os maus?

b) Quando você quer feedback?

1) De que tipo?

2) De quem?

4. O que você faz para alcançar seus objetivos – quais são alguns passos e atividades específicas que você usa para atingir seus objetivos neste contexto?

a) Quais são as partes de sua experiência ou ambiente que você utiliza, a fim de chegar ao seu objetivo?

b) Qual é a sequência necessária de atividade mental que você precisa passar a fim de ser bem-sucedido?

5. Quando você tiver problemas inesperados ou dificuldades na realização de seus objetivos, neste contexto, quais atividades específicas ou medidas vai tomar para corrigi-los?

a) Quais medidas você toma para evitar estas perturbações?

b) Como você responderá, se você tiver estes problemas?

c) Pense em um momento em que ficou preso e foi capaz de sair. O que você fez?

Caixa de Ferramentas do Teaching: Mapeamento Cruzado de um T.O.T.S. Eficiente

Uma vez que as informações sobre o T.O.T.S. ou estratégia de um cliente foi induzida, estas podem então ser utilizadas, a fim de ajudar a pessoa a melhorar em vários aspectos. Como nós exploramos no capítulo anterior, um dos métodos mais comuns de utilização na PNL é conhecido como mapeamento cruzado. Mapeamento cruzado é um tipo de "automodelagem" em que os passos ou elementos de uma estratégia que são eficazes para uma situação ou tarefa são analisados e, em seguida, aplicados num contexto completamente diferente. Dado que as estratégias são de conteúdo independente, uma estratégia para a cozinha criativa, por exemplo, poderia ser utilizada ou "mapeada" para ajudar uma pessoa a ser mais criativa em outras áreas, como compor música, resolver problemas organizacionais ou desenvolver novos produtos. Mapeamento cruzado é tipicamente feito em conjunto com a Análise Contrastiva, na qual os processos e as características de duas estratégias cognitivas (ou T.O.T.S.), que produzem resultados diferentes, são comparados para semelhanças e diferenças. Certas características da estratégia eficaz são então transferidas para outro contexto, a fim de ajudar a produzir resultados mais eficazes.

Um dos procedimentos mais básicos de utilização da PNL é eliciar os quatro elementos do ciclo do T.O.T.S. para ambas as estratégias e contrastar os eficazes e ineficazes para as principais diferenças (*Ferramentas para Sonhadores*, Dilts, Epstein e Dilts, 1991). A estratégia eficaz pode então ser utilizada para enriquecer a estratégia ineficaz de duas maneiras:

1) Substituindo-se os elementos do T.O.T.S. ineficaz pelos elementos correspondentes do T.O.T.S. eficaz.

2) Somando-se os elementos da T.O.T.S. eficaz aos do T.O.T.S. ineficaz.

A figura abaixo mostra um exemplo de dois T.O.T.S. contrastantes para contextos que envolvem a comunicação. O gráfico foi preenchido por um cliente que é um professor efetivo, mas fica preso e inflexível quando tem que delegar uma tarefa específica para alguém. Como se pode observar, as duas estratégias diferem em alguns aspectos importantes e significativos.

Exemplo:	Por exemplo, ensinando	Por exemplo, delegando
	Contexto Eficiente	Contexto Ineficiente
Quais são seus objetivos?	Partilhar conhecimentos com os outros e se divertir	Alcançar a tarefa pelo caminho certo
Como você sabe que está atingindo seus objetivos?	O olhar das pessoas e meus sentimentos internos	O resultado final da tarefa
O que você faz a fim de alcançar seus objetivos? O que você faz se você não está alcançando seus objetivos satisfatoriamente?	Usar muitos exemplos e imagens Dizer a mesma coisa com palavras diferentes Tentar colocar o público em um estado mais aberto	Explicar as instruções claramente Ficar irritado

Exemplo de Contraste de dois T.O.T.S.

Ao invés de julgar a estratégia limitante como "ruim" ou "errada" e como algo que o cliente não deve fazer, a estratégia eficaz pode ser utilizada para treinar a pessoa cujos T.O.T.S. são descritos acima para simplesmente adicionar os elementos de seu T.O.T.S. de ensino ao seu processo de delegação. Ou seja, estas perguntas podem ser feitas à pessoa:

Quando você delega, você pode incluir alcançar seus objetivos, visando à tarefa feita corretamente e partilhando de conhecimentos de uma forma divertida com os outros?

Você pode usar tanto o resultado final da tarefa e os olhares nos rostos das pessoas e seus próprios sentimentos enquanto a tarefa está sendo realizada como prova para saber se você está conseguindo seus objetivos para a delegação?

Você pode tanto esclarecer as instruções de forma clara como utilizar exemplos e imagens enquanto você está explicando-as?

Se as metas de delegação não forem satisfatórias, você pode adicionar as opções de colocar as mesmas instruções em palavras diferentes e tentar colocar a pessoa que você está delegando em um estado mais aberto de espírito como alternativas para não ficar com raiva?

Note que existem alguns ajustes que necessitam ser feitos para adaptar a estratégia eficaz para o novo contexto. Às vezes, isto requer um pouco de criatividade. Muitas vezes isso pode ser feito de forma bastante simples.

Caixa de Ferramentas do Teaching: Aprendizado Cooperativo

A estrutura de T.O.T.S. também pode ser usada pelos coaches como um meio para ajudar os clientes a comparar e contrastar o desempenho de estratégias com os outros, como uma forma de "intervisão." Isso facilita um tipo de "aprendizagem cooperativa" entre o coach e seu cliente, ou entre grupos de clientes.

A aprendizagem cooperativa é um processo em que as estratégias eficazes podem ser transferidas entre duas ou mais pessoas. Por exemplo, dois gerentes, ou dois músicos, ou dois vendedores podem ter estratégias diferentes para realizar o mesmo tipo de tarefa no mesmo contexto. Eliciar e compartilhar objetivos, procedimentos, provas e operações pode ajudar a ampliar e enriquecer a gama e o alcance da criatividade, flexibilidade e aprendizagem.

Processo de Aprendizagem Cooperativa

Este processo pode ser feito com um coach e seu cliente ou com vários clientes se o coach está trabalhando com um grupo. Cada pessoa preenche as informações de T.O.T.S. no gráfico abaixo. Diferentes indivíduos, em seguida, comparam suas respostas, observando as semelhanças e as diferenças.

Os clientes são então estimulados a imaginar como seria adicionar as operações, procedimentos de evidências, metas ou respostas para os problemas, os processos de outras pessoas para a sua própria estratégia, e considerar como ele pode alterar ou enriquecer a maneira como aborda a tarefa ou contexto.

Contexto: _____

	Pessoa # 1	Pessoa # 2
Quais são seus objetivos?		
Como você sabe que está alcançando seus objetivos?		
O que você faz a fim de alcançar seus objetivos?		
O que você faz se não está alcançando seus objetivos satisfatoriamente?		

Modelo de Aprendizado Cooperativo

Caixa de Ferramentas do Teaching:
Focando em Feedback em vez de no Fracasso

Um aspecto fundamental do modelo T.O.T.S. refere-se a como os clientes respondem quando surgem problemas inesperados ou dificuldades para alcançar seus objetivos — em essência, como os respondem à "falha" em alcançar seus resultados. Esta resposta é fundamental para o desempenho bem-sucedido. Executores eficazes aprendem com seus erros, mas não ficam obcecados por eles.

Houve um estudo esclarecedor feito com atletas bons e medíocres que ilustrou este ponto. Quando bons atletas foram entrevistados sobre seus sucessos, tornaram-se muito ativos e envolvidos e puderam lembrar cada detalhe. Quando perguntados sobre suas falhas, no entanto, eles ficaram mais distantes, vagos e não envolvidos.

Quando os atletas medíocres foram questionados sobre seus sucessos, por outro lado, tornaram-se distantes, vagos e não envolvidos. Quando perguntado sobre suas falhas, no entanto, eles estavam ativos e envolvidos, lembrando e revivendo cada detalhe excruciante.

Há um ditado que diz: "A energia flui para onde vai a atenção". A chave para aprender com os erros é obter alguma distância emocional deles, ver o que você pode aprender e ficar ligado aos seus sucessos. O seguinte processo simples de duas etapas pode ser usado pelos coaches para ajudarem seus clientes a alcançar este objetivo:

1. Pense em seus erros como se estivesse assistindo a si mesmo em um vídeo, olhe para si mesmo como se você fosse um bom coach, em um feedback construtivo.

2. Quando você se lembrar de suas boas atuações, coloque-se "em cena" e reviva a experiência como se você estivesse lá fazendo certo.

Posições Perceptivas Básicas em Comunicação e Relações

Como o exercício anterior demonstra, nossas percepções de situações e experiências são muito influenciadas pelo ponto de vista ou perspectiva a partir da qual podemos considerá-los. Ser capaz de assumir diferentes perspectivas de uma situação é um elemento-chave do nosso "jogo interno" em relação a uma situação ou desempenho particular. Na verdade, existem várias "posições perceptivas" básicas a partir das quais qualquer situação ou interação pode ser visualizada.

A "*posição perceptiva*" é essencialmente uma perspectiva particular, ou ponto de vista do qual se está percebendo uma situação ou relacionamento. A PNL define várias posições básicas que podemos tomar para perceber uma experiência particular. A *Primeira posição* envolve experimentar algo através de nossos próprios olhos, associada em um ponto de vista de "primeira pessoa". A *Segunda posição* envolve experimentar algo como se estivéssemos no "lugar de outra pessoa." A *Terceira posição* envolve perceber a relação entre nós e os outros sob uma perspectiva de "observador". A *Quarta posição* refere-se à sensação de todo o sistema ou "campo relacional" (senso de um coletivo "nós"), derivada de uma síntese das três posições anteriores.

Como todas as outras distinções de PNL, as posições perceptivas são caracterizadas por padrões físicos, cognitivos e linguísticos específicos. Esses padrões são apresentados nas seguintes descrições:

A *Primeira Posição* é você, em seu próprio espaço físico, em sua postura corporal habitual. Quando totalmente associado na 1ª posição, você usa palavras como "mim", "eu" e "eu mesmo", quando se refere aos seus próprios sentimentos, percepções e ideias. Na 1ª posição, você vai através da experiência da comunicação com sua própria perspectiva: vendo, ouvindo, sentindo, cheirando e sentindo os sabores do que está acontecendo à sua volta e dentro de você, associadamente. Se você estiver realmente na 1ª posição, não verá a si mesmo, mas estará sendo você mesmo, percebendo o mundo através de seus olhos, ouvidos, nariz, pele etc. Você estará totalmente associado ao seu próprio corpo e mapa de mundo.

Na *Segunda Posição*, você será capaz de assumir a perspectiva do outro dentro da interação (se houver mais que uma pessoa na interação, vão ocorrer múltiplas "segundas posições"). Esta é uma posição de coleta de informações temporária, onde você muda para a posição perceptiva do outro, pegando a postura e o ponto de vista do outro, como se você fosse aquela pessoa. Você vê, ouve, sente, cheira, e experimenta sabores do circuito da comunicação através do ponto de vista da pessoa, isto é, "anda uma milha com seus sapatos", "senta em seu lugar na mesa" etc. Na 2ª posição, você experimentará o mundo através dos olhos da outra pessoa, seus pensamentos, sentimentos, crenças etc. Nesta posição você está dissociado de si mesmo e associado à outra pessoa, vendo você mesmo do ponto de vista dela. Você fala da sua "1ª posição" como "você" (em oposição a "eu" ou "mim"), usando linguagem na "2ª pessoa". Assumir temporariamente a posição de outra pessoa é uma maneira maravilhosa de avaliar quão eficiente você está em seu lado do circuito da comunicação (depois de sair da perspectiva da outra pessoa, é importante ter certeza de que você voltará a você mesmo total e claramente, e com a informação que você somará em sua comunicação).

Na *Terceira Posição*, ou posição de observador, você se coloca temporariamente fora do circuito da comunicação, a fim de juntar informações, como se você fosse uma testemunha, e não um participante, na interação. Sua postura será simétrica e relaxada. Nesta posição, você **vê**, ouve, percebe, cheira e sente sabores como o circuito da comunicação **é,** da posição de um observador interessado e neutro. Você usa a linguagem da "3ª pessoa", tal como "ela" e "ele", quando se refere às pessoas que está observando (incluindo alguém que olha, fala e age como você). Você se dissocia da interação, em um tipo de "meta-posição". Esta posição dá uma informação valiosa sobre o equilíbrio dos comportamentos do circuito. A informação reunida desta perspectiva pode ser levada de volta para sua própria posição e usada, junto com a informação da segunda posição, para auxiliá-lo a aprimorar a qualidade de seu estado, interação e relação dentro do circuito da comunicação.

Na *Quarta Posição,* ocorre uma sinestesia entre as outras três posições, criando um sentido de "ser o sistema todo". Ela implica em uma identificação com o sistema ou próprio relacionamento, produzindo uma experiência de fazer parte do coletivo, caracterizado linguisticamente como "nós" (1ª pessoa do plural). A 4ª posição é essencial para a produção da "mente de grupo" ou "espírito de time".

Resumindo, as posições perceptivas se referem aos pontos de vista fundamentais que você pode tomar sobre um relacionamento entre você e outra pessoa:

1ª) Associado ao seu próprio ponto de vista, crenças e suposições, veja o mundo externo com seus próprios olhos. Use a linguagem de primeira pessoa quando fala sobre si mesmo — "Eu estou vendo", "Eu sinto" etc.

2ª) Associado ao ponto de vista, às crenças e suposições da outra pessoa, veja o mundo externo com os olhos dela. Use a linguagem de segunda pessoa quando fala sobre si mesmo — "Você é", "Você parece" etc.

3ª) Associado ao ponto de vista de fora da relação entre você e a outra pessoa com as crenças e suposições tanto da 1ª quanto da 2ª posições. Use a linguagem de terceira pessoa quando fala de si mesmo em primeira posição ou na posição do outro (2ª posição) — "Ele é", "Ela diz", "Eles são" etc. Uma variação comum da 3ª posição é a *Posição de Observador*, que envolve estar associado na perspectiva da 3ª posição, mas suspendendo quaisquer crenças e suposições relativas tanto à 1ª quanto à 2ª posições, como se fosse uma "testemunha" sem envolvimento.

4ª) Associado com o sistema todo ou com o "campo". Experimente a situação com os melhores interesses do sistema. Use a linguagem da primeira pessoa do plural — "Nós somos", "Nos" etc.

Como as descrições acima indicam, as posições perceptivas são caracterizadas e expressas por palavras-chave: "eu", "você", "eles" e "nós". De certa forma, essas palavras-chave são um tipo de meta-mensagem que pode ajudá-lo a reconhecer e dirigir as posições perceptivas que as pessoas estão assumindo durante uma interação particular. Por exemplo, alguém que frequentemente usa a palavra "eu" é mais provável que esteja falando do seu ponto de vista do que uma pessoa que está usando a palavra "nós" quando fala de ideias ou sugestões. Uma pessoa que está presa a uma perspectiva pode ser encorajada a mudar as posições perceptivas através do uso sutil de tais pistas de linguagem.

Por exemplo, digamos que uma pessoa está treinando uma equipe de projeto, e um dos membros da equipe é excessivamente crítico de uma ideia ou plano e diz algo como: "Eu acho que isso nunca vai funcionar", indicando uma forte reação na "primeira posição". O coach pode ajudar a mudar o indivíduo para uma posição mais "sistêmica", dizendo: "Eu entendo que você tem algumas grandes preocupações sobre este plano. Como você acha que podemos abordá-lo em uma forma que vai funcionar?".

Para orientar a pessoa a uma posição de observador, o coach poderia sugerir, "Imagine que você fosse um consultor para essa equipe. Quais formas você poderia sugerir para que eles trabalhassem em conjunto de forma mais eficaz?" Para incentivar o indivíduo crítico a ir para a "segunda posição", o coach poderia dizer: "Ponha-se no meu lugar (ou um dos outros membros da equipe) por um momento. Quais reações você acha que eu teria à sua preocupação?".

A capacidade de mudar pontos de vista e ter múltiplas perspectivas de uma situação ou experiência é um elemento-chave da de um "jogo interno" do desempenho, e uma das mais importantes habilidades relacionais e de comunicação que um coach pode utilizar para ajudar seus clientes a usar e desenvolver.

Segunda Posição

Como nós estabelecemos na seção anterior, ter uma segunda posição envolve a capacidade de entrar em ponto de vista ou "posição perceptiva" de outra pessoa, dentro de uma determinada situação ou interação. Trata-se de mudança de perspectivas e ver a situação como se fosse outro indivíduo. A partir da segunda posição, você vê, ouve, sente, saboreia e cheira como a interação é do ponto de vista da outra pessoa: "estar na sua pele", "andar uma milha em seus sapatos", "sentar-se no outro lado da mesa" etc.

A Segunda posição envolve estar associado ao ponto de vista, crenças e suposições de outra pessoa e a ver o mundo externo através de seus olhos. Nesta posição, você está dissociado de si mesmo e associado à experiência de outra pessoa. Quando na 2ª posição, você usa palavras como: "Você é", "Você olha" etc., quando se refere à sua 1ª posição self.

A capacidade de assumir a 2ª posição com os outros e experimentar o seu mapa do mundo é a base para a compaixão e empatia. É a essência da "Regra de Ouro" para "Faça aos outros o que gostaria que fizessem a você". Segunda posição de algum tipo também é necessária a toda modelagem eficaz. Temporariamente assumindo a posição da outra pessoa também é uma ótima maneira de avaliar quão eficaz está o seu lado em um ciclo de interação ou comunicação.

A Segunda posição é uma habilidade importante para muitas profissões. Gestores e líderes eficazes, por exemplo, muitas vezes falam sobre a necessidade de se colocar "na cabeça" de seus colaboradores, ou para "entrar no espaço" dos outros. Em uma entrevista de 1998, na revista "Speak", o advogado criminal Tony Serra comentou:

> *Quando Você representa o réu criminal... você se torna ele, você se sente como ele, você anda em seus sapatos, e você vê com os olhos e ouve com seus ouvidos. Você tem que conhecê-lo completamente para saber a natureza do seu comportamento. Mas você tem "a palavra". Ou seja, você pode traduzir seu sentimento, seu significado e seu intelecto como componentes que são relevantes para o seu comportamento em termos legais, para as palavras da lei, ou em metáforas convincentes. Você toma o barro do comportamento de uma pessoa e o embeleza, você faz uma obra de arte. Essa é a criatividade do advogado.*

A capacidade de assumir a segunda posição é uma habilidade importante para ambos: coaches e seus clientes.

Caixa de Ferramentas do Teaching:
Construindo uma Perspectiva de "Segunda Posição"

O processo de tomar a Segunda posição envolve comprometer a sua experiência sensorial e mapas mentais para a perspectiva do outro. Isto pode ser feito totalmente ou apenas parcialmente. Por exemplo, se alguém diz: "Se eu fosse você, eu iria..", a pessoa realmente não tem a 2ª posição em tudo. A pessoa que faz esta afirmação não está assumindo a visão de mundo do outro, mas, sim, projetando sua própria visão de mundo na situação do outro.

Dizendo: "Do ponto de vista desta outra pessoa, vejo-me em pé ali", é também um indicativo de que não está em plena "segunda posição". A referência a ..."-me em pé ali"..., mostra que o orador está mais identificado com a sua própria 1ª posição. Esta declaração reflete uma 2ª posição que é mais teórica do que sentida. Estar completamente nesta posição requer que você veja, ouça, sinta e verbalize o ponto de vista da outra pessoa (dizendo: "Eu vejo outra pessoa lá" quando fala de si mesmo).

Assim, é possível ter posições perceptivas "mistas" ou "contaminadas". Ou seja, uma pessoa pode estar vendo e sentindo a situação a partir de sua própria 1ª posição, mas falar com ela mesma usando uma segunda língua-posição (ou seja, dizendo para si mesma: "Cuidado para você não cometer um erro"). Ser capaz de assumir conscientemente uma 2ª posição completa, ou selecionar seus aspectos particulares é uma habilidade que pode ser desenvolvida através da prática de coaching apropriado.

Existem diferentes níveis e graus de tomar uma 2ª posição. Estar em casa ou no trabalho de alguém é uma maneira de obtê-la em nível ambiental. Imitar as ações de uma pessoa é tomá-la em nível comportamental. Aprender sobre estratégias de pensamento de uma pessoa e mapas mentais é uma forma de desenvolvê-la em um certo nível de capacidade. Pegar os valores e crenças de uma pessoa é uma forma de obter uma 2ª posição em um nível ainda mais profundo. Identificar-se com outra pessoa e assumir sua personalidade envolve um nível muito profundo de identidade.

O processo seguinte pode ser usado para ajudar clientes a construir uma 2ª posição mais rica na perspectiva de uma série destes níveis:

1) Peça ao seu cliente para selecionar uma pessoa a quem ele gostaria de modelar ou entender melhor. Crie dois locais físicos: um para o cliente e um para a outra pessoa.

2) O cliente inicia a partir de sua própria "primeira posição." De pé na "autolocalização", seu cliente faz um inventário de sua própria experiência, de seu ambiente, pensamentos, crenças, valores, senso de si mesmo, e seu próprio senso de visão e propósito. Crie uma âncora ou "linha de vida" para este local "primeira posição".

3) Treine o cliente para começar a entrar na perspectiva da outra pessoa, por fases, tentando entrar no local para a outra pessoa e passar pelas seguintes etapas:

a) Imagine-se no ambiente do outro. *Onde e quando você opera?*

b) Imagine-se "no lugar" do outro. *Em quais comportamentos e ações você se envolve nesse ambiente?*

c) Imagine estar na mente do outro. *Que habilidades e capacidades você precisa para agir ou operar nesse ambiente de forma eficaz?*

d) Imagine estar no sistema de crenças e valores do outro. *Quais prioridades e suposições você estabelece em seu trabalho?*

e) Imagine estar na identidade ou papel do outro. *Qual é a sua percepção de sua missão e de você como a outra pessoa?*

f) Imagine-se no sistema mais amplo da outra. *Quem e o que mais é fundamental para seu propósito ou missão?*

Quando tiver terminado, retorne o cliente para a sua própria primeira posição, saindo do local que representa a outra pessoa, mudando sua fisiologia e estado interior, em seguida, voltando para o "self local" e usando a âncora ou "linha de vida" para trazer o cliente totalmente de volta para a sua própria posição perceptiva.

Muitas vezes, é útil estabelecer uma "meta-posição" neutra ou "terceira posição" entre os locais para o "eu" e o "outro". Você pode usar este terceiro local como um estado de transição entre a própria perspectiva do cliente e a do outro indivíduo, para ajudar a garantir que haja uma boa separação entre as duas posições perceptivas.

Caixa de Ferramentas do Teaching: Meta-Mapa

Meta Mapa é um processo que aplica as diferentes posições perceptivas, a fim de ajudar os clientes a mapear e, de forma mais eficaz, abordar interações difíceis, situações e relacionamentos. A finalidade do Meta-Mapa é ajudar uma pessoa a identificar e, em seguida, alterar as características dos circuitos de comunicação que estão produzindo ou mantendo uma interação problemática.

Muitas vezes, quando passamos por dificuldades em nos comunicar com os outros, nos enraizamos em nosso próprio ponto de vista. O Meta-Mapa começa por reconhecer esta perspectiva, mas, em seguida, nos proporciona a oportunidade de ver a interação de outros pontos de vista. Além de identificar influências "invisíveis" (ou seja, internas e não físicas) sobre a situação, o Mapa-Meta nos permite ver e modificar algumas das maneiras em que podemos estar contribuindo com nossas próprias dificuldades.

Algumas etapas específicas do Mapa-Meta foram derivadas de modelagem de líderes eficazes em empresas e organizações. Como parte do processo de modelagem, os líderes eram colocados em situações desafiadoras, muito imprevisíveis e interativas. Os líderes foram então questionados sobre como eles se preparavam mentalmente para enfrentar os desafios.

Esse é um bom exemplo de uma resposta comum:

Eu pensaria sobre as pessoas envolvidas na situação, imaginando as possíveis ações que poderiam tomar que criaram problemas. Eu, então, olharia para mim mesmo para ver o que eu poderia fazer em resposta, e se eu me sentia confortável com isso. Eu também tentaria ver a situação do ponto de vista da outra pessoa, e ter uma noção de quais motivos poderiam estar por trás de suas ações. Eu, então, veria a situação do ponto de vista da empresa para ver qual seria a melhor maneira de lidar com a situação para todos os interessados. Tendo feito o meu "dever de casa", eu finalmente pensaria sobre o estado interno que eu queria estar, e que estado iria me ajudar a responder mais criativa e adequadamente. Eu percebi que, se eu estivesse no estado errado, eu não seria capaz de responder bem, não importa o que acontecesse; mas se eu estivesse no estado certo, a inspiração estaria lá, mesmo se acontecesse algo que eu não tivesse me preparado.

Ao tomar várias posições perceptivas, os líderes foram capazes de afinar o seu "jogo interno" para que eles pudessem gerir de forma mais eficaz a situação. Refletindo sobre esses exemplos de sucesso, podemos concluir que os elementos básicos de um Meta-Mapa eficaz incluem: (a) identificar uma situação de comunicação difícil ou desafiadora; (b) mapear as dinâmicas que ocorrem consigo mesmo, com a outra pessoa na interação e com um observador interior; (c) ter a perspectiva da outra pessoa e ver a situação a partir de seu ponto de vista; (d) estabelecer uma "meta-posição" a partir da qual possa examinar os padrões mentais e físicos que ocorrem dentro da interação que podem estar contribuindo para o problema; e (e) explorar possíveis mudanças na comunicação, em atitudes e estados internos que poderiam tornar a interação mais confortável e produtiva.

A seguir o formato básico de Meta-Mapa, com base nas estratégias dos líderes eficazes, que podem ser ensinadas aos clientes como uma estratégia eficaz para refletir sobre, ou planejar para, uma situação desafiadora ou interação.

Formato Básico do Meta-Mapa

Este processo é mais bem realizado em um tipo de formato *role playing*, no qual o cliente é instruído a mover-se fisicamente a locais diferentes que representam as várias posições perceptivas. Antes de começar, estabelecer três locais como na "psicogeografia" mostrada abaixo.

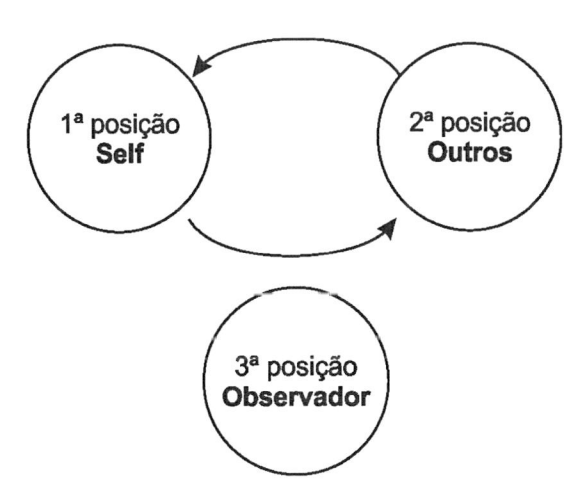

Os três locais físicos para o formato Meta-Mapa

Conduza o cliente através das seguintes instruções:

1. Pense em uma situação particular que tenha sido, ou que você espera que seja desafiadora, envolvendo outra pessoa.

2. Coloque-se fisicamente na localização de primeira posição, tendo a sua própria perspectiva na interação, como se a outra pessoa desafiadora estivesse lá agora e você estivesse olhando para ele ou ela através de seus próprios olhos. Percorra algumas das coisas que a outra pessoa faz que faça com que ele ou ela seja um desafio para você. Observe a resposta interna que você tem — ou seja, o que está acontecendo atualmente no seu "jogo interno"?

3. Agora, saia fisicamente da localização da primeira posição e entre na localização de segunda posição. Imagine que você está "na pele" da outra pessoa, a se olhar com os seus olhos. Assuma a perspectiva, estilo de pensamento, crenças e suposições do indivíduo como se você fosse essa pessoa por um momento. Qual é a perspectiva dessa pessoa da interação? O que você aprende sobre o mapa de mundo desta outra pessoa? Em que é diferente do seu?

4. Fisicamente passe para a localização de terceira posição e veja o relacionamento entre você e a outra pessoa como se fosse um observador assistindo a um vídeo de duas pessoas interagindo. O que observa sobre os jogos "externos" e "internos" das duas pessoas envolvidas nesse ciclo de comunicação? Que estado interno e recursos gostaria de transferir para a primeira posição, que possa melhorar o seu jogo interior? (Você pode usar o Círculo de Excelência, ancoragem ou mapeamento cruzado para trazer esses recursos).

5. Como etapa opcional, assuma a perspectiva de todo o sistema e considere o que seria melhor no interesse do sistema.

Observe como ter diferentes posições perceptivas pode mudar a sua experiência da interação.

Que nova consciência você conseguiu sobre si mesmo, a outra pessoa ou a situação?

(Para um formato Meta-Mapa mais avançado, consulte a *Enciclopédia de PNL Sistêmica*, Dilts & DeLozier, 2000.)

Imagineering

Outro conjunto muito útil de posições perceptivas é incorporado dentro do processo *imagineering*. Este termo foi cunhado por Walt Disney para descrever o processo que ele usou para "criar o futuro" através da formação de sonhos e, em seguida, transformá-los em realidade. A visão poderosa o processo *imagineering* é fornecida por um dos colegas de trabalho da Disney que apontou, "... houve na verdade três Walts diferentes: o sonhador, o realista e o "destruidor". Você nunca sabia o que estava vindo em sua reunião". *Imagineering* envolve a coordenação destes três subprocessos: Sonhador, Realista e Crítico, todos os quais são componentes-chaves para ser bem-sucedido no "jogo interno" de alcançar objetivos futuros.

Um sonhador sem um realista não pode transformar ideias em expressões tangíveis. Um crítico e um sonhador sem um realista apenas ficam presos em um conflito perpétuo. Um sonhador e um realista podem criar coisas, mas eles podem não ter muito boas ideias sem um crítico. O crítico ajuda a avaliar e aperfeiçoar os produtos da criatividade (quando destrutivo, um crítico é um "saqueador"; quando construtivo, um crítico é um "conselheiro"). Há um exemplo bem-humorado de um empresário que se orgulhava de suas habilidades de pensamento inovador, mas a quem faltava um pouco da perspectiva Realista e Crítica. As pessoas que trabalharam na empresa costumavam dizer: "Ele tem uma ideia por minuto... e algumas delas são boas".

Em suma:

- Um Sonhador, sem um Realista e um Crítico, é apenas isto: somente um Sonhador.

- Um Realista, sem um Sonhador e um Crítico, é um robô.
- Um Crítico, sem um Sonhador e um Realista, é um destruidor.
- Um Sonhador e um Realista, sem um Crítico, são um departamento de pesquisa e desenvolvimento — eles fazem um monte de protótipos, mas não têm os padrões de qualidade para o sucesso.
- Um Realista e um Crítico, sem um Sonhador, são uma burocracia.
- Um Sonhador e um Crítico, sem um Realista, são uma montanha-russa de psicose maníaco-depressiva.

Inovação eficaz e resolução de problemas envolvem uma síntese destes diferentes processos ou fases. O sonhador é necessário, a fim de formar novas ideias e objetivos. O realista é necessário como meio de transformar ideias em expressões concretas. O crítico é necessário como um filtro para refinar ideias e evitar possíveis problemas.

O que se segue é um resumo dos padrões cognitivos e físicos básicos associados a cada um destes estilos principais de pensamento.

Sonhador

A fase do Sonhador de um processo orientado para o futuro em longo prazo trata-se de pensar em termos de foto maior e pedaços maiores, a fim de gerar novas alternativas e escolhas. A ênfase do estágio Sonhador de um processo é representar e ampliar a percepção de um plano ou ideia particular. Seu nível primário de foco está em gerar o conteúdo ou o "quê" do plano ou ideia. De acordo com Disney, a função de um Sonhador é "ver claramente em sua própria mente como cada pedaço de negócio em uma história [ou projeto] será colocado". Os objetivos do Sonhador incluem: afirmar o objetivo em termos positivos e estabelecer o propósito e retornos do estado desejado.

Para pensar como um Sonhador é útil manter a cabeça e os olhos para cima, e entrar em uma postura confortável, que é simétrica e relaxada.

Realista

O objetivo do Realista é transformar o sonho em um plano ou produto viável. Como um Realista, você age "como se" o sonho fosse possível, e concentra-se nas etapas ou ações necessárias para realmente alcançar o sonho. Seu foco principal deve ser sobre "como" programar o plano ou ideia.

A fase Realista de um processo é uma ação mais orientada a mover-se para o futuro, que opera em relação a um período de tempo de mais curto prazo do que o Sonhador. O Realista é muitas vezes mais focado em procedimentos ou operações. Seu nível primário de foco é sobre "como" implantar o plano ou ideia.

Para pensar como um Realista ajuda sentar-se com sua cabeça e olhos para frente ou ligeiramente para frente em uma postura simétrica. Seu foco cognitivo deve ser a agir "como se" o sonho fosse realizável e considerar como a ideia ou plano pode ser implantado; enfatizando ações específicas e definindo medidas em curto prazo. Ela também ajuda a colocar-se nos "sapatos" das outras pessoas envolvidas no plano a percebê-lo a partir de vários pontos de vista.

Crítico

A fase do Crítico da criatividade segue o Sonhador e o Realista. O propósito de ser um Crítico é avaliar o plano ou projeto que foi proposto, e procurar por possíveis problemas e "elos perdidos". Para ser um Crítico eficaz, é importante tomar as perspectivas das pessoas que possam influenciar ou ser influenciadas pelo plano ou projeto (positiva ou negativamente), e considerar suas necessidades e reações. O objetivo principal do Crítico é encontrar potenciais problemas e ligações que faltem em um plano particular ou solução potencial. A estratégia do Crítico é ajudar a evitar problemas, a partir de diferentes perspectivas e encontrar elos perdidos por, logicamente, considerar "o que aconteceria se" ocorressem problemas.

Pensar como um Crítico envolve assumir uma postura angular, em que os olhos e a cabeça estejam para baixo e ligeiramente inclinado, e tocar seu queixo ou rosto com uma das mãos.

Caixa de Ferramentas do Teaching: Imaginando

Formato Coaching de Imaginação

O processo *Imagineering* envolve essencialmente segmentar o sonho em todas as etapas que são necessárias para manifestar-se.

O procedimento a seguir usa tanto fisiologia quanto questões-chave para eliciar a capacidade do cliente de ser Sonhador, Realista e Crítico durante um processo de planejamento criativo.

As perguntas foram formuladas para estimular os padrões de pensamento associados com Sonhador, Realista e Crítico. É importante ter em mente, no entanto, que, se a pergunta para o Sonhador for respondida na fisiologia de um Crítico, não vai ser susceptível de produzir uma resposta de Sonhador congruente. Da mesma forma, se uma pergunta para um Crítico ou Realista for respondida a partir de uma fisiologia do Sonhador, não vai render uma boa resposta. Vai ser muito importante, então, o coach observar cuidadosamente o cliente durante o procedimento, a fim de garantir que o cliente não "contamine" suas respostas por inconscientemente mudar para uma fisiologia inadequada ao responder às perguntas feitas.

1. Para cada fase do ciclo criativo (Sonhador, Realista e Crítico), o coach faz as perguntas relevantes para essa fase (listadas nas planilhas seguintes) e ajuda o cliente a manter o controle de suas respostas.

2. Ao responder às perguntas, o cliente assume e mantém o estilo de fisiologia e pensamento adequado definido nas orientações abaixo.

3. O coach assiste e garante que o cliente mantenha o estado adequado e não o "contamine".

4. Mantém o ciclo ao longo das fases para fazer aproximações sucessivas do plano.

Use as seguintes planilhas para registrar as respostas às várias questões colocadas em cada fase do ciclo *Imagineering*.

FASE "Quero" — Sonhador

Objetivos: Declarar o objetivo específico em termos positivos; Estabelecer as recompensas da ideia.

Responda às seguintes perguntas na postura do Sonhador:

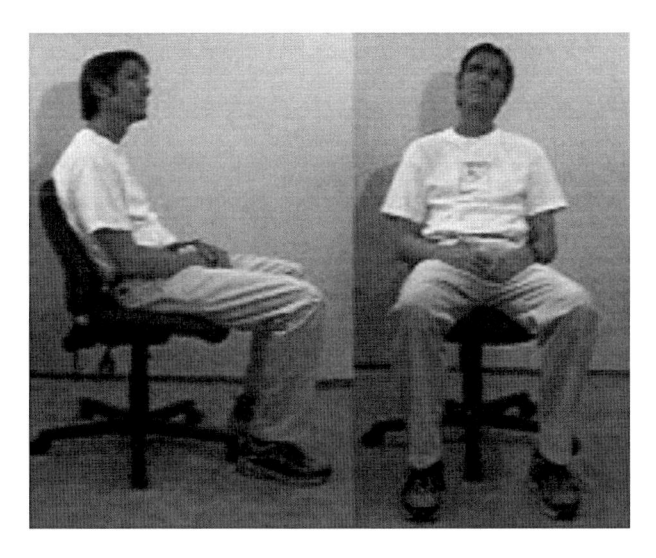

Estado fisiologia do sonhador

1. O que você quer fazer? (Ao contrário do que você quer evitar ou não quer)

O objetivo é _____
_____

2. Por que você quer fazer isso? Qual é o propósito?

O propósito é _____
_____

3. Quais são os benefícios?

_____

Os efeitos benéficos disso serão _____

_____

4. Como você vai saber que você os tem?
_____

Uma evidência desses benefícios será _____

_____

5. Quando você espera obtê-los?
_____

Os benefícios podem ser esperados quando _____

_____

6. Aonde você quer que essa ideia chegue no futuro?
_____

Esta ideia vai levar a _____

_____

7. Quem você quer ser em relação ao manifestar essa ideia?
_____

Eu/Nós queremos ser _____

_____

FASE "COMO" — Realista

Objetivos: Estabelecer Quadros de Tempo e Marcos para o Progresso.

Certifique-se de que a ideia pode ser iniciada e mantida pela pessoa apropriada ou grupo e que o progresso é testável por meio de experiência sensorial.

Responda às seguintes perguntas na postura de Realista.

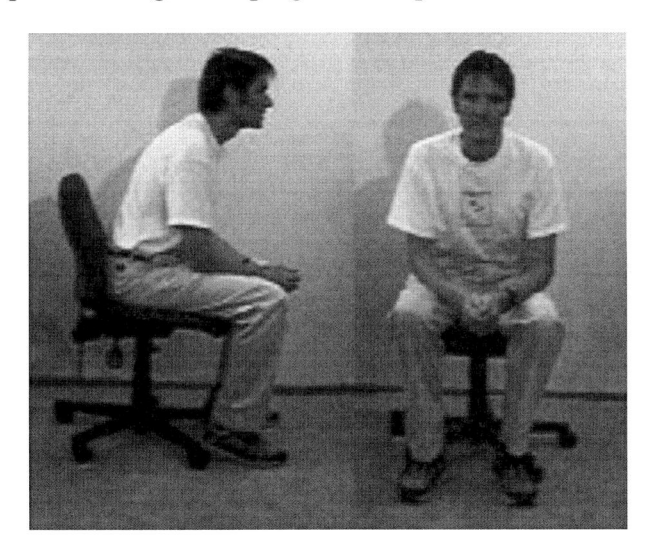

Estado fisiologia do realista

1. Quando a meta será totalmente concluída?

O prazo total para alcançar a meta é _____

_____

2. Quem estará envolvido? (atribua responsabilidade e compromisso seguro das pessoas que realizarão o plano)

Os principais executores são _____

_____

3. Como especificamente a ideia será implantada? Qual será o primeiro passo?

Os passos para alcançar a meta envolvem

(A) _____

_____

Qual será o segundo passo?

(B) _____

_____

Qual será o terceiro passo?

(C) _____

_____

4. Qual será seu feedback contínuo de que você está se movendo para perto ou para longe da meta?

Um feedback contínuo eficaz será _____

_____

5. Como você vai saber se o objetivo foi alcançado?

Eu saberei se o objetivo foi alcançado quando _____

_____

Crie um *storyboard* pictórico para o seu plano encontrando ou desenhando imagens simples que representem os passos necessários para alcançar seu objetivo ou visão. Isso pode ajudar a "ancorar" o mapa de seu próprio plano e torná-lo mais fácil para se comunicar com os outros. Use os seguintes quadros para desenhar imagens que representam as três principais etapas do caminho que você identificou como sendo necessário para atingir a meta ou um sonho. Escreva todos os títulos ou comentários nos espaços abaixo:

a._____ b._____ c._____

Consulte este *storyboard* à medida que avançar para a próxima fase do processo — o Crítico.

FASE "Possibilidade" — Crítico

Objetivos: Certificar-se de que o Plano Preserva Quaisquer Produtos Positivos do Estado Atual quando Alcançar a Meta.

Responda às seguintes perguntas na postura de Crítico.

Estado fisiologia do crítico

1. A quem esta nova ideia afeta e o que vai fazer ou quebrar a eficácia da ideia?

As pessoas mais afetadas por este plano são _____
_____

2. Quais são suas necessidades e lucros?

Suas necessidades são _____
_____

3. Por que alguém se oporia a este plano ou ideia?

Alguém poderia objetar a esse plano se _____

4. Quais os ganhos positivos estão lá na presente forma (s) de fazer as coisas?

    A presente forma de fazer as coisas _____

5. Como você pode manter essas coisas quando implantar a nova ideia?

    Estes ganhos positivos serão preservados por _____

6. Quando e onde você NÃO quer implantar este plano ou ideia?

    Eu não gostaria de implantar este plano se _____

7. O que é atualmente necessário ou está faltando no plano?

    O que é atualmente necessário ou está faltando no plano _____

Nota: Eu desenvolvi um programa de software, tanto para sistemas operacionais Windows quanto Macintosh, que orienta indivíduos e grupos através do processo de *Imagineering* de Disney. O software está disponível através de:

Journey to Genius
P.O. box 67448
Scotts Valley, California 95067-7448
E-Mail: info@journeytogenius.com
Homepage: http://www.journeytogenius.com

Resumo

Em resumo, teaching envolve ajudar os clientes a desenvolver as capacidades cognitivas que irão levá-los a melhorias no desempenho. Quando no papel de professor, um coach concentra a sua atenção no "jogo interno" do cliente, apoiando-o a estar mentalmente preparado para fazer o seu melhor.

Os professores eficazes compreendem que os indivíduos têm diferentes estilos de aprendizagem, fundados em seu canal representacional preferido (visão, audição, sensação etc.). As Perguntas de Avaliação de Estilo de Aprendizado ajudam os coaches a reconhecer melhor e se adaptar aos estilos de aprendizagem dos clientes, apoiando os seus pontos fortes e reforçando as áreas que podem ser melhoradas.

Bons professores também ajudam as pessoas a desenvolver novas estratégias para "aprender a aprender". Ao visualizar sucesso e fazer ensaio mental estarão ensinando ferramentas que vão permitir que os clientes pratiquem e aperfeiçoem um processo ou atividade em suas mentes antes de entrar no contexto de desempenho, o que aumenta suas chances de sucesso.

Gerenciamento de estado é um elemento-chave do jogo interior de desempenho de uma pessoa. Processos como o Círculo de Excelência ensinam clientes a reconhecer e acessar novamente estados de excelência que podem melhorar o seu desempenho em uma variedade de diferentes situações e contextos.

O Modelo T.O.T.S. é uma estrutura básica para o ciclo de coach de modelagem que fornece uma estrutura simples e um conjunto de perguntas que podem ser utilizados pelos professores para ajudar os clientes a tornarem-se conscientes dos fatores-chave de sucesso por trás do desempenho eficaz, para si mesmos e aos outros, e, em seguida, transferir esses fatores a outros contextos e ambientes.

Executores eficazes aprendem com seus erros, mas não ficam obcecados sobre eles. Bons coaches incentivam clientes a perceber os erros como um feedback ao invés de falhas e ajudam os clientes a aprender com os erros, obtendo distância emocional deles enquanto permanecem conectados aos seus sucessos.

A capacidade de assumir diferentes posições perceptivas é outro elemento-chave do jogo interior de uma pessoa. A capacidade de visualizar uma situação de primeira (self), segunda (outro) e terceira (observador) posição pode ajudar os clientes a melhorar significativamente a sua capacidade de se comunicar e interagir com os outros. A Segunda posição é particularmente importante para obter sucesso no jogo interior de trabalhar eficazmente com os outros. O Meta-Mapa aplica as diferentes posições perceptivas para ajudar os clientes a compreender melhor e lidar com pessoas difíceis.

A estratégia *Imagineering* usa os ciclos de Sonhador, Realista e Crítico de Walt Disney para ajudar os clientes a criar um futuro positivo e satisfatório, construindo o caminho para chegar a esse estado desejado.

Capítulo 4

Mentoring

Mentoring
- Valores
- Valores e Crenças
- Poder das Crenças
- Orientando Valores e Crenças

Modelando Papéis

Caixa de Ferramentas do Mentoring: Estabelecendo Mentores Internos

Caixa de Ferramentas do Mentoring: Auditoria de Valores
- Folha de Trabalho de Auditoria de Valores
- Alinhando Valores com Visão e Ações

Caixa de Ferramentas do Mentoring: Criando Alinhamento para Mudanças

Caixa de Ferramentas do Mentoring: Colocando Valores em Ações

Caixa de Ferramentas do Mentoring: Planejando Valores

Caixa de Ferramentas do Mentoring: Estabelecendo Práticas

Sistemas de Crenças e Mudança

Caixa de Ferramentas do Mentoring: Avaliação de Crenças
- Folha de Trabalho de Avaliação de Crenças

Caixa de Ferramentas do Mentoring: Quadro "Como Se"

Reformulação
- Reformulando uma Palavra

Caixa de Ferramentas do Mentoring: Aplicação de Reformulação de Uma Palavra

Caixa de Ferramentas do Mentoring: Pontes de Valores

Ressignificando Críticas e Censuras
- Conseguindo Afirmações Positivas de Intenções Positivas
- Transformando Críticas em Questões

Caixa de Ferramentas do Mentoring: Ajudando Críticos a Serem Assessores

Resumo

Mentoring

O conhecimento fala, mas a sabedoria escuta.

Jimi Hendrix

Na mitologia grega, o Mentor era o conselheiro sábio e fiel ao herói Odisseu. Sob o pretexto de Mentor, a deusa Athena se tornou a guardiã e professora de Ulisses, filho de Telêmaco, enquanto Odisseu estava longe em suas viagens. Assim, a noção de ser um "mentor" passou a significar algo que envolvesse o processo de ambos (a) aconselhamento ou assistência, e (b) que servisse como um guia ou professor. *Mentoring* (especialmente em um ambiente ocupacional) enfatiza o aspecto relacional informal de aprendizagem e desempenho, tanto quanto estabelece o domínio da tarefa.

O mentor tem envolvimentos distintos do professor ou do coach. O professor instrui, e o coach fornece feedback comportamental específico, a fim de ajudar a pessoa a aprender ou crescer. Como assessores e conselheiros, os mentores frequentemente ajudam os outros a estabelecer, clarificar ou reforçar valores fundamentais e crenças, muitas vezes através de seu próprio exemplo.

Valores e crenças fornecem o reforço que apoia ou inibe as capacidades e ações específicas. Embora os valores e crenças sejam claramente uma parte fundamental do jogo interior de uma pessoa, eles estão em um nível diferente do que as capacidades cognitivas. Valores e crenças referem-se à razão pela qual um determinado caminho é tomado e as motivações mais profundas que levam as pessoas a agir ou perseverar. Nossos valores e crenças transcendem quaisquer pensamentos ou comportamentos específicos e servem para incentivar, inibir ou generalizar determinadas estratégias, planos e formas de pensar. Eles têm a ver com a razão pela qual pensamos o que pensamos e fazemos o que fazemos. Por que, por exemplo, uma pessoa deve considerar mudar seus pensamentos ou ações?

O grau de motivação de uma pessoa irá determinar o quanto de seus próprios recursos internos que ela está disposta a mobilizar. Motivação é o que estimula e ativa como as pessoas pensam e como vão agir em uma situação particular.

Valores

De acordo com o Dicionário Webster, os valores são "princípios, qualidades ou entidades que são intrinsecamente valiosos ou desejáveis". Porque estão associados com valor, significado e desejo, os valores são a principal fonte de motivação interna de um cliente. Quando os valores são alcançados ou correspondidos, as pessoas sentem uma sensação de satisfação, harmonia, ou relacionamento. Quando não são alcançados ou correspondidos, elas, muitas vezes, se sentem insatisfeitas, incongruentes ou violadas.

Para ajudar o cliente a explorar os seus próprios valores, peça-lhe considerar as seguintes questões: "Em geral, o que motiva você?" "O que é mais importante para você?" "O que o move para a ação", ou "o que tira você da cama de manhã?".

Algumas possíveis respostas podem ser:

Sucesso

Louvor

Reconhecimento

Responsabilidade

Prazer

Amor e Aceitação

Realização

Criatividade

Valores como estes influenciam muito e direcionam os resultados que os clientes estabelecem e as escolhas que eles fazem. Os objetivos estabelecidos para si próprios são, de fato, a expressão tangível de seus valores. Para o cliente que tem o objetivo de "construir uma equipe eficaz", por exemplo, os valores mais prováveis são "trabalhar em conjunto com os outros". Uma pessoa cujo objetivo é "aumentar a renda" provavelmente valoriza "o sucesso financeiro." Da mesma forma, aquele que tem um valor de "estabilidade" vai definir metas relacionadas com a estabilidade em sua vida pessoal ou profissional. Essa pessoa vai procurar resultados diferentes daquela que valoriza a "flexibilidade", por exemplo. Uma pessoa que valoriza a estabilidade pode se contentar com um trabalho de 8h, que tem remuneração consistente e envolve tarefas bem-estabelecidas. Uma pessoa que valoriza a flexibilidade, por outro lado, pode tentar encontrar um trabalho que envolva uma série de tarefas e um calendário variável.

Valores e Crenças

Os valores estão intimamente ligados a crenças. De acordo com o modelo de Níveis Neurológicos, crenças e valores ocupam o mesmo nível de aprendizagem e mudança. Juntos, crenças e valores, constituem a resposta para a pergunta "Por quê?".

Valores são caracterizados por um senso de significado ou conveniência. Crenças são estruturas cognitivas que ligam os valores a outros aspectos de nossas experiências. As crenças são essencialmente julgamentos e avaliações sobre nós mesmos, os outros e o mundo que nos rodeia. De acordo com o modelo de Níveis Neurológicos, para que as estruturas mais profundas, tais como valores (que são mais abstratos e subjetivos), alcancem o ambiente tangível na forma de comportamentos concretos, elas devem estar ligadas a processos cognitivos mais específicos e capacidades através de crenças. Crenças são as respostas a perguntas como: "Como, especificamente, você define a qualidade ou entidade que você valoriza?", "O que causa ou cria essa qualidade?", "Quais consequências ou resultados resultam desse valor?", "Como, especificamente, você sabe se algum comportamento ou experiência se encaixa a um valor particular?".

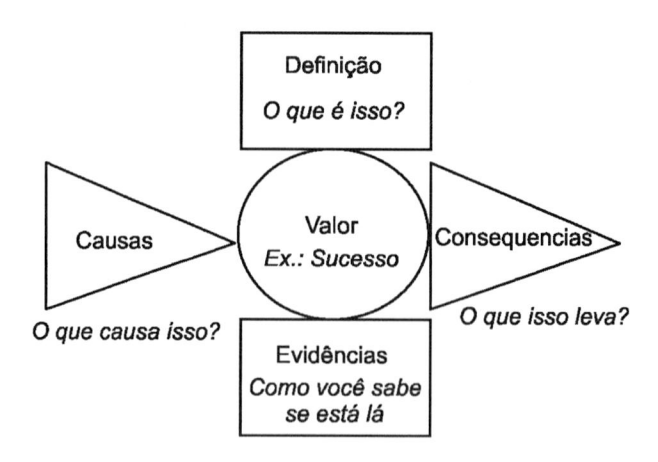

```
                    ┌─────────────┐
                    │  Definição  │
                    │ O que é isso?│
                    └─────────────┘
         ╲              ╱──╲             ╱
    Causas >         (  Valor  )     < Consequências
         ╱           │Ex.:Sucesso│        ╲
                     ╲──────────╱
    O que causa isso?              O que isso leva?
                    ┌─────────────┐
                    │  Evidências │
                    │Como você sabe│
                    │  se está lá │
                    └─────────────┘
```

Crenças ligam valores a vários aspectos da nossa experiência

Para que um valor particular entre em funcionamento, este sistema de crenças deve ser especificado a certo grau. Para um valor como "profissionalismo" ser promulgado comportamentalmente, por exemplo, devem-se construir crenças sobre o que o profissionalismo é (definição de profissionalismo); como você sabe que ele está sendo promulgado (as evidências); o que ele faz; e o que ele leva a (as suas consequências). Essas crenças são tão significativas como os próprios valores na determinação de como as pessoas vão agir.

Duas pessoas podem compartilhar o mesmo valor de "segurança", por exemplo. Uma pessoa, no entanto, pode acreditar que a segurança é causada por "ser mais forte do que os inimigos e por atacá-los antes que eles a ataquem". A outra pessoa pode acreditar que a segurança é causada por "compreender e responder às intenções positivas daqueles que a ameaçam". Estas duas pessoas vão buscar segurança de maneiras bem diferentes. Suas abordagens podem até contradizer-se. A primeira vai buscar através da construção de potência (tendo "uma vara maior" do que aqueles que ela percebe como um "inimigo"). A outra, através da comunicação, recolhimento de informações e procura de opções.

Claramente, as crenças da pessoa relacionadas com os seus valores essenciais vão determinar o se "mapa mental" com relação a esses valores; e, portanto, como ela os manifesta. A fim de ensinar ou estabelecer valores de forma adequada, todas estas questões de crenças devem ser adequadamente tratadas. Para que as pessoas possam agir de forma coerente com os valores essenciais em um sistema, devem compartilhar certas crenças, assim como valores, em algum grau.

Valores e crenças formam um tipo de estrutura não física que rodeia a interação das pessoas dentro de um sistema, como uma família, equipe ou organização. Eles são a chave para a motivação e a cultura nas organizações e sistemas sociais. Valores e crenças compartilhadas são a "cola" que mantém uma organização ou equipe eficaz em conjunto. Conflitos de valores e opiniões, por outro lado, tornam-se fonte de desarmonia e dissensão.

O Poder das Crenças

As Crenças exercem uma poderosa influência sobre nossas vidas. É senso comum que, se alguém realmente acredita que possa fazer algo, vai fazê-lo, e, se acredita que algo é impossível, nenhum esforço vai convencê-lo de que pode ser realizado. O poder das crenças foi demonstrado em um estudo esclarecedor com um grupo de crianças, que foram testadas por terem uma inteligência média e que foram divididas aleatoriamente em dois grupos iguais. Um dos grupos foi atribuído a um professor a quem foi dito que as crianças eram "dotadas". O outro grupo foi dado a um professor a quem foi dito que as crianças eram "aprendizes lentos". Um ano mais tarde, os dois grupos foram novamente testados. Não surpreendentemente, a maioria do grupo que foi arbitrariamente identificado como "dotado" pontuou acima do resultado anterior, enquanto a maioria do grupo que foi rotulado como "lento" marcou abaixo! As crenças do professor sobre os estudantes afetou sua capacidade de aprender.

Outro bom exemplo do poder das crenças tanto para limitar-nos quanto para capacitar-nos é o do "quatro minutos por milha." Antes de 06 de maio de 1954, acreditava-se que quatro minutos era uma barreira inquebrável para a velocidade com que um ser humano poderia correr uma milha. Nos nove anos anteriores ao dia histórico em que Roger Bannister quebrou o teto de quatro minutos, não houve corredores que chegaram perto disso. Seis semanas após o feito de Bannister, o corredor australiano John Lundy baixou o recorde por um segundo. Nos nove anos seguintes quase duas centenas de pessoas quebraram este recorde.

Certamente, esses exemplos parecem demonstrar que as nossas crenças podem moldar, afetar ou determinar nosso grau de inteligência, saúde, relacionamentos, criatividade, e até mesmo o nosso grau de felicidade e sucesso pessoal. A PNL desenvolveu uma riqueza de *técnicas e metodologias de mudança de crenças*. Algumas delas, no entanto, *(como Reimprinting,* Reenquadramento de Crenças, Integração de Crenças Conflitantes, entre outras) são mais terapêuticas na sua aplicação. Neste livro, vamos nos concentrar em abordagens que podem ser feitas facilmente em um contexto de coaching com foco em solução através de conversação.

> [Para mais informações detalhadas sobre técnicas de mudança de crença da PNL veja: "Mudança de Crenças com a PNL" (Dilts, 1990); "Crenças: Caminhos para a Saúde e Bem-Estar" (Dilts, Hallbom & Smith, 1990); e a "Enciclopédia da PNL Sistêmica" (Dilts & DeLozier, 2000).]

Orientando Valores e Crenças

Mentores guiam-nos para estabelecer, alinhar, enriquecer e capacitar valores e crenças, muitas vezes, com seu próprio exemplo. Como o exemplo de Mentoria mitológica sugere, *mentoring* inclui a possibilidade de aconselhamento e orientação em um nível mais profundo do que a compreensão cognitiva. Este tipo de orientação, muitas vezes, se torna internalizado como parte do indivíduo, de modo que a presença externa do tutor não é mais necessária. As pessoas são capazes de transportar "mentores internos" como conselheiros e guias para as suas vidas em muitas situações.

Na PNL, o termo mentor é usado para se referir a pessoas que ajudaram a moldar ou influenciar a sua vida de uma forma positiva por "ressonância", liberando ou revelando algo profundo dentro de você. Mentores podem ser crianças, professores, animais de estimação, pessoas que você nunca conheceu, mas leu a respeito, fenômenos da natureza (como o oceano, as montanhas etc.), e até mesmo partes de si mesmo.

Ao apoiar e aconselhar os outros, mentores operam a partir das seguintes crenças:

1. *Quando as pessoas querem alguma coisa e acreditam o suficiente, vão encontrar o caminho para que isto aconteça.*

2. *A coisa mais importante que eu posso fazer é ajudar a pessoa a acreditar em si mesma e valorizar o que ela está fazendo.*

3. *Na essência as pessoas têm intenção positiva. Ter os valores e crenças apropriadas é a base para ser capaz de expressar suas intenções positivas da forma mais eficaz e ecológica.*

4. *Esta pessoa vai ser capaz de estabelecer crenças poderosas e valores apropriados com meus conselhos e atenção.*

5. *Uma das melhores maneiras de aconselhar terceiros é ser um modelo que exerça um papel efetivo.*

O estilo de liderança de Mentoring é o da liderança inspiradora. Inspirar outros envolve motivar e incentivá-los a fazer o seu melhor ou dar um pouco mais. Orientação e liderança inspiradora enfatizam valores e crenças fortalecedoras em possibilidades futuras.

Modelagem de Papéis

A qualidade pessoal primária do Mentoring eficaz é ser um bom exemplo e modelo para os outros. Um modelo é uma pessoa que serve como um exemplo para uma tarefa específica ou conjunto de valores. Normalmente, seu comportamento, em uma determinada função, é imitado, ou "modelado" por outras pessoas, a fim de produzir um desempenho similar ou para alcançar resultados semelhantes.

Em seus tempos de vida, as pessoas precisam assumir muitos papéis, identidades, como pai, estudante, supervisor, líder, parceiro, e outros. Muitas vezes, no entanto, um vazio na sua experiência passada ou história pessoal deixa um déficit ou empobrecimento em relação às capacidades, estratégias, crenças etc., que o apoiariam em um papel particular. É importante para as pessoas encontrar outras pessoas que possam servir como mentores, guias e "modelos" para o enriquecimento de seus mapas de determinados papéis/identidades.

A modelagem de papel baseia-se no pressuposto de que, se alguém foi capaz de alcançar um objetivo, outros podem modelar essa pessoa e aprender, para atingir resultados semelhantes. É possível descobrir os padrões de pensamento, crenças e comportamentos etc., que permitirão que outros indivíduos realizem com êxito, desenhando os padrões desse modelo. Porque somos membros da mesma espécie, uma pessoa que tenha alcançado um resultado particular pode ser usada como um modelo para outros possam alcançar um objetivo similar. Como membros da raça humana, todos nós compartilhamos uma estrutura comum para o nosso sistema nervoso e make-up biológico, o que nos permite aprender e 'emprestar' habilidades de outras pessoas sem ter de "reinventar a roda".

Até mesmo personagens fictícias podem ser modelos eficazes.

Assim, modelos, reais ou imaginários, podem ser fontes ricas e poderosas de aprendizagem e inspiração.

Considere a seguinte história sobre Mahatma Gandhi:

> *Uma mãe estava preocupada com seu filho, que tinha diabetes e ainda estava comendo açúcar, o que era ruim para sua saúde. Então, ela o levou para Gandhi e pediu que ele dissesse para ele não comer qualquer açúcar. Gandhi disse à mulher para voltar em três semanas. Três semanas depois, a mulher voltou e Gandhi disse ao filho dela: "Não coma açúcar." A senhora perguntou: "Gandhi, levamos três dias para chegar aqui da minha aldeia, e depois três dias para voltar e agora mais três dias. Por que você não disse ao meu filho para parar de comer açúcar, há três semanas?". Gandhi respondeu: "Três semanas atrás eu amava açúcar e comia muito. Eu tive que parar de comer por mim mesmo antes que eu pudesse aconselhar o seu filho".*

Esta é uma boa ilustração de um princípio que Gandhi frequentemente salientou: "Você tem que ser a mudança que você quer ver".

É importante para coaches e mentores perceber que eles são modelos e exemplos para os outros. Ser um exemplo ou papel/modelo eficaz envolve as habilidades para ser influente, para inspirar emulação e ser confiável e credível.

Verifique a sua capacidade de ser um bom exemplo como coach, considerando as seguintes questões:

No que eu sou um bom exemplo?

Qual a influência que eu exerço?

Quais são as consequências de minhas ações?

Até que ponto eu sou capaz de:

- *Inspirar emulação?*
- *Ser influente?*
- *Gerar confiança?*

Caixa de Ferramentas do Mentoring: Estabelecendo Mentores Internos

Como mencionado anteriormente, as pessoas têm, frequentemente, "mentores internos" como conselheiros e guias para as suas vidas em muitas situações. Tais mentores internos podem ser utilizados para ajudar a chamar para fora conhecimentos, recursos ou competências inconscientes dos clientes de uma forma natural e intuitiva.

A forma básica de usar um "tutor" interior é imaginar a presença da pessoa ou ser, em seguida, tomar a "segunda posição", pisando na perspectiva ou "sapatos" do mentor. Isso muitas vezes permite que os clientes acessem as qualidades que estão dentro deles, mas não são reconhecidas ou incluídas por eles como parte de seu mapa da situação (ou de si mesmos). Representando estas qualidades, o mentor interno ajuda os clientes a trazê-las em seu comportamento em curso (como consequência do cliente assumir a posição perceptiva do orientador). Uma vez que uma pessoa tenha experimentado essas qualidades de segunda posição com o mentor, é capaz de trazê--los de volta para a sua própria primeira posição dentro da situação, e sancioná-las.

O exercício seguinte demonstra como o processo de orientação interna pode ser utilizado para ajudar um cliente a lidar de forma mais eficaz com uma situação de desafio:

1. Identifique uma situação desafiadora com a qual você gostaria de lidar com mais eficácia.

2. Selecione três mentores importantes que possam ajudá-lo a responder de forma mais eficaz em vários níveis. Escolha (a) um como um guia ou conselheiro no que diz respeito ao seu comportamento, (b) um como um defensor para a sua capacidade de pensar e compreender, e (c) um como um conselheiro para as suas crenças e valores. Imagine que os três mentores estão com você na situação desafiadora.

3. Associe-se a (isto é, na segunda posição) com cada um dos mentores, um de cada vez. Experimente estar "nos sapatos dessa pessoa" e imagine como esse indivíduo iria aconselhá--lo a abordar a situação. Quais recursos o mentor lembraria que você tem? Qual conselho ou mensagem o mentor tem para você?

4. Volte para a sua própria posição perceptiva e observe como o aconselhamento e orientação dos mentores muda a sua percepção e compreensão da situação, e imprime mais confiança em você.

5. Encontre uma maneira que você possa ancorar para lembrar-se das lições de cada um desses mentores na situação real que você explorou.

Caixa de Ferramentas do Mentoring: Auditoria de Valores

A *hierarquia de valores* de um grupo ou de uma pessoa é essencialmente a ordem de prioridades que se aplicam ao decidir como agir em uma situação particular. Hierarquias de valores estão relacionadas com o grau de importância ou significado que as pessoas atribuem a várias ações e experiências.

Um exemplo de "hierarquia de valores" seria de uma pessoa que valoriza a "saúde" mais do que "o sucesso financeiro". Tal pessoa tenderia a colocar a sua saúde "em primeiro lugar." Essa pessoa provavelmente estruturaria a sua vida mais em torno de atividades físicas do que de oportunidades profissionais. Uma pessoa cuja hierarquia de valores coloca o "sucesso financeiro" sobre a "saúde" teria um estilo de vida diferente. Ela poderia sacrificar a saúde e o bem-estar físico, a fim de "chegar à frente" monetariamente.

Ajudar os clientes a esclarecer seus valores e hierarquias de valores é uma parte importante do trabalho de um mentor. A auditoria de valores é uma ferramenta de orientação que pode ser usadas para ajudar as pessoas a estabelecer e fortalecer valores importantes ao definir as necessidades, os efeitos, consequências e premissas relativas a esses valores. Um dos resultados da auditoria de valores é abordar as seguintes questões básicas:

1. Qual é o valor a ser estabelecido ou reforçado?

2. O que é pessoalmente importante para você?

3. Qual é a relação entre o valor e o que é pessoalmente importante para você?

O processo "auditoria" de valores usa instruções verbais e palavras-chave para ajudá-lo a certificar-se de ter explorado o sistema de suporte de crenças necessárias para colocar os valores em ação.

Folha de Trabalho de Auditoria de Valores

1. Identifique um valor fundamental que é importante para você estabelecer ou reforçar. Anote o valor que deseja reforçar no espaço Valor marcado abaixo para completar a declaração de valor.

2. Para cada uma das palavras rápidas, leia a sua declaração de valor, adicione a palavra pronta (s), e complete a frase, respondendo às perguntas listadas abaixo com espaço em branco.

3. Quando tiver terminado, leia suas respostas e perceba o que mudou e foi reforçado.

Valor: _____ é importante e desejável.

Qual é um valor fundamental para você estabelecer ou fortalecer?

porque eu _____

Por que é desejável e apropriado ter isso como um valor?

portanto eu _____

Qual é uma consequência do comportamento de ter esse valor?

sempre que eu _____

Qual é uma situação-chave ou condição relativa a este valor?

para que eu _____

Qual é o propósito positivo deste valor?

se eu _____

Que constrangimentos ou resultados referem-se a este valor?

embora eu _____

Quais alternativas ou limitações existem com relação a esse valor?

da mesma maneira que _____

Qual é um valor semelhante ao que você já tem?

Por exemplo, se um cliente quisesse reforçar sua crença e compromisso com o valor de "saúde", o processo começaria com a afirmação de que o valor especial: "A saúde é importante e desejável". Mantendo esta declaração de valor constante, o indivíduo, então, passa por cada linha, e sua questão relacionada, para explorar todas as razões de apoio.

Neste caso, seria importante iniciar cada nova frase com a palavra "Eu" Isto ajuda a assegurar que o cliente permaneça associado à experiência e evite fazer simplesmente "racionalizações".

Um exemplo de como alguém poderia concluir estas frases poderia ser:

A saúde é importante e desejável *porque* eu preciso de força e energia, a fim de criar e sobreviver.

A saúde é importante e desejável, *portanto* eu começarei as medidas adequadas para cuidar de mim.

A saúde é importante e desejável *sempre que* eu queira estar preparado para o futuro.

A saúde é importante e desejável *para que eu* possa me divertir e ser um bom modelo para os outros.

A saúde é importante e desejável *se eu* quero ser feliz e produtivo.

A saúde é importante e desejável *embora eu* tenha outros objetivos e responsabilidades a serem cumpridas.

A saúde é importante e desejável *da mesma forma que eu* preciso dos recursos necessários para alcançar os meus sonhos.

Depois de terminar as novas declarações, é interessante ler cada uma das entradas das palavras rápidas — com exceção de "Embora" (é importante manter a palavra "embora" ou aquela resposta particular apareceria no negativo). A série de respostas pode formar uma declaração surpreendentemente coerente e valiosa de razões a se comprometer com o valor fundamental que você selecionou:

> *A saúde é importante e desejável. Eu preciso de força e energia, a fim de criar e sobreviver. Eu começarei as medidas adequadas para cuidar de mim. Eu quero estar preparado para o futuro. Eu posso me divertir e ser um bom modelo para os outros. Eu quero ser feliz e produtivo. Embora eu tenha outros objetivos e responsabilidades a serem cumpridos, eu preciso das fundações e recursos necessários para alcançar os meus sonhos.*

Como você pode ver isso cria um conjunto coerente de ideias e afirmações que podem ajudar a fortalecer o compromisso e crença de um cliente do valor da saúde. Este ponto define os elementos de um caminho para expressar o valor, fornecer motivação, e até mesmo endereçar possíveis objeções. Porque o grupo de instruções identifica uma multiplicidade de razões (ou causas) e coloca-as em palavras, tornando-se uma poderosa fonte de afirmações positivas. Ele fornece uma explicação geral justificando compromisso com o valor. Ele também fornece uma rica fonte de ideias para lidar com dúvidas.

Alinhando Valores com Visão e Ações

Tratando-se de indivíduos, equipes e organizações eficazes, comportamentos e capacidades apoiam os valores-chave. Esses valores, por sua vez, estão alinhados com a identidade, missão e visão da equipe ou organização individual. Assim, em uma equipe ou organização eficaz, as ações dos indivíduos dentro de seus microambientes são congruentes com as suas estratégias e metas de nível superior. Essas metas, por sua vez, são congruentes com a cultura do sistema e missão com respeito ao meio ambiente maior. Em outras palavras, há um alinhamento interno do indivíduo com a sua visão, e outro nível de alinhamento com a equipe ou organização na qual uma pessoa tentará alcançar a sua visão.

Existem três tipos de alinhamento: 1) alinhamento pessoal, em que há uma congruência entre todas as partes de um indivíduo, 2) o alinhamento de apoio aos processos em relação a um objetivo ou visão, 3) o alinhamento do meio ambiente, em que os objetivos e ações de indivíduos ou grupos se encaixam de forma congruente e ecologicamente com o sistema maior (equipe, organização, comunidade, cultura etc.).

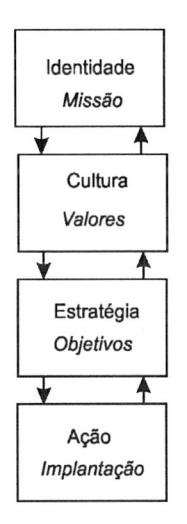

```
┌─────────────┐
│  Identidade │
│   Missão    │
└─────────────┘
      ↕
┌─────────────┐
│   Cultura   │
│   Valores   │
└─────────────┘
      ↕
┌─────────────┐
│  Estratégia │
│  Objetivos  │
└─────────────┘
      ↕
┌─────────────┐
│    Ação     │
│ Implantação │
└─────────────┘
```

Alinhamento de Processos em um Sistema

Em um sistema funcional, valores e crenças estão alinhados com a identidade da organização e do ambiente. Metas e ações a nível individual apoiam os objetivos e estratégias funcionais relacionadas com papéis, que por sua vez são congruentes com a cultura e a identidade da organização, e da missão em relação ao seu ambiente maior.

Em um sistema disfuncional, valores e crenças que estão em conflito com os valores básicos podem assumir uma vida própria e começar a operar como um "vírus de pensamento" com uma capacidade destrutiva semelhante ao de um vírus de computador ou vírus biológico.

Assim, o alinhamento é a chave para o sucesso e longevidade dos indivíduos eficazes, equipes e organizações. Construção de confiança e crescente espírito de equipe são o resultado da capacidade do coach para orientar e reforçar o alinhamento dentro das pessoas e equipes com as quais ele está trabalhando.

Caixa de Ferramentas do Mentoring: Criação de Alinhamento para a Mudança

O que se segue é um formato simples que os coaches podem utilizar para promover alinhamento dentro de indivíduos e equipes. Trata-se de uma série de perguntas que ajudam os clientes a identificar o propósito maior que serve como o ponto focal para as suas atividades e, em seguida, poder identificar e organizar as capacidades, ações e recursos individuais que terão de ser mobilizados a fim de alcançá-lo.

As perguntas podem ser direcionadas a um indivíduo ou a uma equipe como um todo:

1. Qual é a sua visão?
2. Qual é o seu papel (missão) em relação a essa visão? Quais modelos de papel que você vai seguir como exemplo?
3. Quais valores e crenças o motivam a assumir esse papel e visão?
4. Quais capacidades são necessárias para alcançar a visão e ficar consistente com suas crenças e valores? Quais você já tem? De quais você precisa?
5. Quais passos e medidas você tomará a fim de alcançar sua visão?
6. Quais oportunidades e constrangimentos ambientais terá de aproveitar ou enfrentar a fim de alcançar a visão?

Caixa de Ferramentas do Mentoring: Colocando Valores em Ação

O objetivo desta ferramenta de *mentoring* é construir um processo de alinhamento, levando os clientes para um maior grau de detalhe na definição dos outros níveis de processos necessários para expressar eficazmente os seus valores fundamentais. Para expressar autêntica e congruentemente valores, uma pessoa deve ter as habilidades e capacidades de suporte necessárias para avaliar situações e tomar decisões que devem estar em linha com os valores declarados. Estratégias e habilidades de nível superior são necessárias para ser capaz de definir e implementar os consequentes comportamentos, que expressam valores particulares, em ambientes muito diferentes.

Ao invés de prescrições, os valores são geralmente representados por uma carteira de comportamentos a serem selecionados e promulgados em ambientes-chave. O questionário a seguir ajuda os clientes a definir os outros níveis de processos necessários para reduzir os valores de forma congruente e consistente em ação.

1. Qual é o valor a ser implementado (por exemplo, "saúde", "profissionalismo", "integridade" etc.)?

   _____

2. Quais são os principais recursos necessários para estabelecer esse valor (por exemplo, autocontrole, comunicação, criatividade, alinhamento etc.)?

   _____   _____

   _____   _____

   _____   _____

3. Que "carteira" de atividades (consequentes comportamentos) melhor exprime e manifesta esse valor (por exemplo, alimentação saudável, escuta, reconhecer contribuições, novas ideias gratificantes etc.)?

   _____   _____

   _____   _____

   _____   _____

4. Quais são os ambientes significativos ou contextos em que é mais importante expressar esse valor (por exemplo, casa, escritório, reuniões de equipe, chão de fábrica, interações com os clientes etc.)?

_____   _____

_____   _____

_____

Caixa de Ferramentas do Mentoring: Planejando Valores

O portfólio de atividades que expressa valores particulares não pode ser promulgado mecanicamente ou reativamente em resposta à evolução das circunstâncias. Pelo contrário, deve ser posto em prática de forma consistente ao longo do tempo. O tempo deve ser alocado para a "prática" em curso dessas atividades. Alocação de tempo é o lugar onde "a borracha encontra a estrada" no que diz respeito aos valores. De uma forma muito real, o que uma pessoa gasta seu tempo fazendo é a expressão mais direta de seus valores (mesmo se a pessoa não está consciente desses valores).

O objetivo da seguinte ferramenta de *mentoring* é ajudar os clientes a determinar a quantidade de tempo a ser alocada para cada item do portfólio de atividades que expressa seus valores escolhidos. Peça ao seu cliente para listar o mix de atividades que melhor expressa os valores a serem implementados nos espaços à esquerda. O gráfico de pizza representa a quantidade de tempo a atribuir a cada uma das atividades, se os valores estiverem sendo estabelecidos com sucesso.

Mix de Atividades   Alocação de tempo para as atividades

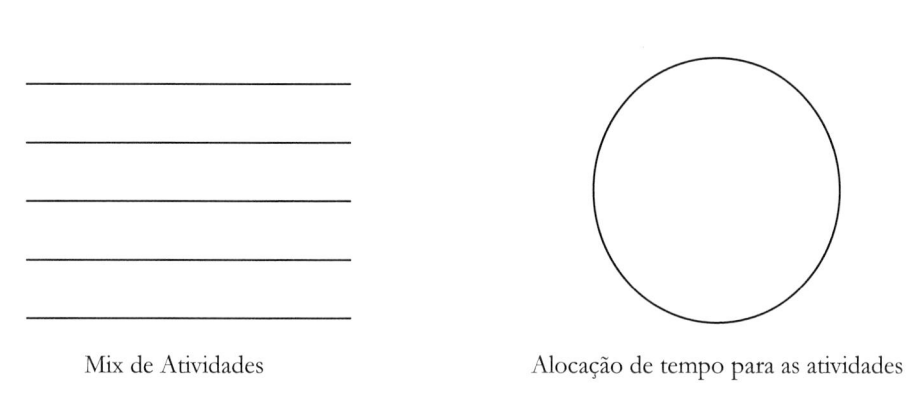

Planejamento de valores envolve determinar a mistura desejada de
atividades e a hora a ser-lhes atribuídas

Caixa de Ferramentas do Mentoring: Estabelecendo Práticas

Práticas são um meio para estabelecer e reforçar valores e crenças. Valores e crenças não podem ser estabelecidos por ações ou técnicas temporárias. Nós simplesmente não damos "serviço de bordo" para valores ou "corrigimos problemas de valores," nós "vivemos valores" e "praticamos valores" Práticas são atividades repetitivas que têm ambos: (1) uma finalidade prática e (2) um valor simbólico. Práticas diferem de rituais em que a ênfase de um ritual está mais em seus aspectos simbólicos. Um ritual em equipe pode ser "dar um prêmio para a melhor ideia." Dar um prêmio tem algum valor pragmático indireto como reforço de potencial, e é essencialmente um ato simbólico. Uma atividade mais pragmática, bem como simbólica, seria dar 10 minutos para refletir sobre o processo da equipe no final de cada reunião, com cada membro da equipe comentando sobre o que estava bom e o que poderia ser melhorado.

Práticas podem ser profissionais ou pessoais. Exemplos comuns de práticas pessoais incluem obter certa quantidade de exercício todos os dias, escrever ou praticar um instrumento musical durante um determinado período de tempo diário, gastar uma quantidade mínima de tempo com os filhos, participar de uma reunião especial a cada semana etc. A "manhã constitucional" — caminhar cada dia é um exemplo clássico de uma prática. A atividade de caminhada traz benefícios diretos à saúde física e resistência, e também é um símbolo de um compromisso com a saúde e o bem-estar. Algumas pessoas têm a prática de fixar metas específicas para o dia todas as manhãs, ou rever sua visão, missão, valores, crenças e capacidades antes de ir para uma reunião ou iniciar o trabalho.

Em um nível profissional, a prática de se reunir com membros da equipe e repetir as contribuições de cada pessoa no final de cada reunião, ou "tocar base" antes do início de cada reunião, exemplifica uma combinação semelhante de funções pragmáticas e simbólicas. A reunião semanal do almoço, aberta a todos os funcionários da empresa e com a presença de gestão de topo, em que há uma agenda aberta, é outro exemplo de uma prática "profissional".

Ajudar clientes a estabelecer valores envolve ajudá-los a criar práticas que reflitam e afirmem esses valores. Fazer isso envolve a concepção de atividades que serão estabelecidas como padrão. Cada atividade deve ser definida em termos do que o cliente vai fazer, onde, quando e com quem. Em seguida, especificar por que está sendo feito. Quais são os valores que esta prática representa? Também determinar a que finalidade pragmática a atividade serve? Por exemplo:

Atividade: O Que, Onde, Quando e com quem	Valor: Por quê?
Escuta não crítica às ideias de colaboradores por 10 minutos no início de cada reunião	Respeitando os Outros
Tomando uma hora cada dia para perguntar aos clientes sobre o que eles gostam ou o que desejam melhorar	Atendimento e satisfação do cliente
Reunião a cada duas semanas para examinar as melhores práticas e sucessos de outras empresas	Qualidade

Atividade: O Que, Onde, Quando e com quem	Valor: Por quê?
_____	_____
_____	_____
_____	_____

Sistemas de Crenças e Mudança

*Acredite que você terá sucesso. Acredite firmemente, e
então você vai fazer o que for necessário para trazer o sucesso.*

Dale Carnegie

Uma das tarefas mais importantes de um mentor é ajudar os clientes a acreditar em si mesmos e na sua capacidade de alcançar os resultados desejados. As questões básicas de crenças que surgem em relação aos resultados que alcançam referem-se a vários componentes fundamentais do processo global de mudança:

1. A conveniência do resultado.

2. A confiança de que ações específicas vão produzir o resultado.

3. A avaliação da adequação e dificuldade do comportamento (independentemente de acreditar ou não que ele vai produzir o resultado desejado).

4. A crença de que é capaz de produzir os comportamentos necessários para completar o plano destinado a obter o resultado.

5. O sentido de responsabilidade, autoestima e permissão que se tem em relação aos comportamentos e resultados requeridos.

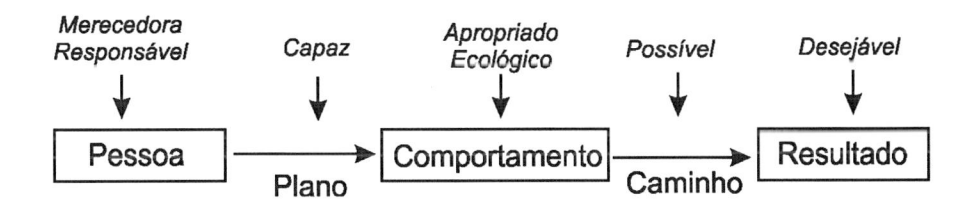

```
  Merecedora         Capaz      Apropriado      Possível      Desejável
  Responsável                   Ecológico
       ↓               ↓            ↓              ↓              ↓
  ┌─────────┐              ┌──────────────┐              ┌───────────┐
  │ Pessoa  │─────────────▶│ Comportamento│─────────────▶│ Resultado │
  └─────────┘    Plano     └──────────────┘   Caminho    └───────────┘
```

Questões de crenças relacionadas com mudança

Por exemplo, considere um cliente que está tentando tornar-se saudável, aprender algo novo ou ser bem-sucedido em um projeto de negócio. Questões de crenças podem surgir com relação a qualquer um dos elementos de mudança identificados acima.

A primeira questão diz respeito à conveniência do resultado. Quanto é que o cliente realmente quer ser saudável, aprender ou ter sucesso? As pessoas, em geral, querem as mesmas coisas. Mas raramente ocorre o caso de todas as coisas serem iguais, o fato é que a saúde, a aprendizagem ou o sucesso podem não estar sempre no topo da hierarquia de valores de uma pessoa. Alguém pode argumentar: "Saúde não é realmente uma prioridade para mim agora", "Eu tenho tantas coisas que exigem a minha atenção, aprender algo novo não é tão importante", "Outras pessoas precisam de mim. Seria egoísta me preocupar com o meu próprio sucesso".

Mesmo que um cliente deseje saúde, a aprendizagem ou o sucesso muito bem, ele pode questionar se é possível alcançá-los. Um cliente pode dizer: "Não consigo ficar bem, não importa o que eu faça", "Cães velhos não podem aprender novos truques", "Eu não deveria construir falsas esperanças sobre ter sucesso. Não há nada que eu possa fazer que vá fazer alguma diferença".

Um cliente pode desejar profundamente um resultado e acreditar que seja possível alcançá-lo, mas pode estar em dúvida se um caminho comportamental particular seria a forma mais adequada para isto. Ele pode argumentar: "Eu acredito que seja possível alcançar o meu resultado, mas não usando este (plano / técnica / programa / etc.)." Outro cliente poderia pensar que uma via particular seria eficaz, mas, ao mesmo tempo, opor-se aos esforços ou sacrifícios requeridos por um caminho particular, ou se preocupar com as consequências em outras áreas de sua vida. Um cliente pode acreditar, por exemplo, que fazer exercício ou uma dieta melhor pode ajudá-lo a se tornar mais saudável, mas não quer passar pelo incômodo de mudar seu estilo de vida. Outros clientes podem acreditar que um determinado curso vai ajudá-los a aprender algo importante, mas não sentem que têm o tempo para fazê-lo. Da mesma forma, um cliente pode acreditar que um novo trabalho pode levar ao sucesso, mas se preocupa com o impacto que isso teria sobre sua família.

Também é possível que os clientes desejem o resultado, acreditem ser possível e que o caminho comportamental proposto seja adequado, mas duvidem de suas habilidades para executar as ações necessárias. Eles podem pensar: "Eu não sou (qualificado / consistente / inteligente / focalizado / etc.) suficiente para fazer com sucesso o que eu tenho que fazer, a fim de completar o caminho necessário para alcançar o resultado desejado".

Mesmo quando os clientes querem um resultado, a confiança de que seja possível, acreditam nas ações que tenham sido definidas e tenham confiança em suas próprias capacidades para executar as habilidades e as ações necessárias, eles podem questionar se é sua responsabilidade executar as ações necessárias ou alcançar o resultado. Um cliente pode queixar-se: "Não é minha responsabilidade fazer-me saudável, aprender ou me tornar um sucesso. Esse é o trabalho dos peritos. Eu quero ser capaz de confiar em alguém". O cliente também pode duvidar se ele merece ser saudável, aprender ou ter sucesso. Esta é uma questão de autoestima. Às vezes o cliente se sente indigno de ter saúde, inteligência ou sucesso. Se ele não acredita que merece alcançar um objetivo ou que é não responsável para fazer o que seja necessário,então, não importa se ele é capaz, se sabe o caminho apropriado ou o deseja.

Caixa de Ferramentas do Mentoring: Avaliação de Crenças

É importante que o mentor seja capaz de avaliar e enfrentar todo este sistema de crenças, a fim de ajudar as pessoas a atingir seus objetivos. Planos e ações não podem ser efetivamente realizadas, se houver muita conflito ou dúvida. Por outro lado, como o efeito placebo demonstra, capacitando crenças e suposições, podemos liberar capacidades e competências "inconscientes", que são inerentes a uma pessoa ou grupo em particular, mas que ainda não foram mobilizados.

Uma maneira de determinar a motivação de uma pessoa ou grupo é fazer uma avaliação das cinco crenças fundamentais para o processo de mudança. Estas podem ser avaliadas fazendo uma afirmação específica da crença como ilustrado nos exemplos seguintes:

1. O desejo do resultado.

    Afirmação: *"O objetivo é desejável e vale a pena"*.

2. A confiança de que o resultado é atingível.

    Afirmação: *"É possível alcançar a meta"*.

3. A adequação ou dificuldade dos comportamentos necessários ao alcance do resultado (independentemente de se acreditar ou não, eles vão produzir o resultado desejado).

    Afirmação: *"O que eu tenho que fazer para alcançar minha meta é apropriado e ecológico"*.

4. A crença de ser capaz de produzir os comportamentos necessários.

    Afirmação: *"Eu tenho as capacidades necessárias para alcançar minha meta"*.

5. O sentido de valor próprio ou permissão que se tem em relação aos comportamentos necessários e o resultado.

    Afirmação: *"Eu tenho a responsabilidade e mereço alcançar minha meta"*.

Após as crenças serem afirmadas, o cliente pode avaliar o seu grau de confiança em relação a cada uma das afirmações em uma escala de 1 a 5, sendo 1 o mais baixo e 5 sendo o mais alto grau de crença. Isto pode proporcionar de imediato um perfil interessante de potenciais áreas problemáticas de motivação ou confiança. As declarações com classificação baixa indicam possíveis áreas de resistência ou interferência que terão de ser tratadas, de certa maneira.

A seguir, uma Folha de Trabalho de Avaliação de Crença, um instrumento simples, mas eficaz para avaliar rapidamente as áreas relevantes do sistema de crenças de um cliente em relação a uma meta ou plano.

Folha de Trabalho de Avaliação de Crença

Anote uma descrição em uma frase do objetivo ou resultado a ser alcançado.

Objetivo / Resultado: _____

Em seguida, escreva uma breve descrição do plano ou solução atual, se houver, a ser promulgado, a fim de atingir a meta.

Plano / Solução: _____

Nos espaços abaixo, avalie seu grau de crença no resultado em relação a cada uma das afirmações em uma escala de 1 a 5, sendo 1 o mais baixo e 5 sendo o mais alto grau de crença.

a. "Minha meta é desejável e vale a pena. Eu quero alcançá-la."

☐1 ☐2 ☐3 ☐4 ☐5

b. "É possível alcançar minha meta".

☐1 ☐2 ☐3 ☐4 ☐5

c. "O que tenho que fazer para alcançar minha meta é apropriado e ecológico".

☐1 ☐2 ☐3 ☐4 ☐5

d. "Eu tenho as capacidades de que preciso para alcançar minha meta".

☐1 ☐2 ☐3 ☐4 ☐5

e. "Eu tenho responsabilidade e mereço alcançar minha meta".

☐1 ☐2 ☐3 ☐4 ☐5

Como um exemplo deste exercício, podemos citar um cliente que tinha o objetivo de "melhorar o equilíbrio entre sua vida pessoal e profissional." Para avaliar o grau de crença neste desfecho, o mentor pediu ao cliente para fazer as seguintes declarações e avaliar o seu nível de confiança em cada uma delas:

O objetivo de equilibrar vida pessoal e profissional é desejável e vale a pena.

É possível atingir o objetivo de equilibrar vida pessoal e profissional.

O que tem de ser feito de modo a atingir o objetivo de equilibrar vida pessoal e profissional é apropriado e ecológico.

Eu tenho os recursos necessários para atingir a meta de equilibrar vida pessoal e profissional.

Eu tenho a responsabilidade necessária para atingir a meta de equilibrar vida pessoal e profissional.

Vamos supor que o cliente tenha classificado a sua própria crença em cada declaração da seguinte forma:

Desejável e Vale a pena = 5

Possível = 2

Apropriados e ecológicos = 4

Capaz = 4

Responsável e merecedor = 5

Obviamente, a crença de que "É possível alcançar a meta de equilibrar vida pessoal e profissional" é a área de maior preocupação. É aqui que o mentor deveria primeiramente concentrar a atenção do cliente para localizar os tipos de experiências que poderiam ajudar a reforçar suas crenças e expectativas.

Caixa de Ferramentas do Mentoring:
Usar Mentores Internos para Construir Confiança e Fortalecer uma Crença

As etapas a seguir podem ser usadas para ajudar os clientes a construir confiança e fortalecer uma crença com a utilização de mentores internos:

1. O que mais você precisa saber, adicionar ao seu objetivo, ou acreditar, a fim de ser mais congruente ou confiante?
2. Quem seria seu mentor para esse conhecimento ou crença? Imagine onde o mentor estaria localizado fisicamente em torno de você, a fim de melhor apoiá-lo.
3. Coloque-se na pele de seu mentor e olhe para si mesmo através dos olhos dele (segunda posição). Qual mensagem ou conselho o mentor teria para você?
4. Volte à sua própria perspectiva (primeira posição) e receba a mensagem. Como isso afeta o seu grau de confiança e congruência?

Crenças, tanto possibilitadoras, quanto limitantes, são muitas vezes construídas em relação ao feedback e reforço de outros significativos. Nosso senso de identidade e missão, por exemplo, é geralmente definido em relação a outras pessoas importantes que servem como pontos de referência para os sistemas maiores dos quais nos percebemos como uma parte. Porque identidade e missão formam o quadro mais amplo que envolve nossas crenças e valores, ao estabelecer ou lembrar-se de relações significativas que podem exercer uma forte influência sobre crenças. Assim, esclarecer relações-chave e mensagens recebidas no contexto dessas relações, muitas vezes, pode facilitar espontaneamente mudanças nas crenças.

Mentores são geralmente pessoas importantes que nos ajudaram a descobrir as nossas próprias competências inconscientes e reforçaram crenças e valores, principalmente com o seu próprio exemplo. Mentores são normalmente indivíduos que ajudaram a moldar ou influenciar nossas vidas de uma forma positiva, por "ressonância", liberando ou revelando algo profundo dentro de nós. A identificação desses mentores no que diz respeito às crenças no processo de Avaliação de Crença pode ajudar a fortalecer espontaneamente a nossa confiança e congruência.

Quando se trabalha com um grupo ou equipe, é útil avaliar as crenças de todos os membros do grupo, em relação ao objetivo. Identificar áreas comuns de dúvida entre os indivíduos iria apontar para áreas-chave de preocupação para a equipe como um todo. E, se há diferenças nos rankings das várias crenças, os indivíduos que têm maior confiança podem fornecer informações ou experiências que podem aumentar a confiança dos outros. Estes indivíduos podem tornar-se mentores internos para o resto da equipe, ampliando sua sensação de segurança e convicção.

Caixa de Ferramentas do Mentoring: Quadro "Como Se"

O quadro "como se" é uma das ferramentas mais simples, porém mais úteis da caixa de ferramentas do mentor. O "como se" é um processo pelo qual um indivíduo ou grupo é instruído a agir "como se" já tivesse alcançado o objetivo ou resultado desejado. O "como se" é uma forma poderosa de ajudar pessoas a identificar e enriquecer sua percepção do mundo, e/ou seus futuros estados desejados. É também uma forma útil de ajudá-las a superar resistências e limitações dentro do seu mapa atual do mundo.

O quadro "como se" é muitas vezes usado para desafiar crenças limitantes, criando exemplos contrários ou alternativos. Por exemplo, se uma pessoa diz: "Eu não posso fazer X" ou "É impossível fazer X", o "como se" seria aplicado, perguntando-se: "O que aconteceria se você pudesse fazer X?" ou "Aja como se você pudesse fazer X. Como seria?" ou "Se você (já) fosse capaz de fazer X, o que você estaria fazendo?". Por exemplo, se um executivo da empresa não consegue descrever qual é seu estado desejado para um projeto particular, o mentor pode dizer:

"Imagine-se cinco anos à frente a partir de agora. O que está acontecendo de diferente?".

Agir "como se" nos permite deixar cair a nossa percepção atual das restrições da realidade e usar a nossa imaginação mais plenamente. Ele utiliza a nossa capacidade inata para imaginar e fingir. Ele também nos permite soltar os limites de nossa história pessoal, sistemas de crença, e "ego".

No processo de atingir metas, resultados e visões, por exemplo, primeiro agimos "como se" fossem possibilidades. Criamos imagens com os olhos de nossas mentes e damos a essas imagens as qualidades que desejamos. Então começamos a trazê-las para a vida, agindo "como se" estivéssemos experimentando os sentimentos e praticando os comportamentos específicos que se encaixam naqueles sonhos e objetivos.

Agir "como se" também é um componente importante do ciclo de coaching de modelagem. O quadro "como se" é uma das ferramentas-chave para mentores e conselheiros. O formato a seguir aplica o quadro "como se" como um meio de ajudar os clientes a contornar dúvidas e crenças limitantes:

1. O mentor pede que o cliente pense em alguma meta ou situação sobre a qual tem dúvida. O cliente expressa a crença limitante verbalmente ao mentor, por exemplo: "Não é possível para mim...", "Eu não sou capaz de fazer...", "Eu não mereço..." etc.
2. O mentor respeitosamente incentiva o cliente, dizendo coisas como:

   O que aconteceria se (fosse possível / você fosse capaz / você merecesse)?

   Aja "como se" (fosse possível / você fosse capaz / você merecesse isso). Qual seria a sensação?

   Imagine como se você já tivesse lidado com todas as questões relacionadas com a sua crença de que (não é possível / você não é capaz / você não merece isso). O que você estaria pensando, fazendo ou acreditando de forma diferente?

3. Se outras objeções ou interferências surgirem para o cliente, o mentor continua pedindo:

Aja "como se" você já soubesse lidar com que a interferência ou objeção. Como você estaria respondendo de forma diferente?.

Reformulação

Outra forma de ajudar os clientes a ignorar as limitações e os limites percebidos é o processo de reformulação. Reformulação significa, literalmente, colocar uma moldura nova ou diferente em torno de alguma imagem ou experiência. Psicologicamente, "reformular" algo significa transformar o seu significado, colocando-o em uma estrutura ou contexto diferente do que foi previamente percebido. Os "quadros" psicológicos se relacionam com o contexto cognitivo em torno de um determinado evento ou experiência. Tais "quadros" estabelecem as fronteiras e as restrições em torno de uma situação. Os quadros influenciam muito a forma como as experiências e eventos específicos são interpretados e respondidos porque eles servem para "pontuar" estas experiências e a atenção direta. A memória dolorosa, por exemplo, pode parecer como um evento consumidor quando percebida dentro do quadro de curto prazo de cinco minutos. Essa mesma experiência dolorosa pode parecer quase trivial quando "reformulada" para ser percebida em relação ao fundo de uma vida inteira. "Reformular" desta maneira é um das formas mais profundas e poderosas para ajudar um cliente a mudar de perspectiva e alargar o seu mapa do mundo.

Reenquadrar tem a ver com o fato de que nossas experiências e interpretações de eventos são influenciadas por nossa perspectiva e contexto. O fato de que é provável chover, por exemplo, é uma bênção para alguém que tem vivido na seca, uma boa desculpa para alguém que estava à procura de uma razão para ficar em casa ao invés de ir a um piquenique da empresa, um inconveniente para alguém que tinha planejado ir às compras, e uma maldição para alguém que vem planejando um casamento ao ar livre. Às vezes ficamos presos olhando para apenas um dos lados de uma situação, evento ou consequência, e tornamo-nos presos em um único ponto de vista. É importante perceber que existem várias maneiras de olhar para qualquer coisa.

A moldura em torno de uma imagem é uma boa metáfora para a compreensão do conceito e processo de reformulação. Dependendo do que está enquadrado em um quadro, teremos informações diferentes sobre o conteúdo da imagem e, portanto, uma percepção da diferença do que a imagem representa. Um fotógrafo ou pintor que está gravando uma paisagem particular, por exemplo, pode apenas "enquadrar" uma árvore, ou optar por incluir todo o prado com muitas árvores, animais e talvez um córrego ou lagoa. Isto determina o que um observador do quadro, mais tarde, possa ver da cena original. Além disso, uma pessoa que tenha comprado uma imagem específica pode posteriormente decidir alterar o quadro para que ele se encaixe mais esteticamente em uma sala especial da casa.

Da mesma forma, porque eles determinam o que "ver" e perceber em relação a uma experiência ou evento específico, quadros psicológicos influenciam a nossa forma de viver e interpretar a situação. Como ilustração, considere por um momento a imagem a seguir.

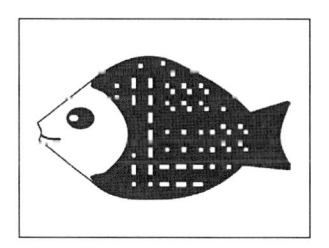

Quadro número 1

Observe como a sua experiência e compreensão da situação que está sendo retratada é alargada para incluir mais da situação.

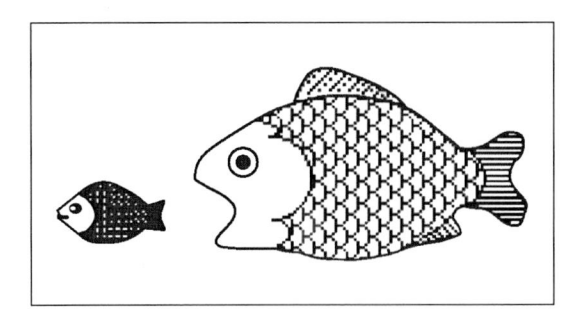

Quadro número 2

Isoladamente, a primeira foto não tem muito "significado". É simplesmente um "peixe" de algum tipo. Quando o quadro é alargado para produzir a segunda imagem, de repente se vê uma situação diferente. O primeiro peixe não é simplesmente um "peixe", é um "peixe pequeno prestes a ser comido por um grande peixe". O pequeno peixe parece não ter consciência da situação que nós podemos ver facilmente devido a nossa perspectiva e nosso "quadro maior". Nós podemos nos sentir alarmados e preocupados com o pequeno peixe, ou aceitar que o peixe grande deve comer, a fim de sobreviver.

Observe o que acontece quando nós "reformulamos" a situação, ampliando nossa perspectiva ainda mais.

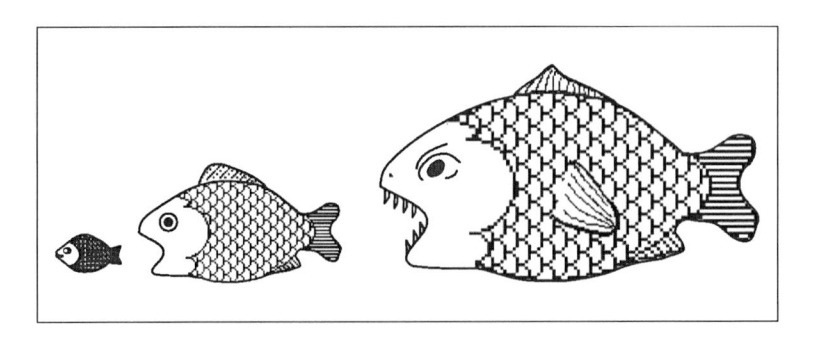

Quadro número 3

Agora temos completamente outra perspectiva e um novo significado. Vemos que não é só o pequeno peixe que está em perigo. O peixe grande também está prestes a ser comido por um peixe ainda maior. Em sua busca para sobreviver, o peixe grande tornou-se tão centrado em comer o pequeno peixe que está alheio ao fato de que a sua própria sobrevivência está ameaçada por um ainda maior.

A situação descrita aqui e o novo nível de consciência que resulta de reformular a nossa perspectiva da situação é uma boa metáfora para o processo e o propósito de reformulação. As pessoas frequentemente acabam na situação do pequeno peixe, ou do peixe no meio. Elas não têm conhecimento de algum desafio iminente em seus arredores maiores, como o pequeno peixe, ou estão tão focados em alcançar algum resultado, como o peixe no meio, que não notam uma crise que se aproxima. O paradoxo para o peixe no meio é que ele focou tanto sua atenção em um comportamento particular relacionado com a sobrevivência que colocou a sua sobrevivência em risco de outra maneira. O reenquadramento nos permite ver o "quadro maior" para que escolhas e ações mais apropriadas possam ser implantadas.

Na PNL, reenquadramento envolve colocar um novo quadro mental em todo o conteúdo de uma experiência ou situação para que essas percepções possam ser mais sabiamente consideradas e manipuladas com mais recursos.

Reformulando uma Palavra

Uma maneira simples e fundamental que os mentores podem aplicar o processo de ressignificação com clientes em conversas é utilizar "reformulando uma palavra" de outras palavras. Isto é feito tomando-se uma palavra que expressa uma determinada ideia ou conceito e encontrando outra palavra para essa ideia ou conceito coloque um ponto de vista diferente sobre o conceito. Como o filósofo Bertrand Russell humoristicamente apontou: "Eu sou firme; és obstinado; ele é um tolo cabeça-dura". Emprestando a fórmula de Russell, poderíamos gerar alguns outros exemplos, tais como:

Estou indignado; você está irritado; ele está fazendo barulho por nada.

Eu reconsiderei; você mudou sua mente; ele voltou atrás em sua palavra.

Eu cometi um erro genuíno; você torceu os fatos; ele é um mentiroso maldito.

Estou compassivo, você está macio, ele é um "bobalhão".

Cada uma dessas declarações tem um conceito ou experiência e coloca-o em várias perspectivas diferentes, "reenquadrando-o" com palavras diferentes. Considere a palavra "dinheiro", por exemplo. "Sucesso", "ferramenta", "responsabilidade", "corrupção", "energia verde" etc., são palavras ou frases que colocam diferentes "quadros" em torno da noção de "dinheiro", trazendo perspectivas potenciais diferentes. Tente encontrar alguns de seus próprios reenquadramentos de uma só palavra para alguns dos seguintes conceitos:

1. Responsável (por exemplo, estável, rígido)
2. Brincalhão (por exemplo, flexível, falso)
3. Frugal (por exemplo, sábio, mesquinho)
4. Amigável (por exemplo, agradável, ingênuo)
5. Assertivo (por exemplo, confiante, desagradável)
6. Respeitoso (por exemplo, considerado, comprometido).

Caixa de Ferramentas do Mentoring: Aplicando Reformulação de uma Palavra

Uma maneira simples de aplicar reformulação de uma palavra para ajudar os clientes a mover fronteiras e limitações percebidas é reformular as palavras-chave ou frases que eles usam para descrever estas fronteiras ou limitações. Isto pode ser realizado da seguinte forma:

1. Identificar uma palavra-chave ou frase utilizada pelo cliente para descrever uma limitação ou limite percebido. Você pode fazer isso pedindo ao cliente que complete a seguinte declaração:

Eu me bloqueio porque eu _____

O Cliente pode dizer, por exemplo:

"**Eu me bloqueio porque eu** não tenho certeza de que sou competente para fazer isso."

"**Eu me bloqueio porque eu** tenho medo de ser criticado por outros."

"**Eu me bloqueio porque eu** estou preocupado que vou perder alguma coisa."

2. Reformular a palavra ou frase-chave com uma nova palavra ou frase que apresente uma perspectiva diferente ou mais vasta, levando a uma conotação mais positiva.

_____ → _____

Palavra ou frase que tenha uma conotação perspectiva diferente ou mais vasta, levando a uma mais conotação positiva.

Nova palavra ou frase que apresente uma negativa ou limitação.

O Mentor pode dizer, por exemplo:

"Estou confiante que sua curva de aprendizagem será curta."

(Inseguro de competência → fase da curva de aprendizagem)

"Todo o feedback tem algum valor."

(críticas → Feedback)

"A mudança envolve por vezes deixar de lado o que você está familiarizado."

(Perder → soltar o familiar)

Caixa de Ferramentas do Mentoring: Pontes de Valores

Reformulação de uma palavra também pode ser usada para ajudar os clientes a resolver os conflitos ou incongruências no que diz respeito a seus valores e crenças. Situações muitas vezes surgem onde parece haver confrontos nos valores fundamentais de indivíduos ou grupos. Um cliente pode, por exemplo, desejar tanto "crescimento" quanto "segurança". O cliente pode acreditar que as medidas necessárias para promover o crescimento, no entanto, ameaçam a sua sensação de segurança. Estes tipos de incompatibilidades aparentemente fundamentais podem criar conflito e resistência se não forem devidamente tratadas.

Uma maneira de lidar com valores em conflito é usar reenquadramento verbal para criar uma "cadeia" que liga os diferentes valores. Como um exemplo, o "crescimento" pode ser facilmente reformulado para "Expandindo possibilidades e escolhas". "Segurança" pode ser reformulada para "não ter todos os ovos na mesma cesta". De muitas maneiras, "expandindo possibilidades e opções" e "não colocar todos os ovos na mesma cesta" são bastante semelhantes. Assim, os reenquadramentos verbais simples fecham a lacuna entre os dois valores aparentemente incompatíveis.

Como outro exemplo, digamos que um cliente tem um valor fundamental da "qualidade", mas também está interessado em "Criatividade". Estes dois valores podem parecer inicialmente em conflito uns com os outros ("qualidade" é sobre "manter padrões", mas "criatividade" é sobre "mudar as coisas"). "Qualidade", no entanto, poderia ser reformulada como "melhoria contínua". "Criatividade" poderia ser reformulada como "produzir melhores alternativas." Mais uma vez, os *reframes* simples podem ajudar os clientes a criar uma ponte e ver a conexão entre os dois valores aparentemente díspares.

Para experimentar isso com os clientes, use o seguinte formato:

1. Identifique uma área em que o seu cliente parece incongruente ou em conflito.
2. Especifique os valores aparentemente incompatíveis relacionados com o conflito ou incongruência. Escreva os dois valores nos espaços intitulados valor # 1 e valor # 2.
3. Ressignifique cada valor usando uma palavra ou frase que se sobreponha ao valor, mas ofereça uma perspectiva diferente. Veja se você pode encontrar dois significados onde os valores aparentemente incompatíveis se "encadeiam" de uma forma que os torne mais harmoniosos ou complementares.

_____ _____

Valor # 1   →   Ressignificação # 1

_____ _____

Ressignificação # 2   →   Valor # 2

Por exemplo:

Profissionalismo   *Integridade Pessoal*

Valor # 1   →   Ressignificação # 1

Autoexpressão   **Liberdade**

Ressignificação # 2   →   Valor # 2

Ressignificando Críticas e Censuras

No capítulo anterior, examinamos a Estratégia *Imagineering* de Walt Disney como uma ferramenta para preparar os clientes a definirem e criarem um caminho eficaz para objetivos e sonhos futuros. Nós estabelecemos que a capacidade de gerenciar e equilibrar o Sonhador, o Realista e o Crítico foi um elemento-chave para o sucesso de um "jogo interno" para o desempenho bem-sucedido. Um grande desafio de realizar isto é lidar com os efeitos potencialmente negativos da crítica.

"Crítico" é muitas vezes considerado a perspectiva mais difícil de gerir por causa do foco aparentemente negativo associado com esta perspectiva e a tendência de os críticos encontrarem problemas com as ideias e sugestões dos outros. Os críticos são frequentemente percebidos como "desmancha prazeres", porque operam a partir de um "quadro problema" ou "quadro de fracasso".

Um grande problema com críticos, em um nível linguístico, é que eles normalmente afirmam na forma de julgamentos generalizados, tais como: "Esta proposta é muito cara", "Essa ideia nunca vai funcionar", "Isso não é um plano realista", "Este projeto requer muito esforço" etc. O problema com tais generalizações verbais é que, dada a forma como são apresentados, só se pode concordar ou discordar delas. Se uma pessoa diz: "Essa ideia nunca vai funcionar" ou "É muito caro", a única forma de responder diretamente é: "Eu acho que você está certo" ou "Não, você está errado, a ideia vai funcionar" ou "Não, não é muito caro". Assim, a crítica geralmente leva à polarização, ao descasamento e, finalmente, ao conflito, se não concordarmos com as críticas.

Os problemas mais desafiadores ocorrem quando um crítico não se limita a criticar um sonho ou um plano, mas começa a criticar o Sonhador ou Realista em um nível pessoal. Esta seria a diferença entre dizer: "Essa ideia é estúpida", e, "Você é estúpida por ter essa ideia". Quando um crítico ataca uma pessoa no nível de identidade, em seguida, não é apenas um "desmancha prazeres", mas também um "assassino".

É importante ter em mente, no entanto, que a crítica, como todos os outros comportamentos, tem intenção positiva. O objetivo da Crítica é avaliar a produção do Sonhador e do Realista. Um crítico eficaz faz uma análise do plano ou caminho proposto, a fim de descobrir o que poderia dar errado e o que deve ser evitado. Críticos encontram eles perdidos por logicamente considerar "o que aconteceria se" ocorressem problemas. Bons críticos muitas vezes tomam a perspectiva das pessoas não diretamente envolvidas no plano ou atividade que está sendo apresentada, mas que podem ser afetadas por ela, ou influenciar na implantação do plano ou atividade (positiva ou negativamente).

Conseguindo Afirmações Positivas de Intenções Positivas

Um dos problemas com muitos críticos é que, além de terem julgamentos "negativos", que são expressos em termos negativos linguisticamente, eles são expressos sob a forma de uma negação verbal. "Evitar o estresse" e "tornar-se mais relaxado e confortável", por exemplo, são duas maneiras de descrever verbalmente um estado interno semelhante, mesmo que usem palavras muito diferentes. Uma declaração ("evitar o estresse") descreve o que não é desejado. A outra afirmação ("tornar-se mais relaxado e confortável") descreve o que é desejado. Nós exploramos algumas das implicações disso na seção Resultado Bem Formulado no capítulo Coaching.

Muitas críticas são enquadradas em termos do que não é desejado, ao invés do que é desejado. Isso pode criar complicações para determinar como responder mais adequadamente à intenção positiva ou propósito das críticas. Como exemplo, a intenção positiva (ou valor) por trás da crítica, "este é um desperdício de tempo," é provavelmente o desejo de "usar os recursos disponíveis de forma sensata e eficiente." Esta intenção não é fácil de determinar a partir da "estrutura de superfície" da crítica, no entanto, porque foi afirmado em termos do que deve ser evitado. Assim, uma habilidade linguística fundamental para combater as críticas, e transformar quadros problemáticos para quadros de resultados, é a capacidade de reconhecer e obter declarações positivas de intenções positivas.

Este pode ser um desafio às vezes, porque Críticos operam muito com um quadro de problema. Por exemplo, se você perguntar a um crítico a intenção positiva por trás de uma crítica, tal como, "Esta proposta é muito cara", está susceptível de obter inicialmente uma resposta como, "A intenção é evitar custos excessivos." Observe que, enquanto esta é uma "intenção positiva", está linguisticamente declarada ou enquadrada de forma negativa — ou seja, ele afirma o que deve ser "evitado" em vez de o estado a ser alcançado. A declaração positiva dessa intenção seria algo como: "Para ter certeza que é acessível" ou "Para ter certeza de que estamos dentro do nosso orçamento".

Para obter as formulações positivas de intenções e valores, um mentor eficiente fará perguntas, tais como: "Se (o estresse / despesa / falha / resíduos) é o que você não quer, então o que é que você quer" ou "O que seria obter para você (como você se beneficiaria) se você fosse capaz de evitar ou se livrar do que você não quer? "

A seguir estão alguns exemplos de reformulações positivas de declarações negativas:

Declaração negativa	Reformulação positiva
muito caro	acessível
desperdício de tempo	uso dos recursos disponíveis sabiamente
medo da falha	desejo de ter sucesso
fantasioso	concreto e realizável
muito esforço	fácil e confortável
estúpido	sábio e inteligente

Transformando Críticas em Questões

Uma vez que a intenção positiva de uma crítica é descoberta e declarada em termos positivos, a crítica pode ser transformada em uma pergunta. Pode-se dizer que "por trás de cada crítica negativa tem uma pergunta muito boa". Quando uma crítica é transformada em uma questão, as opções para responder a ela são completamente diferentes do que se afirma como uma generalização ou julgamento. Digamos, por exemplo, que em vez de dizer, "É muito caro", o crítico pergunte: "Como é que vamos pagar isso?" Quando se faz esta pergunta, é dada a outra pessoa a possibilidade de delinear os detalhes do plano, ao invés de ter de discordar, ou lutar com o crítico.

Isto é verdade para praticamente todas as críticas. A crítica "Essa ideia nunca vai funcionar" pode ser transformada na pergunta: "Como você está fazendo para realmente implantar essa ideia?", "Este não é um plano realista», pode ser reescrita como: "Como você pode fazer os passos de seu plano se tornarem mais tangíveis e concretos?". A queixa "Exige muito esforço" pode ser reformulada para: "Como você pode torná-lo mais fácil e mais simples de colocar em ação?" Normalmente essas perguntas têm a mesma finalidade que a crítica, mas são realmente mais produtivas.

Observe que as perguntas acima são como questões. Estes tipos de perguntas tendem a ser mais úteis. Pois questões, por exemplo, muitas vezes pressupõem outros julgamentos, o que pode levar de volta ao conflito ou desacordo. As perguntas: "Por que esta proposta é tão cara?" ou "Por que você não pode ser mais realista?" Ainda pressupõem um quadro de problema. O mesmo acontece com perguntas como: "O que eleva os valores da sua proposta? "ou" Quem é que vai pagar por isso?". Em geral, as questões são mais eficazes para reorientar para um quadro de resultados ou quadro de feedback.

Caixa de Ferramentas do Mentoring: Ajudando Críticos a Serem Assessores

Em resumo, a fim de ajudar alguém a ser um crítico "construtivo", ou um consultor, ajuda: (1) encontrar o propósito positivo por trás das críticas, (2) garantir que a intenção positiva seja afirmada de forma positiva, e (3) transformar a crítica em uma pergunta — e, em particular, em uma pergunta *como*.

Isto pode ser alcançado com a seguinte sequência de perguntas:

1. Qual é a sua crítica ou objeção?

    Por exemplo: "Este plano nunca vai funcionar."

2. Qual é o valor ou a intenção positiva por trás dessa crítica? O que é que você está tentando alcançar ou preservar através de sua crítica?

    Por exemplo: "Colocar meus esforços para atingir as metas que são realizáveis e oportunas."

3. Tendo em conta que essa é a intenção, qual é a questão *como* que precisa ser feita?

    Por exemplo: "Como você pode ter certeza de que o plano aborda as questões fundamentais que são necessárias para atingir a meta em tempo hábil?"

Para aplicar este processo, o cliente deve pensar em seu desempenho em algum projeto ou área-chave importante de sua vida ou de trabalho. Peça ao cliente para entrar em uma posição crítica com respeito a si mesmo em relação a este contexto. Quais críticas ele tem com respeito ao que ele está fazendo?

Quando você tiver identificado algumas críticas ou objeções, leve-o pelos passos acima definidos, a fim de ajudá-lo a transformar suas críticas em perguntas. Encontre a intenção positiva e a questão de *como* relacionadas com as críticas.

(Uma vez que as críticas se tornam questões, o cliente pode colocar estas questões para o seu próprio Sonhador ou Realista interno, a fim de formular respostas apropriadas).

Em última análise, os objetivos da fase crítico de um projeto deve certificar-se de que uma ideia ou plano seja ecologicamente correto e preserve quaisquer benefícios positivos ou subprodutos da atual forma de alcançar a meta. Quando um crítico faz perguntas *como*, então ele muda de ser um "desmancha prazeres" ou "assassino" para ser um "conselheiro". A este respeito, críticos ainda podem ser vistos como assessores ou mentores disfarçados.

Resumo

Mentores aconselham e apoiam os outros no nível de valores e crenças. Os valores e crenças das pessoas determinam o grau de motivação e permissão que elas sentem em relação à aplicação das suas capacidades de tomar medidas — ou portas de abertura para mudar ou definir limites e fronteiras. Assim, valores e crenças podem reforçar ou inibir a capacidade do cliente de executar de forma eficaz.

Mentores eficazes ajudam os clientes a estabelecer, reforçar, expressar e alinhar valores e crenças através do seu encorajamento e também de seu próprio exemplo. Uma das tarefas de um mentor é a de proporcionar um bom modelo para os valores fundamentais e crenças que os clientes podem usar como ponto de referência em suas próprias vidas. Este tipo de orientação, muitas vezes se torna internalizada como parte do modelo interno do cliente do mundo, de modo que a presença externa do tutor não seja mais necessária. Assim, ajudar os clientes a reconhecer e convocar mentores internos pode ser tão valioso para eles quanto ter mentores fisicamente presentes.

A principal tarefa de Mentoring é ajudar os clientes a tornarem-se mais claros sobre seus valores e hierarquias de valores. As ferramentas de Mentoring tais como Auditoria de Valores e Alinhando Valores com Visão e Ação dão suporte aos clientes para esclarecerem valores e organizarem seus pensamentos, ações e ambientes, a fim de melhor alcançar e expressar esses valores. Planejar Valores, Colocar Valores em Ação e Estabelecer Práticas são formas de ajudá-los a definir o apoio comportamental e ambiental necessário para garantir que eles consistentemente alcancem o que lhes é mais importante.

Ajudar os clientes a acreditar em si e na sua capacidade de executar eficazmente é uma das tarefas mais importantes de um bom mentor. Para que clientes de apoio acreditem que o sucesso é possível, que eles são capazes de atingir seus objetivos, e que eles merecem ser bem-sucedidos, é vital ajudá-los a executar de forma otimizada. O processo de Avaliação de Crença permite que ambos, clientes e coaches, definam as áreas em que as crenças do cliente são fortes no que diz respeito às crenças fundamentais, bem como identifiquem áreas de dúvida. Mentores internos podem auxiliá-los a construir a confiança e reforçar a crença em áreas onde clientes experimentam dúvida ou incongruência.

O quadro "como se" é uma ferramenta simples, mas importante, de orientação para perceberem limites e limitações. Agindo "como se" permite que eles abandonem sua percepção atual das limitações da realidade e usem a sua imaginação mais plenamente como meio para contornar dúvidas e crenças limitantes.

O reenquadramento é outra ferramenta essencial para mentores. Reformular envolve o uso da linguagem, a fim de influenciar a maneira que as experiências e os eventos são interpretados e respondidos, redirecionando o foco de atenção do cliente para uma perspectiva mais ampla. Reformular uma palavra envolve reformular as palavras-chave utilizadas para expressar uma determinada ideia ou conceito a outras palavras que colocam um ponto de vista diferente sobre o conceito, apresentando uma perspectiva diferente ou mais vasta, levando a uma conotação mais positiva. Ponte de Valores é um processo de orientação que aplica várias reformulações de uma só palavra, a fim de "encadear" valores aparentemente incompatíveis de uma forma que os torne mais harmoniosos ou complementares.

Ajudar clientes a lidar com potenciais interferências de críticas é outro objetivo fundamental de Mentoring. Encontrar a intenção positiva por trás das críticas e transformar críticas em perguntas (em particular em perguntas *como*) é uma maneira poderosa de difundir os aspectos negativos da crítica e ainda assim manter todo o feedback valioso que a crítica carrega.

Capítulo 5

Apadrinhando

Apadrinhando
- Identidade
- O Estilo e as Crenças de um Sponsor
- Mensagens de Sponsorship
- Não Sponsorship e Sponsorship Negativo

Um Exemplo de Sponsorship

Habilidades do Sponsorship

Caixa de Ferramentas do Sponsorship: Encontrando a Fonte de Seus Recursos

Caixa de Ferramentas do Sponsorship: Centramento Ativo

Caixa de Ferramentas do Sponsorship: Ouvindo Parceiros

Caixa de Ferramentas do Sponsorship: Exercício "Eu Vejo" e "Eu Sinto"

A Jornada do Herói

Caixa de Ferramentas do Sponsorship: Mapeando a Jornada do Herói

Caixa de Ferramentas do Sponsorship: Começando a Jornada do Herói

Energias Arquetípicas

Caixa de Ferramentas do Sponsorship: Energias Arquetípicas Co-Sponsoring

Caixa de Ferramentas do Sponsorship: Nomenclatura Adequada

Caixa de Ferramentas do Sponsorship: Sponsoring um Potencial

Caixa de Ferramentas do Sponsorship: Formato de Sponsorship em Grupo

Caixa de Ferramentas do Sponsorship: Recuperando Sponsors Perdidos

Resumo

Apadrinhando

Nosso medo mais profundo não é de sermos inadequados. Nosso medo é que somos poderosos além da medida. É nossa luz, não nossa escuridão, que nos amedronta. Nós nos perguntamos "Quem sou eu para ser brilhante, maravilhoso, talentoso, fabuloso?". Na verdade, quem é você para não ser? Você é um filho de Deus. Fazer papel pequeno não serve o mundo. Não há iluminação em se encolher, para que as pessoas não se sintam inseguras ao seu redor. Nós todos fomos feitos para brilhar, como fazem as crianças. Nós nascemos para manifestar a glória de Deus, que existe dentro de nós. Ela não está em alguns de nós, está em todos. Quando fazemos nossa própria luz brilhar, inconscientemente nós damos permissão aos outros para fazerem o mesmo. Quando nos libertamos de nosso medo, nossa presença liberta os outros automaticamente.

Marianne Williamson (como citado por Nelson Mandela)

Faça tudo o que você faz ser feito como se fizesse diferença.

William James

Uma das funções mais importantes de um coach "C" maiúsculo é apoiar o crescimento pessoal de clientes no nível de identidade. O sentido de identidade de uma pessoa vai ainda mais fundo do que de seus valores e crenças e tem o foco na percepção de si mesmo, seu papel e missão. As questões de identidade são uma função de *quem* a pessoa ou o grupo percebe-se ser. Crescimento e mudança no nível de identidade são promovidos através de um tipo especial de relação de coaching conhecido como *sponsorship*.

Em geral, *sponsorship* tem a ver com *promoção*. Uma organização que "apadrinha" um programa específico ou um projeto de pesquisa, "promove" o programa ou projeto fornecendo recursos necessários. Um grupo que "apadrinha" um seminário ou workshop fornece o espaço e o esforço promocional necessário para criar um contexto para que o líder do workshop apresente suas ideias e atividades, e para que os outros recebam os benefícios destas ideias e atividades. Quando a alta administração "apadrinha" um projeto ou iniciativa, está dando seu reconhecimento e "benção" ao projeto ou iniciativa como algo importante para a identidade ou missão da empresa. Desta perspectiva, *sponsorship* envolve criar um contexto no qual os outros podem realizar, crescer e sobressair otimamente.

Embora a noção de *sponsorship" (patrocínio, apadrinhamento)* tenha hoje uma implicação comercial para muitas pessoas, o termo *sponsor* deriva originalmente do Latim *spondere* ("prometer") e foi utilizado para designar uma pessoa que se encarrega da responsabilidade pelo bem-estar de outra (a palavra "spouse" (cônjuge) compartilha da mesma raiz).

Podemos nos referir à forma comercial de *sponsorship (patrocínio, apadrinhamento)* com "s" minúsculo. *Sponsorship* no nível de identidade (que podemos chamar *Sponsorship* com "S" maiúsculo) é um processo de reconhecimento e validação ("ver e abençoar") as características essenciais da outra pessoa. Esta forma de S*ponsorship* envolve ver e salvaguardar as qualidades e potenciais fundamentais dos outros e prover condições, suporte e recursos que permitam que o indivíduo ou o grupo seja apadrinhado para expressar e desenvolver suas atitudes e capacidades sem igual, em um grau mais pleno. Em suma, S*ponsorship* envolve promover a identidade singular do indivíduo.

Também é possível se envolver em seu *self-sponsorship*, em que alguém é capaz de aprender a promover e salvaguardar qualidades essenciais de si mesmo.

Identidade

Como foi dito acima, a "identidade" relaciona-se com o nosso sentido de quem somos. De acordo com o modelo de níveis neurológicos, a identidade é um nível de mudança e experiência que é diferente de nossos valores, crenças, capacidades, comportamentos e entrada ambiental. Se você já olhou para recém-nascidos, é óbvio que eles não são simplesmente "folhas em branco." Eles nascem com suas próprias personalidades originais. Mesmo antes de ter percebido muito de seu ambiente, coordenado o seu comportamento, formado mapas mentais ou estabelecidas crenças e valores particulares, eles têm uma identidade; sua própria maneira especial de estar no mundo.

É a nossa percepção da nossa identidade que organiza nossas crenças, capacidades e comportamentos em um único sistema. Nosso senso de identidade também se relaciona com a nossa percepção de nós mesmos em relação aos sistemas maiores dos quais fazemos parte, determina o nosso sentido de "papel", "objetivo" e "missão". Assim, a percepção da identidade tem a ver com questões tais como "Quem sou eu?", "Quais são os meus limites?" e "Qual é o meu papel e missão?"

Clarificar a "estrutura profunda" da nossa identidade nos permite expressar-nos ainda mais completamente no nível do nosso comportamental, a "estrutura de superfície". Trata-se de:

- Encontrar e clarificar a direção de nossa vida;
- Gerenciar limites entre "eu" e "outros";
- Tornar-se claro sobre as crenças que suportam e aquelas que limitam nossa identidade;
- Expandir nosso senso de Self;
- Incorporar novas dimensões do ser.

O Estilo e as Crenças de um Sponsor

Sponsorship no nível de identidade é diferente de *mentoring, teaching e coaching*. Ao contrário de um professor, coach ou mentor, as habilidades e os recursos do *sponsor* podem ser muito diferentes da pessoa ou grupo que está sendo patrocinado. O sponsor não é necessariamente um modelo para o indivíduo ou grupo que está sendo patrocinado. Em vez disso, ele fornece o contexto, o incentivo e os recursos que permitem que o grupo ou o indivíduo que está sendo patrocinado concentre totalmente em desenvolver e utilizar suas próprias e únicas capacidades e habilidades.

Sponsorship, então, envolve despertar e salvaguardar o potencial dentro dos outros. É fundado sobre o compromisso de promover algo que já está dentro de uma pessoa ou grupo, mas que não está sendo manifestado em sua plenitude.

As crenças do *sponsor* incluem:

No nível da identidade, todo mundo é inerentemente bom.

Pessoas são fundamentalmente positivamente intencionadas.

É importante reconhecer e admitir a bondade e o potencial fundamental dos cidadãos.

Cada pessoa está na própria "Jornada do Herói".

Quanto mais luz brilhar desta pessoa, mais luz haverá no mundo.

Minha presença e atenção, e minha capacidade de "ver" os outros vão ajudar a liberar naturalmente os seus potenciais mais profundos.

A pessoa com quem estou é preciosa. Ela é um ser importante e valioso. Ela merece minha atenção e reconhecimento.

O estilo de liderança de um *sponsor* é o da consideração individualizada e envolve dar mais atenção às necessidades e potencialidades do indivíduo do que para a tarefa. Inclui dar atenção personalizada ao cliente e tratá-lo como um indivíduo único.

Mensagens de Sponsorship

Um bom *sponsor* acredita na pessoa a quem está dando suporte, faz a pessoa se sentir importante e lhe mostra que ela faz a diferença. Desta forma, o processo de apadrinhamento é principalmente expresso através de comunicação (verbal e não verbal) de uma série de mensagens-chave. Estas mensagens têm a ver com o reconhecimento do indivíduo de uma maneira muito fundamental.

As mensagens básicas incluem:

Você existe. Eu vejo você.

Você é valioso.

Você é importante/especial/único.

Você tem algo muito importante a contribuir.

Você é bem-vindo aqui. Você pertence.

Estas mensagens fundamentais de identidade são frequentemente acompanhadas pelas seguintes crenças possibilitadoras: (exploradas no capítulo anterior sobre *Mentoring*):

É possível você ser bem-sucedido.

Você é capaz de ser bem-sucedido.

Você merece ser bem-sucedido.

De forma clara, a intenção destas mensagens é promover, no indivíduo, o sentido de ser incondicionalmente valioso, de se sentir pertencendo e com desejo de contribuir e ter sucesso. O impacto destas mensagens é geralmente bem profundo e leva a uma série de respostas emocionalmente positivas e plenas de recursos.

Quando as pessoas sentem que estão sendo vistas, há um sentido de segurança e de reconhecimento que vem com isso, e elas não sentem mais que precisam fazer algo para chamar atenção. O resultado é que se sentem aliviadas e relaxadas.

Quando sentem que existem, que estão presentes na mente e no corpo, e que sua existência não está ameaçada, elas experimentam uma sensação de estarem centradas e em paz.

Quando as pessoas sabem que têm valor e são validadas, sentem uma sensação de satisfação.

O reconhecimento de que a pessoa é única, a leva a um desejo e uma tendência natural de expressar sua singularidade, que desencadeia a criatividade natural da pessoa. É importante manter em mente que ser único, importante ou especial, não significa ser "melhor" ou superior aos outros. Singularidade é a qualidade que dá a uma pessoa sua própria identidade especial, como distinta de todas as outras.

O reconhecimento das pessoas que têm algo a contribuir traz uma tremenda energia e motivação.

A crença de que são bem-vindos faz as pessoas se sentirem em casa e gera um senso de lealdade. De forma semelhante, o sentimento de pertencimento cria um senso de compromisso e responsabilidade.

O impacto de mensagens de *sponsor* positivo está resumido na tabela a seguir:

Mensagem *Sponsorship* Positivo		Resposta Emocional
"Você é visto."	→	*Aliviado, relaxado*
"Você existe."	→	*Centrado, em paz*
"Você tem valor."	→	*Satisfeito*
"Você é único."	→	*Criativo*
"Você tem algo a contribuir."	→	*Motivado e energético*
"Você é bem-vindo aqui."	→	*Em casa, Fiel*
"Você pertence."	→	*Comprometido*

Impacto Emocional do *Sponsorship* Positivo

Não Sponsorship e Sponsorship Negativo

A importância e as mensagens de *sponsorship* podem ser ilustradas fazendo-se uma comparação com os contextos em que não há *sponsorship* e aqueles em que há o que poderia ser chamado de *sponsorship negativo*.

Em situações de não *sponsorship*, não há essencialmente uma ausência de mensagens de *sponsorship* positivo. Mas isso em si é um tipo de mensagem, levando a conclusões e respostas resumidas a seguir:

Mensagem Não Sponsorship Recebida	Resposta Emocional
"Eu não sou visto." →	*Ansioso, invisível*
"Eu não existo." →	*Desesperado por atenção*
"Eu não sou valorizado." →	*Vazio*
"Eu não sou único/nada de especial. Eu não sou diferente dos outros." →	*Passivo*
"Não tenho nada a contribuir." →	*Inútil e indesejado*
"Minhas contribuições não são valorizadas." →	Não *Aproveitado*
"Eu não sou parte do grupo." →	*Deslocado*
"Eu posso ser facilmente substituído." →	*Desconfortável*

Impacto Emocional do Não Sponsorship

Em contextos de sponsorship negativo, o oposto das mensagens de sponsorship é realmente comunicado. Isto leva a reações emocionais ao longo das linhas de não sponsorship, mas mais exageradas. Esses são alguns exemplos de mensagens de sponsorship negativo e suas respostas resultantes:

Mensagem *Sponsorship* Negativo	Resposta Emocional
"Você não deveria estar aqui. Você deve se ocultar / desaparecer." →	*Medo*
"Quem você pensa que é? Você é nada. Você não deveria existir." →	*Indigno*
"Você nunca será bom o suficiente. Você é um problema." →	*Culpado e envergonhado*

"Você é pior do que todos os outros." → *Inadequado*

"Você está nos prejudicando e nos segurando." → *Culpado e um fardo*

"Você é indesejável." → *Desejo de sair ou escapar (sorrateiro)*

"Você não merece estar aqui. Você não nos pertence." → *Rejeitado e abandonado*

Impacto Emocional do Sponsorship Negativo

A tabela a seguir apresenta um resumo comparativo do impacto emocional do sponsorship positivo, não sponsorship e sponsorship negativo.

Sponsorship Positivo	Não Sponsorship	Sponsorship Negativo
Você está sendo visto. *aliviado, relaxado*	Você não está sendo visto. *ansioso, invisível*	Você não deveria estar aqui. *amedrontado*
Você existe. *centrado, em paz*	Você não é notado. *desesperado por atenção*	Você não é nada. *Indigno*
Você tem valor. *satisfeito*	Você não tem valor. *vazio*	Você é um problema. *culpado e envergonhado*
Você é único. *criativo*	Você não tem nada de especial. *passivo*	Você é pior do que os outros. *inadequado*
Sua contribuição é importante. *motivado e energético*	Você não contribui em nada. *inútil e indesejado*	Você prejudica. *culpado e um fardo*
Você é bem-vindo. *em casa, leal*	Você não faz parte do grupo. *deslocado*	Você não é bem-vindo. *com vontade de sair ou fugir*
Você pertence. *comprometido*	Você pode ser facilmente substituído. *apreensivo*	Você não merece estar aqui. *rejeitado e abandonado*

Comparação no Impacto de Sponsorship, Não Sponsorship e Sponsorship Negativo

Muitos de nós provavelmente têm experimentado o não *sponsorship* ou até mesmo o *sponsorship* negativo, de pessoas significativas. Estranhamente, as mensagens de *sponsorship* negativo muitas vezes vêm de alguma intenção (embora equivocada) positiva ou de simples ignorância.

Na verdade, às vezes, há um paradoxo interessante em que coches e outros profissionais ignoram sponsorship, porque eles estão tão focados em algum outro nível de apoio (caretaking, guiding, teaching etc.). Alguém pode ser um caretaker muito eficaz, por exemplo, mas fazê-lo em detrimento de sponsor. Exemplo disto ocorre em muitos ambientes hospitalares onde os pacientes são vigiados constantemente por suas necessidades físicas, mas são tratados com muito pouco coaches, quase nenhum teacher, ou mentor e, em vez de serem sponsored, não são "vistos" como indivíduos como um em todo. Em vez disso, um paciente pode ser referido como "o asmático da cama três".

Sponsorship também é frequentemente ignorado em ambientes organizacionais. Fica bem óbvio quando você anda em uma empresa onde o sponsorship não é praticado. É como se ninguém lá realmente existe. Quando as pessoas sentem que não são vistas, não são valorizadas, realmente não contribuem (ou suas contribuições não são reconhecidas), que podem ser facilmente substituídas e que não pertencem realmente, seu desempenho irá refletir esse sentimento. Quando as pessoas se sentem patrocinadas, no entanto, sentem-se presentes, motivadas, fiéis, criativas e irão realizar além das expectativas.

Aliás, os funcionários não são os únicos que não recebem sponsorship nas empresas. CEOs e gestores de topo também raramente recebem sponsorship real. Frequentemente isso acontece porque todo mundo espera que eles sejam os sponsors. O que também muitas vezes se observa é que, em vez de ver os CEOs ou gestores de topo, as pessoas só veem seus papéis e só estão interessadas neles por causa de seu poder e das possíveis vantagens políticas associadas a se "fechar" a eles.

Até mesmo os *Practitioners* de PNL podem ficar tão presos em *guiding* seus clientes, utilizando as mais recentes técnicas, que se tornam mais preocupados com "submodalidades" e "pistas de acesso" do cliente do que no cliente em si.

A chave, é claro, é que o sponsorship eficaz é algo que pode ser adicionado a qualquer um dos outros níveis de apoio. Uma pessoa pode ser um caretaker, guide, coach, teacher, mentor e sponsor, ao mesmo tempo.

Um Exemplo de Sponsorship

O poder da combinação de sponsorship com outros níveis de apoio é belamente ilustrado na seguinte história por Elizabeth Silance Ballard. A história original foi escrita em 1976 e publicada como "Três Cartas de Teddy" em *A Second Helping of Chicken Soup for the Soul* (Health Communications, Deerfield Beach, FL, 1995).

> *Seu nome era Sra. Thompson. Quando se colocou na frente de sua turma do 5º ano, no primeiro dia de escola, ela disse às crianças uma mentira. Como a maioria dos professores, ela olhou para seus alunos e disse que ela amava todos do mesmo jeito. No entanto, isso era impossível, porque na fila da frente, havia um menino chamado Teddy Stoddard. Sra Thompson tinha visto Teddy no ano anterior e notou que ele não jogava bem com as outras crianças, que suas roupas eram sujas e que constantemente precisava de um banho. Além disso, poderia Teddy ser desagradável. Chegou a um ponto em que a senhora Thompson realmente teria prazer em marcar seus papéis com caneta grossa vermelha, fazendo um X em negrito e, em seguida, colocando um grande "F" no topo de seus papéis.*

> *Na escola onde a Sra. Thompson ensinava, ela era obrigada a rever os registros do passado de cada criança e ela colocou os de Teddy por último. No entanto, quando ela analisou o arquivo, ela se surpreendeu. O professor de primeiro grau de Teddy escreveu: "Teddy é uma criança brilhante, com um riso pronto. Ele faz o seu trabalho de forma limpa e tem boas maneiras... é uma alegria estar ao seu redor". Sua professora do segundo ano escreveu: "Teddy é um excelente aluno, muito querido por seus colegas de classe, mas ele é problemático porque sua mãe tem uma doença terminal e da vida em casa*

deve ser uma luta". Seu professor de terceiro grau escreveu: "a morte de sua mãe tem sido dura para ele. Ele tenta fazer o seu melhor, mas seu pai não mostra muito interesse e sua vida doméstica irá afetá-lo em breve, se algumas medidas não forem tomadas". O professor de quarta série de Teddy escreveu: "Teddy é retirado e não mostra muito interesse na escola. Ele não tem muitos amigos e, por vezes dorme na sala de aula".

Então, a senhora Thompson percebeu o problema e teve vergonha de si mesma. Ela sentiu-se ainda pior quando seus estudantes trouxeram seus presentes de Natal, envoltos em fitas bonitas e papel brilhante, exceto Teddy. Seu presente foi desajeitadamente embrulhado no papel pesado, marrom que ele recebeu de um saco de mantimento. A Sra. Thompson se esforçou para abri-lo no meio dos outros presentes. Algumas das crianças começaram a rir quando ela encontrou uma pulseira de pedras de vidro com algumas pedras faltando, e uma garrafa com um quarto de perfume. Mas ela abafou o riso das crianças, quando exclamou quão bonita era a pulseira, colocou-a e passou algumas gotas de perfume em seu pulso. Teddy ficou depois da escola naquele dia apenas o tempo suficiente para dizer, "Mrs. Thompson, hoje você cheirou como minha mãe".

Depois que as crianças saíram ela chorou por pelo menos uma hora. Naquele mesmo dia, ela deixou de ensinar leitura, escrita e aritmética. Em vez disso, ela começou a ensinar as crianças. A Sra. Thompson prestou especial atenção ao Teddy. Enquanto trabalhava com ele, sua mente parecia estar viva. Quanto mais ela o encorajava, mais rápido ele respondia. Até o final do ano, Teddy tinha-se tornado uma das crianças mais inteligentes da classe e, apesar de sua mentira de que ela iria amar todas as crianças da mesma, Teddy se tornou um dos seus "animais de estimação do professor".

Um ano mais tarde, ela encontrou uma nota debaixo da porta, de Teddy, dizendo que ela ainda era o melhor professor que já teve em toda a sua vida.

Seis anos se passaram até que ela encontrou outra nota de Teddy. Ele escreveu que ele tinha terminado o ensino médio, em terceiro lugar em sua classe, e ela ainda era o melhor professor que ele já teve em toda a sua vida.

Quatro anos depois, ela recebeu outra carta, dizendo que mesmo que as coisas tivessem sido difíceis às vezes, ele ficou na escola, e logo se formaria na faculdade com a maior das honras. Ele assegurou à senhora Thompson que ela ainda era o melhor e favorito professor, que ele já teve em toda a sua vida. Em seguida, mais quatro anos se passaram e ainda outra carta chegou. Desta vez, ele explicou que depois que obteve seu diploma de bacharel, decidiu ir um pouco mais longe. A carta explicava que ela ainda era o melhor e favorito professor que ele já teve. Mas agora seu nome veio um pouco mais comprido, a carta foi assinada por Theodore F. Stoddard, MD.

A história não termina aí. Você vê, houve ainda outra carta na primavera. Teddy disse que conheceu esta menina e ia se casar. Ele explicou que seu pai tinha morrido um par de anos atrás e ele queria saber se a senhora Thompson podia concordar em sentar-se no lugar no casamento que era geralmente reservado para a mãe do noivo.

É claro, senhora Thompson fez. Além disso, adivinhem? Ela usava aquele bracelete, aquele com várias pedras de vidro faltando. Além disso, ela teve a certeza de usar o perfume que Teddy se lembrou de sua mãe em seu último Natal juntos.

Eles se abraçaram, e Dr. Stoddard sussurrou no ouvido de Mrs. Thompson, "Obrigado Sra. Thompson por acreditar em mim. Muito obrigado por me fazer sentir importante e mostrar-me que eu poderia fazer a diferença".

Sra. Thompson, com lágrimas nos olhos, sussurrou de volta. Ela disse, "Teddy, você entendeu tudo errado. Você foi o único que me ensinou que eu poderia fazer a diferença. Eu não sabia como ensinar, até que eu conheci você".

Habilidades do Sponsorship

Como a história da Sra. Thompson e Teddy Stoddard demonstra, sponsorship é algo que resulta de uma decisão pessoal, e pode ser adicionado a qualquer outra coisa que a pessoa estiver fazendo. A determinação da Sra. Thompson de "parar o ensino da leitura e escrita e aritmética" e em vez disso "ensinar as crianças" mostra claramente uma mudança em seu foco de ser apenas um "professor" para também se tornar um "sponsor". O fato de que "*sua mente parecia estar viva*", e que "até o final do ano Teddy tinha-se tornado uma das crianças mais inteligentes da classe" também ilustra os benefícios do nível mais profundo de sponsorship.

Além da mudança de foco, a mudança de professor para sponsor requer a aplicação de um conjunto diferente de ferramentas e habilidades. Stephen Gilligan, Ph.D., (1997) identifica uma série de princípios e habilidades de sponsorship positivo ou "sponsorship terapêutico". Da perspectiva de Gilligan, um sponsor ajuda os outros não tanto a fazer algo em particular. Em vez disso, primeiro os sponsors transformam os outros, reconhecendo ou vendo algo latente neles, e, em seguida, estão lá para eles como uma espécie de ponto de referência. De acordo com Gilligan, os resultados de sponsorship positivo são "despertar a consciência de si e do mundo e introduzir habilidades e tradições para desenvolver "eu no mundo" e "mundo em mim"".

Gilligan define uma série de habilidades específicas associadas ao "sponsorship terapêutico". Muitas dessas habilidades podem ser adaptadas a uma aplicação mais geral do sponsorship do que à terapia. A seguir, um subconjunto das habilidades de sponsorship terapêutico de Gilligan que englobam as habilidades primárias de sponsorship para o coach "C":

1. Congruência Interna

De acordo com Gilligan, o compromisso mais importante que um sponsor tem é com ele mesmo. Gilligan afirma que, sem uma conexão consigo, "uma pessoa tenderá a ser reativa em vez de responsiva", e acaba sendo mais preocupado com a "dominação" e "submissão" do que verdadeiramente empenhado em apoiar o outro. Congruência pessoal, alinhamento e integridade são a fonte de sponsorship positivo. Não é possível realmente ter o compromisso de apoiar outra pessoa, por exemplo, se alguém não está em contato consigo mesmo. É desta forma que o sponsor é um tipo de modelo para os outros. Se o sponsor não é sincero ou está desconectado dele mesmo, pode não autenticamente se "comprometer" a qualquer coisa.

2. Conexão com o outro

Em algumas culturas da África Ocidental a saudação tradicional não é "Como você está?" "O que está acontecendo?" Ou "Como vai?", como é em muitas culturas ocidentais. Em vez disso, a saudação típica é "eu te vejo." Em resposta, a outra pessoa responde: "Eu estou aqui." Esta troca simboliza um tipo de contato que é mais profundo do que aquele que é apenas de superfície (ambiental ou comportamental). Sponsorship envolve *ver* e fomentar o potencial dentro de outra pessoa. Isto requer a conexão com algo na outra pessoa. Os existencialistas afirmam que até uma pessoa ser vista e reconhecida ou abençoada por outra pessoa, ela ainda não existe plenamente. Assim, um sponsor eficaz, não só reconhece: "Eu vejo você", mas acrescenta: "É bom vê-lo (novamente)." Sem este tipo de conexão e reconhecimento do outro, a noção de "eu te vejo" torna-se apenas mais uma frase oca e vazia. É importante lembrar que o sponsorship não pode ser imposto a pessoas. O sentido de conexão é a base para o sponsorship verdadeiro.

3. Curiosidade

O reconhecimento dos outros é caracterizado pela curiosidade sobre como eles estão fazendo coisas. O objetivo do sponsorship é ajudar os clientes a obterem de si além das fronteiras internas percebidas e apoiar o lançamento e o desenvolvimento do seu potencial mais profundo. Curiosidade é caracterizada por perguntas em vez de demandas, regras ou conselhos. De acordo com Gilligan, as perguntas do sponsor incluiriam coisas como: O que está acontecendo? Qual é o problema? Como é que é um problema? O que você acha que você precisa para resolver o problema ou fazer progressos?

4. Receptividade

Os sponsors podem fornecer as perguntas, mas eles realmente não podem fornecer as respostas para as pessoas que estão patrocinando. Da mesma forma que a curiosidade envolve "perguntar", receptividade envolve "escutar." Receptividade envolve ser confortável, até certo ponto, com a incerteza. Trata-se de criar e manter o espaço para a outra pessoa ser capaz de pensar e encontrar suas próprias respostas. Enquanto sugestões podem ser oferecidas como um estímulo, elas não devem ser encaradas como "a resposta" para o outro.

5. Nomenclatura Adequada

Os nomes que damos as coisas determinam o seu significado para nós. Da mesma forma que um pai ajuda a criança a aprender, a compreender e efetivamente interagir no mundo, ensinando a criança os nomes próprios dos objetos, eventos e emoções, sponsorship consiste em dar voz ao tipo de linguagem que suporta valores fundamentais, qualidades pessoais e saúde do cliente.

Estudos feitos sobre a relação entre linguagem e saúde (Rodin, 1986), por exemplo, indicam uma ligação entre saúde física, senso de controle e "rotulagem dos sintomas." Isto é, senso de controle de um paciente é a forma como ele experimenta e rotula sensações corporais como sintomas relevantes para a saúde ou doença. Em outras palavras, as pessoas que têm menos senso de controle são mais aptas a rotular uma sensação física como um "sintoma" da doença. Da mesma forma o rótulo dado a uma sensação física particular, efetuará o grau de controle que uma pessoa sente sobre isso.

Um nome "apropriado" pode ser definido como aquele que traz o melhor em si mesmo, reconhece a intenção positiva de quaisquer outras pessoas envolvidas na situação e, ao mesmo tempo, diz a verdade da experiência. Frases como, "Eu falhei", "Eu não sou bom o suficiente" e "Eu fiz o meu melhor, mas ainda não alcancei meu objetivo", por exemplo, poderiam ser usadas para descrever a mesma situação. Cada uma, no entanto, terá um impacto diferente sobre o estado interno de quem fala.

Um nome que traz o melhor em si mesmo e ao mesmo tempo rebaixa outros pode não ser um "nome apropriado". Claramente, rotular algo de uma maneira que se coloca para baixo ou nega seus próprios recursos, também ainda não é um nome apropriado. Um nome que destaca aspectos positivos de si mesmo ou outros, mas que esconde ou nega mágoa ou dor de uma experiência, também não é um "nome apropriado".

6. Identificar e transformar influências autonegativas

A tentativa de crescer pessoalmente e evoluir às vezes pode trazer confusão e conflito relacionados com a mudança. As crenças limitantes, ou "vírus do pensamento", tais como, "Não é possível mudar para mim", "Eu não sou capaz de alcançar meus objetivos", ou "Eu não mereço ter sucesso", podem frustrar as tentativas dos povos a crescer ou a mudança com sucesso.

Uma das tarefas de sponsorship é ajudar a identificar e transformar essas crenças limitantes. Sponsorship eficaz envolve o fornecimento de outras perspectivas que permitam às pessoas verem o lado positivo de suas ações e comportamento. Trata-se de ajudar a outra pessoa a reconhecer as necessidades, intenção, consequências e premissas relativas a uma determinada situação ou interação. Para fazer isso um sponsor precisa ser criativo e periodicamente "entrar na pele" do cliente.

O objetivo do resto deste capítulo é fornecer uma caixa de ferramentas que suporta essas habilidades fundamentais de sponsorship.

Caixa de Ferramentas do Sponsorship: Encontrando a Fonte de Seus Recursos

Todas as habilidades de sponsorship definidas na seção anterior partem da capacidade do sponsor de estar centrado e internamente congruente. Estar internamente congruente vem do senso de contacto consigo mesmo e com seu "centro". Ter um senso de seu centro é um recurso poderoso. Pense nas vezes quando você estava em situações muito difíceis e conseguiu ficar com recursos. É provável que, naqueles tempos, você foi capaz de sentir-se internamente centrado e claro, mesmo a situação podendo ter sido difícil e confusa do lado de fora.

Agora pense em momentos em que você não estava centrado, ou perdeu o sentido do seu centro. Foi, provavelmente, muito mais difícil de encontrar ou manter seus recursos, mesmo em situações que não eram externamente muito desafiadoras.

Estar centrado é como estar em contato com a "fonte" de seus recursos. Na verdade, é interessante notar que o termo *re-source* implica que, quando somos capazes e engenhosos, estamos de alguma forma em contato com a nossa "fonte" (*source*). Considere, por exemplo, os muitos processos e estados internos diferentes que chamamos de "recursos" — "foco", "flexibilidade", "compromisso", "criatividade", "abertura", "limites" etc. Em termos de seu conteúdo, muitos destes são opostos exatos de outros. Por que, então, é que vamos usar o mesmo nome para categorizar todos eles. Talvez o fator comum seja que, quando eles funcionam como um recurso, estão realmente nos colocando novamente em contato com o nosso centro ou fonte interior.

O processo a seguir se aplica aos diferentes níveis de aprendizagem e mudança, a fim de entrar em contato com a "fonte" de seus recursos. Esta é uma estratégia muito útil para sponsors usarem para preparar-se para estarem prontos para patrocinar outros. É também um processo que coaches e sponsors podem orientar seus clientes, a fim de ajudá-los a tornar-se mais centrados e em contato com os seus próprios recursos.

1. Sente-se em uma ou posição "neutra" de "descanso" com os pés no chão e as mãos dobradas confortavelmente no seu colo. "Centre" a si mesmo de modo que se sinta internamente relaxado, calmo e ciente do centro físico do seu corpo.

2. Comece a tomar consciência do seu *ambiente externo*. Pense em outros ambientes (casa, trabalho, social) que o ajudam a se sentir com recursos. Em muitos aspectos, estes ambientes podem parecer ser uma fonte de seus recursos. Observe, porém, que aqui também estão ambientes que são um desafio, em que você deve acessar recursos de outra origem dentro de si mesmo. Esteja ciente de que há uma «fonte» de seus recursos, que é algo mais profundo do que o seu ambiente. Quando você tiver a consciência de uma fonte de seus recursos provenientes de algo mais profundo do que o seu ambiente externo, coloque as mãos com a palma para baixo *na parte superior de suas coxas*. Em seguida, retorne as mãos para a posição "neutro / descanso" no seu colo.

3. Deixe a sua atenção mudar para o *seu corpo físico e comportamento*. Observe seus olhos, seus ouvidos, suas mãos, seus pés, sua respiração e os movimentos sutis você fazer para manter o seu equilíbrio. Pense em alguns dos recursos que você associa com o seu corpo físico, força e energia. De muitas maneiras, o seu ser físico é uma fonte de seus recursos. Note também, no entanto, que houve muitas vezes em que você teve que ser criativo, mesmo que estivesse fisicamente fraco, esgotado ou doente. Torne-se ciente de que existe uma "fonte" de seus recursos nesses casos que é mais profunda que seu corpo físico e ações. Permita que suas toquem seu *baixo ventre*, para comunicar seu reconhecimento de que há uma fonte de seus recursos que vem de algo muito mais profundo do seu ser físico. Em seguida, retorne as mãos para a posição "neutro / descanso" no seu colo.

4. Agora se torne consciente de *sua mente e pensamentos*. Torne-se consciente de sua voz interior, de suas memórias, de suas fantasias e de seus sentimentos. Pense em alguns dos recur-

sos que estão mais associados com a sua mente e capacidades mentais. De muitas maneiras, sua mente pode ser uma poderosa fonte de recursos para você. Note também, no entanto, que houve muitas vezes em que você teve que ser criativo, mesmo que você estivesse mentalmente confuso, incerto ou em branco. Você pode mesmo estar ciente de pensamentos e processos mentais que desafiam a sua capacidade de ser criativo, às vezes. Torne-se ciente de que a "fonte" de seus recursos nesses casos é algo além de sua mente e capacidades mentais. Permita que suas mãos toquem seu *diafragma*, logo abaixo do osso do peito, onde as costelas se juntam, para comunicar seu reconhecimento de que há uma fonte de seus recursos que vem de algo ainda mais profundo do que o seu processo mental e mente. Em seguida, retorne suas mãos para a posição "neutro / descanso" no seu colo.

5. Coloque sua atenção em suas *crenças, valores e sistema de crenças*. Identifique alguns dos principais valores e crenças que o capacitam. Suas crenças e valores podem ser uma fonte muito importante de seus recursos. Note, no entanto, que você provavelmente também tem algumas crenças e valores que desafiam a sua capacidade de ser criativo, às vezes, e que você teve que ser criativo em vezes que estava em dúvida e em conflito. Torne-se ciente de que a "fonte" de seus recursos nesses casos é algo mais profundo do que suas crenças e sistemas de valores. Permita que as suas mãos toquem a área de seu *coração*, no centro do seu peito, para comunicar seu reconhecimento de que há uma fonte de seus recursos, que vem de algo mais profundo do que suas crenças e valores. Em seguida, retorne as mãos para a posição "neutro / descanso" no seu colo.

6. Mude sua consciência para suas percepções da sua *identidade* e seu senso de si mesmo. Torne-se consciente das muitas partes diferentes de si mesmo. Perceba que tipo de autoimagem e autoconceito positivos que você tem. Estas diferentes partes e aspectos de si mesmo é uma fonte de muitos de seus recursos.

Observe, porém, que você tem, provavelmente, também lutado com uma autoimagem e autoconceito negativos, por vezes, que desafiaram sua capacidade de ser criativo. Provavelmente foram momentos em que você teve que encontrar recursos, mesmo quando estava inseguro de si mesmo, ou não sabia mais quem você era. Torne-se ciente de que a "fonte" de seus recursos nesses casos é algo ainda mais profundo do que suas percepções de identidade e senso de si mesmo. Permita que as suas mãos toquem suavemente *a base da sua garganta*. Permita que o seu toque comunique seu reconhecimento de que há uma fonte de seus recursos que é algo além de sua autoimagem e personalidade. Em seguida, retorne as mãos para a posição "neutro / descanso" no seu colo.

7. Depois de ter a consciência da diferença entre si mesmo e todos esses outros níveis de experiência, perceba que o que fica é "você" em seu nível mais profundo. Muitas pessoas experimentam isso como um "espaço," a "alma", uma "essência", ou uma "energia". Note o que é a experiência para você. Quando você tiver um senso de seu ser mais profundo, "essência" ou "fonte", permita que suas mãos toquem *o centro de sua testa*. Permita que o seu toque crie uma "âncora" para esta experiência do seu eu mais profundo, "essência" ou "fonte". Em seguida, volte suas mãos para a posição "neutro / descanso" no seu colo.

8. Agora, levante os olhos, respire fundo e levante as mãos para acima da cabeça e abra os braços, abrindo-se *a um sistema que é maior do que a si mesmo* (isto é, "Mente universal", "espírito", "consciência coletiva", etc.). Observe que a sua "essência" ou "energia" não está sozinha. É parte de um "campo" maior de consciência, energia ou espírito. Imagine-se sentindo um senso de conexão com a "energia" do campo. Quando você tiver um sentido de conexão com o "campo", coloque as mãos sobre *a coroa de sua cabeça*. Permita que o seu toque comunique a sua conexão com algo além de si mesmo.

9. Deixe suas mãos delicadamente refazerem cada nível do seu ser, trazendo este sentido do "campo" em todos os aspectos de sua identidade.

• Movendo as mãos para baixo, toque no *centro de sua testa*. Ao fazer isso, ligue o seu sentido percebido do campo com a experiência de sua "alma", "essência" ou "centro". Veja, ouça e sinta qualquer insight ou inspiração.

• Agora toque a *base da sua garganta*. Ligue o seu sentido percebido do campo e seu centro a sua autoimagem e autoconceito. Mais uma vez, assista, ouça e sinta qualquer insight ou inspiração.

• Em seguida, toque o seu *coração*, e imagine o campo conectando sua garganta com seu coração, valores e crenças, sentindo um profundo senso de congruência. Veja, ouça e sinta qualquer insight ou inspiração.

• Toque seu *diafragma* imaginando o campo movendo-se através de seu espírito, coração e mente para o centro de seu corpo. Veja, ouça e sinta qualquer insight ou inspiração.

• Agora toque seu *baixo ventre* e imagine o campo preenchendo cada célula do seu corpo e estado físico. Veja, ouça e sinta qualquer insight ou inspiração.

• Por último, coloque as palmas das mãos para baixo na *parte superior de suas coxas*. Sinta que o campo ou energia coletiva que você experimentou enche cada local, fluindo através de todo o seu corpo e sai para o meio ambiente através de seus pés. Veja, ouça e sinta qualquer insight ou inspiração.

10. Quando terminar, volte suas mãos para a posição "neutro / descanso" no seu colo e passe algum sentimento reconhecendo o seu senso de centralidade, integridade e alinhamento. Imagine que esse estado pode ser um tipo de recurso "holográfico" para você - um recurso em que todos os outros recursos estão contidos. Quando você chega a este estado, ele se torna uma porta de entrada para todos os seus outros recursos. Crie um símbolo que representa este estado e que você pode usar como uma âncora para voltar a ele rapidamente e facilmente.

Caixa de Ferramentas do Sponsorship: Centramento Ativo

Estar centrado e internamente congruente é requisito básico de sponsorship. Estar centrado é também um estado de recursos muito útil. As pessoas que praticam artes marciais (Karatê, Judô, Kung Fu etc.), por exemplo, falam frequentemente sobre a importância de estar "centrado" e calmo, mesmo quando estão no meio de uma competição intensa. Na verdade, elas dizem que "se você entregar o seu centro para o seu oponente, você já perdeu a competição". Isto significa que se você perde a calma e fica perturbado, você perde seus recursos e frequentemente começa a trabalhar contra você mesmo.

A ferramenta seguinte oferece uma maneira de aplicar a experiência de estar centrado, a fim de responder com mais recursos a situações desafiadoras.

1. O cliente identifica e se associa a um contexto desafiador em que é difícil para ele ficar centrado e com recursos.

2. Peça ao cliente para sair da experiência e introduzir um estado interior em que ele se sente alinhado, relaxado e centrado. (Isto pode ser feito usando o símbolo a partir do processo da Fonte de Recursos, se o cliente já passou por esse procedimento).

3. Quando o cliente estiver pronto, gentilmente comece a empurrá-lo fisicamente e puxe-o em direções diferentes, a partir de ângulos diferentes (a partir dos ombros, cintura, frente, para trás, para os lados etc.), enquanto ele pratica permanecer centrado, equilibrado e alinhado, tanto física como mentalmente. Quando o cliente se tornar mais confortável e confiante com a sua capacidade de se manter no estado, você pode torná-lo mais desafiador empurrando ou puxando um pouco mais forte.

4. Quando o cliente se sentir pronto, peça-lhe que mantenha o estado centrado, entre na situação desafiadora e observe como sua experiência é diferente. Ele normalmente vai se sentir muito mais capaz de lidar com a situação de um modo engenhoso.

Caixa de Ferramentas do Sponsorship: Ouvindo Parceiros

Stephen Gilligan afirma que sponsors transformam os outros primeiro reconhecendo ou "vendo" algo latente neles, e, em seguida, por *estarem* lá para eles como uma espécie de ponto de referência. Ouvir é uma das maneiras em que os sponsors podem "estar lá" para seus clientes.

A chave para a escuta eficaz, do ponto de vista de sponsorship, é ficar totalmente em seu centro, ao mesmo tempo totalmente conectar com o cliente. Isso permite que você crie e mantenha um "espaço" para o seu cliente refletir verdadeiramente e falar a partir de seu próprio centro. Ouvindo a partir do seu centro permite-lhe ser "tocado" por aquilo que o seu cliente está dizendo e ajuda você a ser curioso e receptivo.

Parcerias de escuta são uma forma de aplicar este tipo de ouvir como uma ferramenta simples, mas eficaz para o sponsorship e "co-sponsorship". A noção de uma "Parceria de Escuta" foi desenvolvida por Patty Wipfler do *Parents Leadership Institute*, em Palo Alto, CA. De acordo com Wipfler (1989), "ouvir é uma ferramenta que pode poderosamente abordar as necessidades dos pais [e outros] para aprender a assistir e liberar estresse". Ela afirma que todos temos "a capacidade natural para ajudar uns aos outros, ouvindo e, quando essa habilidade é desenvolvida ao longo do tempo, nos tornamos com mais recursos, mais capazes de cuidar de forma eficaz...".

Wipfler encoraja as pessoas a criarem uma simples, mas poderosa, estrutura através da qual se ancorar e direcionar essa capacidade de ouvir através da formação de "parcerias de escuta":

> *O acordo [em parceria de audição] é a troca de tempo de audição regular... Durante este tempo de escuta, turnos iguais são tomados. Uma pessoa fala, e a outra escuta e cuida. O ouvinte não oferece conselho, nem dicas úteis, e não faz perguntas para satisfazer a sua própria curiosidade. Ele se comunica com pleno respeito e apreço. O ouvinte faz a suposição básica de que falar sobre as coisas irá ajudar a outra pessoa a*

classificar e aprender com sua própria experiência. Quando o tempo acabar, os dois mudam de papéis, e a pessoa que ouviu, então tem tempo para examinar sua experiência, sentimentos e pensamentos, com toda a atenção de seu parceiro de escuta.

Este tipo de tempo para pensar, ininterrupto, sobre si mesmo e a própria vida... nos ajuda a desvendar a teia de experiências, sentimentos e expectativas que podem rosnar nossos (pensamentos e) relacionamentos... Quando podemos examinar nossa própria experiência em detalhe, nós nos tornamos mais livres para pensar em novas abordagens, para resolver problemas e agir intencionalmente quando surgem situações difíceis. Estamos assistidos para pensar e aprender.

(De "Escuta: Uma ferramenta para Pais Atenciosos" Wipfler, P., Parents Leadership Institute, Palo Alto, CA, 1989.)

Novamente, a chave para a criação de uma parceria de escuta eficaz é criar e "manter o espaço" para quem fala refletir de forma espontânea e autêntica. Isto é facilitado pelas primeiras quatro habilidades de sponsorship:

- Estar centrado e congruente internamente;
- Estar conectado com o outro;
- Ter curiosidade sobre o outro;
- Ser receptivo a tudo o que o outro tem a dizer.

A partir da perspectiva da PNL, também é útil assumir as seguintes crenças enquanto ouve a outra pessoa como um "sponsor" em uma parceria de escuta.

Crenças do Sponsor (Parceiro que Ouve)

A pessoa que eu estou ouvindo é inteligente.

Ela está em uma "Jornada do Herói".

Esta pessoa pode resolver seus próprios problemas, se puder pensar em todo o caminho.

A coisa mais importante que esta pessoa precisa é de minha presença e atenção.

Esta é a coisa mais importante para eu estar fazendo agora.

Eu tenho o tempo. Esse tempo é um dom. Meu tempo gasto na escuta é valioso e não será desperdiçado.

Eu serei enriquecido com o que esta pessoa tem a dizer.

Nada é aleatório. Cada detalhe é significativo.

Tudo é uma metáfora para todo o resto.

Eu me sinto generoso e grato a esta pessoa.

Estabelecer parcerias de escuta entre os membros de uma equipe pode ser uma maneira poderosa de incentivar sponsorship mútuo e estabelecer uma cultura de sponsorship.

Caixa de Ferramentas do Sponsorship: Exercício "Eu Vejo" e "Eu Sinto"

Sponsorship envolve ver e afirmar qualidades positivas em outros. Uma maneira de incentivar o sponsorship mútuo entre um grupo de pessoas é tê-los praticando procurar e reconhecer o que e como observam sobre os seus companheiros de grupo.

Desde que sponsorship é sobre ver e apoiar as pessoas em um nível de identidade é útil as pessoas notarem características positivas tanto em nível literalmente observável quanto e também em um nível mais profundo.

O processo a seguir, inicialmente desenvolvido pelo Treinador em PNL Robert McDonald, incentiva as pessoas a patrocinar umas as outras as fazendo se concentrar no que percebem e autenticamente gostam um sobre o outro.

O processo é mais bem realizado num pequeno grupo de 5 ou 6 pessoas.

Os membros do grupo se revezam, sendo que a Pessoa A é a pessoa a ser focada pelo resto do grupo.

Começando com a pessoa da esquerda e indo no sentido horário em torno do grupo, cada membro do grupo comenta sobre uma coisa que vê e gosta sobre a pessoa A, e algo que sente e gosta sobre a pessoa A. Sendo "ver" uma base sensorial e "Sentir" uma intuição sobre identidade.

Cada pessoa usa o seguinte formato:

"Eu vejo _____. E eu gosto disso."

"Sinto que você _____. E eu gosto disso."

Repita este processo até que todos no grupo tenham a oportunidade de ser a pessoa A e receber esses comentários de todos os outros membros do grupo.

A Jornada do Herói

Gerenciar momentos de crise e mudança pode ser comparado ao que Joseph Campbell chamou de "A Jornada do Herói" (*O Poder do Mito*, 1988). Campbell pesquisou conexões em mitos e histórias de mudança, que vão além das fronteiras culturais. Ele examinou histórias de heróis, históricas e míticas, abrangendo todas as eras, culturas, religiões e gêneros.

Campbell descobriu que certos temas são repetidos em muitas culturas e parecem ser fios conectando toda a humanidade, refletindo um caminho generalizado que nós fazemos do nascimento a morte, independentemente das nossas circunstâncias individuais. Assim como nascemos iguais e morremos iguais, existem padrões profundos mantidos na memória coletiva de nossas espécies.

Campbell descreveu as semelhanças dos percursos da vida em termos de etapas da "Jornada do Herói" — a sequência de eventos que parecem ser partilhados entre os mitos épicos e as histórias de toda cultura. A noção da Jornada do Herói de Campbell fornece um roteiro poderoso para lidar com os desafios da mudança, especialmente a mudança no nível de identidade.

De acordo com Campbell, os passos fundamentais para a jornada do herói incluem:

1. *Ouvir um chamado* (um chamado para a aventura) que esteja relacionado com a nossa identidade, propósito de vida ou missão. Nós podemos escolher tanto aceitar quanto ignorar o chamado.

2. *Aceitar o chamado,* nos leva a confrontar um limite ou limiar de nossas capacidades existentes ou mapa do mundo. (A tentativa de rejeitar ou ignorar o chamado, entretanto, frequentemente leva a formação ou intensificação dos problemas ou sintomas em nossas vidas)

3. *Cruzar o limiar* nos propulsiona para um tipo de "território" de vida desconhecido, fora de nossa atual zona de conforto; um território que nos força a crescer e evoluir, e nos obriga a encontrar suporte e orientação.

4. *Encontrar guardiões,* mentores ou sponsors é algo que em geral acontece naturalmente quando se tem coragem de atravessar o limiar (Como se diz, "Quando o aluno está pronto, o professor aparece"). Por que o território além do limiar é novo para nós, então não necessariamente sabemos qual tipo de guardião iremos precisar ao longo do tempo, nem quem serão estes guardiões.

5. *Encarar um desafio (ou um "demônio")* é também um resultado natural de atravessar um limiar. "Demônios" não são necessariamente ruins ou maus; eles são simplesmente um tipo de "energia" ou "poder" com os quais nós precisamos aprender a lidar, aceitar ou redirecionar. Com frequência, os demônios são simplesmente reflexos de nossos medos internos e *sombras.* Frequentemente os demônios são uma expressão de algum

tipo de "mensagem de *sponsorship* negativo" — mensagens que vêm de dentro de nós mesmos ou de pessoas significativas.

6. *Transformar o "demônio"* em um recurso ou aviso é tipicamente acompanhado por:

   a) *Desenvolvimento de uma habilidade especial;*

   b) *Descoberta de um recurso ou ferramenta especial.*

7. Concluir a tarefa para a qual fomos chamados, e *encontrar o caminho* para cumprir o chamado é finalmente alcançado através da criação de *um novo mapa do mundo* que incorpora o crescimento e as descobertas trazidas pela viagem.

8. *Encontrar o caminho de casa* como uma pessoa transformada, e compartilhar com os outros o conhecimento e a experiência adquiridos como resultado da viagem.

Embora a jornada do herói seja claramente uma metáfora, ela captura uma boa dose de realidade para os clientes, que procuram construir um caminho para um futuro de sucesso e lidar com as incertezas da mudança. A noção de uma "vocação", por exemplo, simboliza claramente a visão e a missão que o cliente, equipe ou organização está buscando.

O "limite" representa o novo território, e elementos desconhecidos e incertos que o cliente deve enfrentar para colocar a visão e missão em ação.

O símbolo do "demônio" reflete os desafios de turbulência, a concorrência, política interna e outros obstáculos e crises que surgem de circunstâncias além do nosso controle. É aqui que nos deparamos com "sponsorship negativo", mensagens vindas de dentro de nós ou a partir de outros significativos, que implicam, "Você não deveria estar aqui", "Você não merece existir", "Você é incapaz," "Você nunca será bom o suficiente", "Você não é bem-vindo" etc. O demônio é finalmente algo que parece opor-se ou negar-nos como heróis com algo a contribuir.

Os recursos que nos ajudam a cruzar o limiar para um novo território e transformam o demônio são os valores, competências comportamentais e práticas comerciais que são capazes de colocar em ação, a fim de lidar com a complexidade, incerteza e resistência. Esta é a área onde nós mesmos devemos crescer, a fim de desenvolver a flexibilidade e uma maior variedade do requisito necessário para navegar com sucesso o novo território e superar os obstáculos que surgem ao longo do caminho.

"Guardiões" são os sponsors e os relacionamentos que desenvolvemos que nos apoiam para construir habilidades, acreditar em nós mesmos e manter o foco em nossos objetivos.

Às vezes é tentador para coaches pensar que o cliente é a vítima e o coach é o "herói" que vai matar demônio do cliente com as suas técnicas de coaching maravilhosas. É importante ter em mente, no entanto, que o cliente é o herói e o coach é o guardião. O nosso trabalho como coaches e sponsors é ajudar o cliente a reconhecer o seu próprio herói de viagem e apoiá-lo nessa jornada.

Caixa de Ferramentas do Sponsorship: Mapeando a Jornada do Herói

Enquanto a descrição de Campbell da viagem começa com a audição e aceitação de uma "vocação", nossas experiências da vida real, muitas vezes chamam-nos a jornada do herói, apresentando-nos com o desafio em primeiro lugar. Os muitos heróis que surgiram como resultado do ataque terrorista de 11 de setembro, por exemplo, foram jogados em sua viagem por um confronto direto com o "demônio". Eles tiveram que enfrentar o seu limiar e reconhecer sua vocação dentro da crise que eles estavam enfrentando.

Este também é frequentemente o caso com os nossos clientes. É uma crise que apresenta a chamada. Certamente, lidar com qualquer tipo de crise é um tipo de jornada do herói em si.

Para ajudar os clientes a explorar e preparar-se para alguns dos principais aspectos das viagens de seus próprios heróis, escolha um projeto, transição ou iniciativa que estão atualmente envolvidos ou planejando e faça as seguintes perguntas:

1. O que é o "demônio" (desafio) você tem de enfrentar? Qual é uma situação em que você se sente mais uma "vítima" do que um "herói?" [Mais uma vez, esta será tipicamente uma situação em que o cliente está enfrentando algum tipo de mensagens de sponsorship negativo, quer a partir de si mesmo em resposta a um desafio externo, ou de um outro significativo.]

2. Qual é o seu "limite"? Qual é o território desconhecido, fora de sua zona de conforto, que a) a crise está forçando-o para dentro ou b) você deve entrar, a fim de lidar com a crise?

3. Dado o demônio que você está enfrentando e o limiar que você deve atravessar, o que é o "apelo à ação" — o que está sendo "chamado" a fazer ou tornar-se? (Muitas vezes, é útil para responder a esta pergunta na forma de um símbolo ou metáfora, por exemplo, "Eu estou sendo chamado para me tornar uma águia / guerreiro / mago etc.")

4. Que recursos você tem e que você precisa para desenvolver mais plenamente, a fim de enfrentar o desafio, atravessar o seu limiar e realizar a sua vocação?

5. Quem são (serão) seus "guardiões" para esses recursos?

Quando o cliente identificar seus tutores, peça-lhe imaginar onde estariam localizados fisicamente em torno dele a fim de melhor apoiá-lo. Um por um, coloque-o na pele de cada um dos guardiões, e olhe para ele através de seus olhos (segunda posição). Que mensagem ou conselho que cada tutor tem para o cliente?

Retorne o cliente para a sua própria perspectiva (primeira posição) para receber as mensagens.

Caixa de Ferramentas do Sponsorship:
Começando a Jornada do Herói

Quando você terminar de auxiliar seu cliente a mapear a viagem de seu herói, utilize este processo para identificar e transformar quaisquer resistências que ele tenha que enfrentar para começar sua jornada.

1. Crie uma linha do tempo imaginária no chão. Coloque a "vocação" e o "demônio" onde eles pertencem em relação à dimensão futura da linha do tempo.

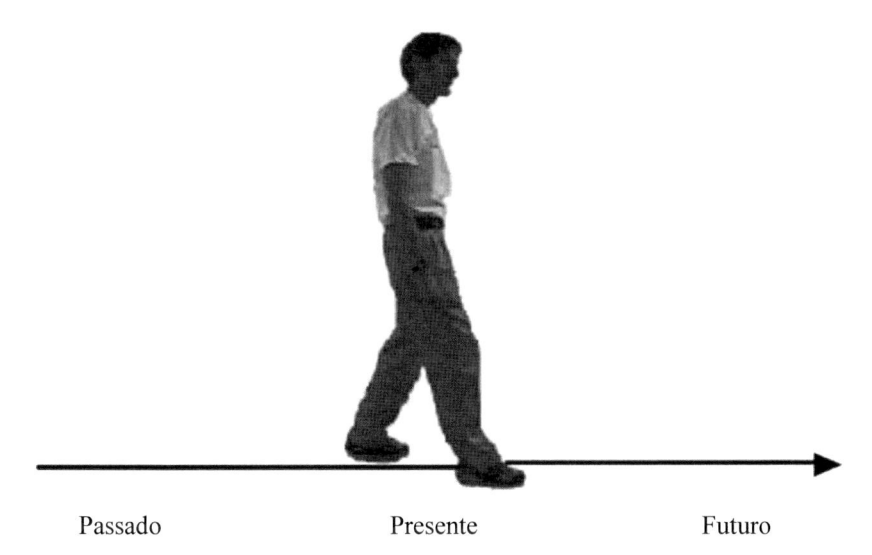

Passado   Presente   Futuro

A linha do tempo física pode ser usada para recordar o passado e antecipar o futuro

2. Peça ao cliente entrar no presente e ter uma noção de filtro do limiar que ele deve atravessar para lidar com sucesso com o seu "demônio" e alcançar o seu "chamado". Pergunte: "O que o retém?", "Onde está a resistência?".
3. Ajude seu cliente / herói, a "vivenciar" essa resistência, isto é, interaja com o cliente para criar uma metáfora física para o sentimento de resistência (isto é, segure o cliente para trás, em-

purre-o para trás, arraste-o para baixo, puxe-o para fora da linha etc). Desempenhe várias possibilidades até encontrar uma em que o cliente sinta intuitivamente que é a "certa".

O Sponsor ajuda o cliente a vivenciar sua resistência a cruzar o limiar desempenhando uma metáfora física para a resistência.

4. O sponsor e o cliente, em seguida, trocam de lugar, de modo que o cliente fique no papel de sua própria resistência. A partir desta perspectiva, o cliente considera as perguntas: "Qual é a intenção positiva da resistência?" "Quais são os recursos que preciso para cumprir a intenção positiva de uma maneira nova e mais adequada?" "Como eu posso mudar a expressão física da resistência de modo a torná-la um "guardião" com respeito à intenção positiva, em vez de uma limitação?".

O Sponsor e o cliente trocam locais, para que o cliente esteja no papel de resistência e possa refletir sobre a sua intenção positiva.

5. O cliente deixa seu presente em sua linha do tempo e caminha para o futuro, agindo "como se" fosse capaz de cruzar o limiar e ir para um lugar no futuro que representa a "vocação". O cliente está no local representando o chamado e fica uma sensação de ser bem sucedido e centrado.

6. A partir da localização da chamada, o cliente / herói vira e olha de volta ao presente, onde ele tem lutado com o limiar. A partir deste local, o cliente torna-se seu próprio guardião e sponsor, e oferece um recurso e uma mensagem para o seu "eu' no presente.

7. O cliente retorna ao presente, levando a mensagem e recursos necessários a partir da posição futura, para transferi-los para o presente. O cliente reflete sobre como esses recursos ajudam a transformar ainda mais a antiga resistência em um guardião.

8. Tendo esses recursos, o cliente novamente caminha para a futura localização em sua linha do tempo que representa o chamado.

Energias Arquetípicas

De acordo com Stephen Gilligan, existem três "energias arquetípicas" fundamentais e necessárias para completar uma Jornada de Herói com sucesso: a *força* (poder, determinação, ferocidade), a *compaixão* (suavidade, abertura, gentileza) e o *humor* (brincadeira, flexibilidade, criatividade, desencaminho).

A força é necessária para se manter comprometido e para definir limites. A força, sem o equilíbrio da compaixão e o humor, vira violência e agressão.

A ternura é necessária para se conectar com outros, para ter integridade emocional para efetivamente dar e receber o carinho necessário para o crescimento. Compaixão e suavidade, sem força e humor, no entanto, pode tornar-se fraqueza e dependência.

Humor é necessário encontrar novas perspectivas, ser criativo e ter fluidez. Humor sem força e compaixão, no entanto, pode tornar-se cinismo e truques superficiais.

De acordo com Gilligan, é necessário manter um equilíbrio destas três forças, e "humanizá-las", trazendo-aos para o seu "centro". Gilligan assinala que quando desistimos ou perdemos nosso centro a qualquer uma destas energias, elas tornam-se desintegradas e desenvolvem um "lado sombrio". Força, por exemplo, é claramente a energia do "guerreiro". Quando esta energia de guerreiro não está centrada, humanizada e equilibrada com as outras, então o guerreiro torna-se apenas um assassino ou destruidor. Da mesma forma, compaixão e humor também podem ter o seu lado sombrio.

A chave é ser capaz de aterrar, arriar e integrar estas energias, trazendo-as seletivamente "através de" nosso centro interno.

Um bom coach "C" maiúsculo vai querer sponsor todas as três energias arquetípicas dentro de seus clientes, a fim de ter certeza de que eles têm os recursos fundamentais necessários para as viagens de seus heróis. Os clientes também vão querer ver que os seus coaches e "guardiões" tenham essas energias de uma forma equilibrada, a fim de ficarem confiantes e confortáveis que o seu coach é um todo, integrado e engenhoso.

O formato seguinte é uma variação de um processo concebido por Stephen Gilligan em que um coach e cliente podem co-sponsor esses recursos fundamentais no outro.

Caixa de Ferramentas do Sponsorship: Energias Arquetípicas Co-Sponsoring

1. Sente-se junto em um par (A e B) um de frente para o outro. Ambos A e B tomam tempo para "centrar-se" entrando totalmente em contato com seus centros físicos, emocionais e espirituais internos.

2. Uma pessoa começa acessando a energia de força e a traz para o seu centro. Quando ela sente a presença da energia da força em seu corpo, A faz contato visual com B e faz o convite: *Veja*

a minha força. B mantém contato visual com A, e quando é capaz de ver ou sentir a força de uma forma autêntica, B diz: *Eu vejo a sua força.*

3. A então internamente contata a energia de compaixão ou suavidade e a traz em seu próprio centro. Quando sente a presença da energia suavidade no seu corpo, A faz contato visual com B e faz o convite: *Veja a minha suavidade.* Mais uma vez, mantendo contato visual com A, B, quando é capaz de ver ou sentir a suavidade de uma forma autêntica, diz: *Eu vejo sua suavidade.*

4. A pessoa A acessa agora a energia de humor e a traz em seu centro. Quando sente a presença da energia de humor em todo o seu corpo, A faz contato visual com B e faz o convite: *Veja a minha brincadeira.* Quando B é capaz de ver ou sentir o humor de uma forma autêntica, B diz: *Eu vejo sua jovialidade.*

5. Finalmente, a pessoa A foca a sua atenção sobre o sentido de seu centro. Quando se sente totalmente presente em todo o seu corpo, A faz contato visual com B e faz o convite: *Veja-me.* Quando B é capaz de ver autenticamente ou sentir a presença plena de A, B diz: *Eu vejo você.*

A e B repetem o exercício, trocando de papel, de modo que B faça o convite para A ver sua força, suavidade, humor e presença.

Caixa de Ferramentas do Sponsorship: Nomenclatura Adequada

De muitas maneiras, a nomenclatura adequada é um tipo de re-significação verbal. A nomenclatura adequada ajuda as pessoas a verem suas experiências de uma maneira que despertam uma perspectiva mais ampla e coloca-os em contato com os recursos e as possíveis soluções. A nomenclatura adequada é particularmente importante para as experiências no nível de identidade.

Conforme descrito anteriormente, um nome próprio é aquele que traz o melhor de si mesmo ou a pessoa que está patrocinando, reconhece a intenção positiva de quaisquer outras pessoas envolvidas na situação e, ao mesmo tempo, diz a verdade da experiência.

Um nome que traz o melhor em si mesmo e ao mesmo tempo rebaixa outros ainda não é um "nome apropriado". Claramente, rotular algo de uma maneira que se coloca para baixo ou nega seus próprios recursos, também ainda não é um nome apropriado. Um nome que destaca aspectos positivos de si mesmo ou outros, mas que esconde ou nega mágoa ou dor de uma experiência, também não é um "nome apropriado".

Digamos que alguém fica aborrecido com outra pessoa por ferir seus sentimentos e diz: "Você é um idiota." Isso é certamente uma maneira de nomear a experiência, e pode contar certa verdade sobre o que aconteceu. Por outro lado, tal declaração não é susceptível de trazer o melhor na pessoa, pois nem reconhece a intenção positiva da outra. Na verdade, é uma forma de sponsorship negativo.

A mesma experiência pode ser marcada com as palavras: "Seu comportamento me lembra que eu preciso ficar forte e engenhoso para não me machucar". Esta rotulagem é mais adequada para trazer o melhor em si mesmo, de modo que você possa realmente aprender algo da experiência e reconhecer a verdade e a intenção positiva de sua resposta emocional, mas sem negar a identidade da outra pessoa (que seria apenas tratar essa pessoa da maneira como ela tratou você).

Alguns outros exemplos de nomenclatura adequada poderiam ser:

"Eu deixo as pessoas se aproveitar de mim." → "Eu preciso mostrar a minha força e estabelecer limites mais claros."

"Eu odeio meu chefe." → "Eu sinto que meu chefe não me vê ou me valoriza"

"Eu quero machucar você." → "Veja minha força."

Uma das maneiras mais comuns que coaches e sponsors podem aplicar nomenclatura adequada envolve recategorizar afirmações de autonegação de identidade a declarações sobre a capacidade ou comportamento. Juízos negativos de identidade é frequentemente o resultado de interpretar comportamentos específicos, ou a falta de capacidade de produzir certos resultados comportamentais, como declarações sobre a identidade de alguém. Mudando um julgamento negativo de identidade para uma declaração sobre o comportamento ou a capacidade de uma pessoa reduz significativamente o impacto mental e emocional que exerce sobre a pessoa.

Como exemplo, um cliente pode fazer uma declaração como "Eu sou um fracasso." O sponsor poderia apontar "Não é que você seja um "fracasso", é só que você ainda não domina todos os elementos necessários para o sucesso". Mais uma vez, isso coloca o julgamento da limitação do nível de identidade de volta para um quadro mais pró-ativo e solúvel.

Estes tipos de recategorização podem ser realizados, utilizando-se os seguintes passos:

a) Identifique o julgamento negativo de identidade:

Eu sou _____ (por exemplo, "Eu sou um fardo para os outros").

b) Identifique a intenção positiva por trás do julgamento negativo de identidade.

(Por exemplo, "Para cuidar de mim e resolver problemas por conta própria").

c) Identifique uma capacidade ou recurso ausente ou necessário que esteja implícito na intenção positiva por trás do julgamento de identidade. Em particular, pense em termos das três energias arquetípicas (força, compaixão, brincadeira) e na capacidade de ser centrado.

(Por exemplo, "a compaixão para cuidar de mim mesmo e força para resolver os problemas por conta própria").

d) Verbalmente substitua a capacidade ou o comportamento para o julgamento negativo de identidade:

Talvez não é *que você seja um* _____
(Identidade negativa: por exemplo, "fardo para os outros"), *apenas você precisa de mais* _____
(por exemplo, "compaixão para cuidar de si mesmo e força para resolver os problemas por conta própria").

Em resumo, este tipo de quadros "de nomenclatura adequada" ou reformulação da experiência do cliente:

1. Reconhece que o cliente é um herói na jornada de um herói.
2. Descreve questões fundamentais em termos da presença ou ausência de uma das três energias arquetípicas.
3. Reconhece e aborda as intenções positivas da declaração ou crença inicial.

Caixa de Ferramentas do Sponsorship: Sponsoring um Potencial

Sponsorship eficaz envolve reconhecer e salvaguardar potenciais qualidades e características em outros, ajudando-os a superar limites e transformar influências de autonegação. Isto é feito em grande parte por "estar lá" para os outros e comunicar as mensagens básicas de Sponsorship: "Eu vejo você", "Você existe", "Você é valioso", "Você é único", "Você tem algo a contribuir", "Você pertence e **é** bem-vindo aqui".

Sponsorship positivo é uma maneira profunda e poderosa de ajudar as pessoas a estabelecer e reforçar recursos-chave e características pessoais. O formato a seguir fornece uma maneira para os coaches serem sponsor e "guardião" e ajudarem os clientes a identificar e reforçar os recursos-chave que irão apoiá-los em sua "jornada do herói".

1. O cliente cria uma linha de tempo física e volta para um local que represente o início de sua vida — um ponto antes de sua concepção. Instrua o cliente a entrar em contato com o seu centro e sua "fonte" de recursos.

2. Peça ao cliente para escolher uma característica ou potencial (como "força", "compaixão" ou "brincadeira"), que, se tivesse sido alimentada ou protegida durante a vida do cliente, permitiria que ele mais plenamente: (a) estabelecesse limites saudáveis, (b) superasse os obstáculos, ou (c) evoluísse de forma mais completa.

3. Convide o cliente a criar um símbolo para este recurso ou característica e compartilhá-lo com você. Ouça com atenção a partir do seu centro, e deixe a descrição do cliente "toque" em você. Se necessário, faça algumas perguntas, até que você seja capaz de autêntica e congruentemente "ver" ou sentir a realidade deste potencial dentro de seu cliente.

4. Vire para ficar em pé e perpendicular ao seu cliente, de frente para o seu lado. Peça ao seu cliente para entrar em contato com o seu centro ou "fonte" e faça isso também. Quando você estiver em contato com o seu centro e fonte, e for capaz de se conectar com o cliente de forma congruente e sentir os recursos e potencialidades, sinalize ao cliente, oferecendo-lhe uma das suas mãos. Quando o cliente estiver pronto para aceitar o seu sponsorship, ele sinaliza a você, pegando sua mão e colocando-a sobre o seu coração. Coloque a outra mão na parte superior central das costas de seu cliente.

O Coach estende sua mão como um sinal de que ele está centrado e pronto para ser um Sponsor. Quando o cliente ficar pronto para aceitar o Sponsorship, ele toma a mão do Coach e coloca-a sobre seu coração.
O Coach coloca sua outra mão sobre o centro superior das costas do cliente.

5. Peça ao cliente para se concentrar no recurso ou característica que ele gostaria de ter alimentado e protegido e caminhar ao longo da linha do tempo para o presente, reexperimentando os acontecimentos de sua vida. Acompanhe o cliente ao longo da linha do tempo, mantendo as mãos sobre seu coração e parte superior das costas, mantendo sua atenção no cliente e no recurso ou característica que ele gostaria de ter nutrido e continuamente repita as mensagens de sponsorship: "Vejo você", "Você existe", "Você é valioso", "Você é único", "Você tem algo a contribuir", "Você pertence e **é** bem-vindo aqui".

Se desejar, você também pode adicionar algumas declarações fortalecedoras de crença que dizem respeito à característica ou recurso que o cliente deseja reforçar: "É possível que você tenha mais desse recurso", ou seja, "Você é capaz de ter mesmo mais deste recurso", "Você merece ter mais deste recurso".

6. Quando o cliente chega ao presente, e não precisa mais o seu sponsorship, ele libera sua mão de seu coração. Você então remove cuidadosamente a outra mão das costas do cliente. O cliente pode então continuar caminhando para o seu futuro, permitindo que o recurso/característica continue a florescer e se desenvolver.

7. O cliente chegará em um lugar no futuro de sua linha do tempo em que ele sente que o recurso/característica tornou-se tão plenamente desenvolvido que agora é parte de sua identidade. Ele para neste lugar e vira-se para olhar para trás em toda a sua linha do tempo. O cliente pode agora se tornar seu próprio sponsor para este potencial. Convide o cliente a encontrar uma mensagem, a partir deste local no seu futuro, que ele mais necessita enviar de volta através de sua vida.

8. Convide o cliente a levar esta mensagem de volta ao início de sua linha do tempo e repetir o processo, sendo seu próprio sponsor por entrar em contato com o seu potencial, colocando suas próprias mãos sobre seu coração, e que ande na linha outra vez espalhando a mensagem a partir de seu próprio futuro.

Você pode acompanhar o cliente a uma distância (caminhando com ele, sem tocar nele). O cliente move-se por todo o caminho de volta para o seu futuro e em seguida, volta para o presente e compartilha suas experiências com você.

Durante o passeio através da história pessoal do cliente, é importante lembrar que o sponsor não está tentando ser um terapeuta, professor ou "salvador" do cliente. O objetivo deste processo não é tentar mudar a história pessoal do cliente ou intervir para "consertar" as coisas. O único propósito do sponsor é garantir que, aconteça o que acontecer, a sua atenção permanece no cliente e no recurso ou característica desejado. O processo não é sobre a mudar os detalhes externos da história pessoal do cliente. Trata-se de certificar-se de que o cliente está em contato com o seu centro e recursos internos não importa o que aconteça em sua vida, e que o cliente sempre sabe que existe, é visto, é valioso, é único, tem algo a contribuir e é bem-vindo.

Caixa de Ferramentas do Sponsorship: Formato de Sponsorship em Grupo

Sponsorship não deve vir apenas de um único indivíduo. Na verdade, a experiência de ser patrocinado muitas vezes é intensificada e ampliada quando se trata de todo um grupo ou equipe.

O formato a seguir fornece uma maneira de um número de pessoas atuarem como sponsors com diferentes crenças-chave para um membro do grupo.

Nota: Este processo é mais bem realizado num grupo de cinco pessoas (embora possa ser relativamente facilmente adaptado para outros tamanhos de grupos).

1. Um membro do grupo é voluntário para ser o "receptor" e os outros serão os "sponsors" a ficar ao redor do receptor; um em frente, um atrás, um à esquerda e outro à direita.

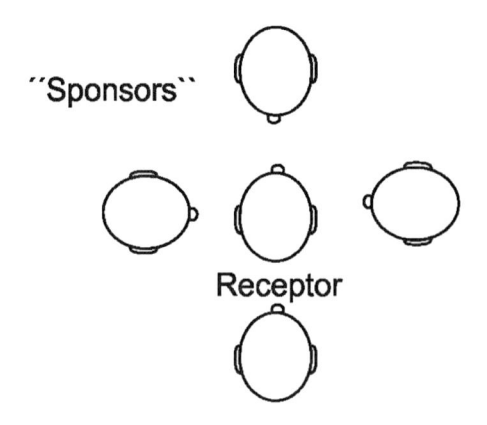

Os Sponsors formam um grupo em torno do "Receptor"

2. O receptor seleciona alguma mudança de vida positiva que ele gostaria de apoio na tomada de decisão, ou escolhe algum projeto, sonho ou potencial pessoal ou qualidade que ele gostaria de alcançar ou evoluir. O receptor também reflete sobre os recursos internos que irão ajudá-lo a atingir o estado desejado (isto é, a força, a compaixão, brincadeiras).

3. O receptor, em seguida, seleciona cada um dos membros do grupo a ser um sponsor para uma crença de que é necessário ou importante, a fim de ser capaz de estabelecer a prática, atingir o sonho ou desenvolver o potencial. Algumas crenças comuns incluem:

É possível para você.

É desejável e importante para você.

Você é capaz.

Você merece isso.

Cada sponsor tem certeza de que pode realmente "ver" e sentir a crença que ele tenha sido convidado a ser o sponsor para o receptor.

4. Um de cada vez, os sponsors autêntica e congruentemente dizem em voz alta a crença de que eles foram convidados a patrocinar no receptor.

Quando cada sponsor verbaliza sua crença, os sponsors podem querer rodar (no sentido horário) ao redor do receptor e repetir cada afirmação crença de outra localização. Isto pode ser feito até que cada sponsor atinja seu ponto de partida.

5. Cada sponsor, em seguida, começa a repetir a sua crença de declaração, ao mesmo tempo em que os outros estão dizendo as deles, em qualquer ordem e em qualquer momento, que se sintam assim.

6. Finalmente, depois de alguns minutos repetindo as mensagens, cada sponsor "ancora" o receptor, tocando-o enquanto verbaliza sua crença. Depois de tocar o receptor, o sponsor para de falar e fica em silêncio por alguns minutos, mantendo a âncora.

Outro membro do grupo, então, se voluntaria para ser o receptor e o processo é repetido, até que todos os membros do grupo tenham estado na posição de receptor.

Uma versão deste processo também pode ser feita onde cada sponsor seleciona, ou é selecionado, para comunicar uma das mensagens básicas de sponsorship:

Você é valioso.

Você é importante/especial/único.

Você tem algo importante para contribuir.

Você é bem-vindo aqui. Você pertence.

Ambos processos podem ter um impacto muito profundo positivo sobre o "receptor".

Caixa de Ferramentas do Sponsorship: Recuperando Sponsors Perdidos

Às vezes perdemos pessoas que foram sponsors importantes para nós. Esta perda pode vir através da morte, separação física ou mudanças nas condições de vida que forçam um destacamento de algum tipo. Isso pode criar um vazio doloroso em nossas vidas, levando a sentimentos de tristeza, abandono, traição, culpa etc. A perda de um sponsor importante pode até criar um tipo de crise na vida para algumas pessoas.

No entanto, de forma semelhante a ter mentores internos, as pessoas podem internalizar sponsors, e aprender a se tornarem seus próprios sponsors. O formato seguinte é uma maneira de ajudar clientes a recuperar sua relação com sponsors do passado que saíram de suas vidas por algum motivo. Por este processo ser muito simbólico e metafórico, as pessoas acham que ele é emocionalmente bastante significativo.

1. Identifique e se associe a uma experiência ou situação em que você mais sente a perda de um sponsor passado.

2. Saia dessa experiência e vá para um estado centrado e engenhoso em que você se sente alinhado e em contato com a "fonte de seus recursos".

3. Escolha dois patrocinadores internos existentes para serem seus "anjos da guarda". Selecione indivíduos que tenham sido sponsors em sua vida anteriormente e já não estão fisicamente presentes, mas quem você conhece e tem a sensação que será sempre uma parte de você.

4. Vire ligeiramente para a direita e, fisicamente usando suas mãos, esculpa um "holograma" de tamanho real do sponsor perdido. Crie uma representação da pessoa como ela estava no momento em que foi seu sponsor. Você pode optar por criar uma representação simbólica, se desejar (às vezes, isso é mais significativo do que uma anatomicamente precisa).

Nota: Se memórias negativas ou dolorosas aparecerem, coloque-as em balões imaginários e deixe-as ir (imagens podem ir do lado de fora do balão, vozes e sons podem ir dentro do balão).

5. Quando tiver terminado a escultura, simbolicamente "dê vida" para o holograma e dê a seu sponsor a voz que é mais adequada para ele ter.

6. Olhe a representação do sponsor e pergunte: "Qual é o seu presente para mim?" Entre em "segunda posição" com o seu sponsor, colocando-se em seus sapatos, e responda à pergunta de sua própria perspectiva. Crie um símbolo para o presente (por exemplo, um coração de ouro).

7. Volte à "primeira posição", associando-se de volta em si mesmo, e responda à pergunta: "Qual é o meu presente para você?" Crie um símbolo de seu presente a esse sponsor (por exemplo, uma caneta-tinteiro que escreve em várias cores).

8. Troque os presentes com o sponsor passado e imagine que vocês poderiam conectar seus corações com um fio de prata de luz eterna.

9. Honre o dom que recebeu de presente do sponsor encontrando outras pessoas que estão atualmente em sua vida e que você pode compartilhar com elas. Imagine como você vai compartilhar este dom e mantê-lo vivo através de seu comportamento. Use seu sponsor interior como um tutor e mentor para ajudá-lo a compartilhar este presente.

10. Imagine que o seu sponsor passado agora se junta e é acolhido por seus dois "anjos da guarda" e outros sponsors internos.

11. Traga o seu presente, seu novo sponsor interior e seus outros "anjos da guarda" para a situação em que você anteriormente tinha experimentado a perda de sponsorship, e observe como sua experiência é transformada.

Resumo

Sponsorship envolve ajudar as pessoas a crescer e mudar ao nível da identidade. O sentido de identidade de uma pessoa se relaciona com sua percepção de seu self, papel e "chamado". Ser um sponsor eficaz envolve "estar lá" para os outros, reconhecendo-os e validando-os em um nível profundo, e comunicar mensagens-chave, tais como: "Eu vejo você", "Você existe", "Você é valioso", "Você é único", "Você tem algo a contribuir", " Você pertence e é bem-vindo aqui".

Não sponsorship e sponsorship negativo ocorrem quando as mensagens de sponsorship negativo são dadas, ou quando as pessoas recebem o oposto de sponsorship, sendo colocadas para baixo, em vez de receber suporte. Quando as pessoas sentem que não são vistas, não são valorizadas, realmente não contribuem (ou suas contribuições não são reconhecidas), que podem ser facilmente substituídas e não pertencem realmente, a sua capacidade e motivação para realizar diminui drasticamente.

Ser um sponsor eficaz requer tanto uma forte intenção interna de dar suporte a outros quanto um conjunto exclusivo de habilidades pessoais. As habilidades de sponsorship incluem estar centrado e internamente congruente, se conectar emocionalmente com os outros, ser curioso e receptivo, ter a capacidade de nomear corretamente as experiências do cliente de uma forma que ajude a trazer para fora o seu melhor, e a capacidade de identificar e transformar influências negativas que poderiam interferir no crescimento pessoal do cliente.

Conhecer a Fonte de Seus Recursos e Centralização Ativa são ferramentas de sponsorship que ajudam tento os sponsors quanto os clientes a alcançar um estado de centramento, alinhamento e congruência, e manter um senso de seus centros, mesmo em situações desafiadoras.

Parcerias de Escuta envolve aprender a ouvir os outros a partir de um centro, criando e mantendo um "espaço" para eles refletirem e pensarem autenticamente sobre situações da vida e decisões importantes. Parcerias de escuta é também uma forma eficaz de incentivar o sponsorship mútuo dentro de um grupo ou equipe.

Outra maneira de incentivar o sponsorship mútuo entre um grupo de pessoas é tê-los praticando procurar e reconhecer o que observam sobre seus companheiros de grupo. O processo "Eu Vejo e Eu Sinto" cria um ambiente em que os membros de um grupo ou equipe podem co-patrocinar um ao outro procurando e reconhecendo o que eles apreciam sobre os seus companheiros de grupo no interior, bem como no exterior.

Os desafios da vida podem ser comparados a uma "jornada do herói." A principal tarefa do sponsorship é apoiar os outros a reconhecer e ter sucesso nesta jornada. Muitas vezes, quando os clientes buscam coaching, no entanto, eles não se sentem como heróis. Em vez disso, eles se sentem como vítimas, e estão à procura de alguém para resgatá-los. É importante para os coaches terem em mente que o cliente é o herói, não o coach. Coaches "C" maiúsculo não servem seus clientes matando seus demônios para eles ou lhes permitem ficar trancados dentro de sua própria zona de conforto. O bom coach e sponsor atua como um guardião de recursos dos clientes e ajuda os clientes a reconhecer que eles estão realmente em uma jornada de herói, colocando-os em contato com seu chamado. O processo de Mapeamento da Jornada do Herói é uma forma de apoiar os clientes a classificar e reconhecer padrões significativos em suas vidas, identificando o "chamado" em situações difíceis e crises e transformando a mentalidade de "vítima".

Os coaches podem ajudar clientes a tomar as medidas necessárias para começar a sua jornada de herói, colocando os elementos-chave em uma linha do tempo e abordando resistências para avançar. Ao ajudar os clientes a reconhecer a intenção positiva de suas próprias resistências internas, interferências aparentes podem ser transformadas em "guardiões" em relação a essa intenção positiva ao invés de operar como limitações ao progresso.

Vários recursos do núcleo, ou "energias arquetípicas," são necessários para as pessoas executarem eficazmente no nível de identidade e concluírem com êxito as jornadas de herói. Estes incluem força, compaixão e humor. No Co-Sponsorship de Energias Arquetípicas, tanto coach quanto cliente vêm e reconhecem esses recursos no outro, trazendo equilíbrio e confiança mútua em sua interação.

A nomenclatura adequada é um tipo de resignificação verbal que permite aos clientes obter uma perspectiva mais positiva sobre situações e eventos, para trazer para fora o seu melhor, mudando a forma como tem sido "nomeada". Uma das maneiras mais comuns que coaches e sponsors podem aplicar nomeação adequada envolve Recategorizar Afirmações Negativas de Identidade a declarações sobre capacidade ou comportamento. Isso coloca o julgamento de limitação do nível de identidade de volta para um quadro mais pró-ativo e solúvel.

Um objetivo essencial do sponsorship é também reconhecer e salvaguardar qualidades e características positivas nos clientes, ajudando-os a superar limites e transformar influências autonegativas. Isto é feito em grande parte por "estar lá" para os outros e comunicar mensagens básicas de sponsorship: "Eu vejo você", "Você existe", "Você é valioso", "Você é único", "Você tem algo a contribuir", "Você pertence e **é** bem-vindo aqui". Quando os clientes são capazes de avaliar situações desafiadoras de sua história pessoal com o sponsorship apropriado - como no formato Sponsoring um Potencial - qualidades fundamentais e recursos se tornam cultivados e conservados, permitindo aos clientes o mais completo: (a) estabelecimento de limites saudáveis, (b) superação os obstáculos, ou (c) desenvolvimento de forma mais completa.

Sponsorship deve partir de várias fontes. Na verdade, a experiência de ser patrocinado muitas vezes é intensificada e ampliada quando se trata de todo um grupo ou equipe. Isto pode ser conseguido por meio de vários membros do grupo agindo como sponsors de diferentes crenças-chave para outro membro do grupo.

Às vezes perdemos pessoas que foram sponsors importantes para nós, criando um vazio doloroso em nossas vidas, e que levam a sentimentos de tristeza, abandono, traição e culpa. Semelhante a ter mentores internos, as pessoas podem internalizar sponsors, e aprender para se tornarem seus próprios sponsors. O formato Recuperando Sponsors Perdidos é uma maneira de ajudar os clientes a recuperar sua relação com os sponsors do passado que saíram de suas vidas.

A caixa de ferramentas do sponsorship contém processos que são simples de muitas maneiras, mas também que exigem compromisso significativo e presença por parte do sponsor e certo grau de intimidade entre o coach e o cliente. Embora existam muitas ferramentas descritas neste capítulo que precisam ser feitas em um ambiente um a um, pode parecer um desafio para as pessoas que não são coaches experientes, o fato de que sponsorship é tão simples como enviar essas mensagens--chave: "Eu vejo você", "Você existe", "Você é valioso", "Você é único", "Você tem algo a contribuir", "Você pertence e é bem-vindo aqui".

Capítulo 6

Despertando

Despertando
- *"Espírito" e "Campo"*
- *Coach como Awakener*

Não Saber
- *Nerk-Nerk*

Uptime

Caixa de Ferramentas do Awakener: Criando uma âncora de "Uptime"

Tendo Acesso ao Inconsciente

Caixa de Ferramentas do Awakener: Sonhos Ativos
- Exercício de Sonhos Ativos

Caixa de Ferramentas do Awakener: Despertando para a Liberdade
- Formato de Despertar para a Liberdade

Duplo Vínculo

Caixa de Ferramentas do Awakener: Transcendendo Duplos Vínculos

Caixa de Ferramentas do Awakener: Criando Duplos Vínculos Positivos

Níveis de Aprendizagem e Mudança de Bateson
- *Aprendizagem IV*
- *Revisão dos Quatro Níveis de Aprendizagem*

Estratégias de Sobrevivência

Caixa de Ferramentas do Awakener: Atualizando Estratégias de Sobrevivência Através dos Níveis de Aprendizagem e Mudança de Bateson

Resumo

Despertando

Um ser humano é uma parte do todo chamado por nós "universo"... uma parte limitada no tempo e no espaço. Ele experimenta seus pensamentos e sentimentos como separados do resto, uma espécie de ilusão de ótica de sua consciência. Esta ilusão é uma espécie de prisão para nós, restringindo-nos aos nossos desejos pessoais e ao afeto por pessoas mais próximas de nós. Nossa tarefa deve ser a de nos livrarmos dessa prisão, ampliando nosso círculo de compaixão para abraçar todas as criaturas vivas e toda a natureza em sua beleza.

Albert Einstein

O Dicionário Webster define awakening como "despertar do sono", "emergir de um estado de indiferença, letargia ou dormência" ou "tornar-se plenamente consciente, consciente e sensibilizado".

Tempos de crescimento e transformação em nossas vidas são geralmente acompanhados "despertares", é como se estivéssemos despertando de um tipo de sono — saindo de um estupor autoimposto — ou estivéssemos cegos e de repente recuperássemos a visão. Nossos mapas mentais de quem somos e do que é possível no mundo se tornam mais amplos, e percebemos velhas limitações em uma forma completamente nova. Nestas experiências conseguem irromper até a nossa velha mentalidade para "sair fora da caixa."

Os resultados do despertar são muitas vezes um renovado senso de propósito e significado, consciência expandida, percepção clara e revitalização física e emocional.

Awakening é frequentemente associado com a expansão cognitiva ou mental, mas também pode estar relacionado com o coração e as emoções. Despertar frequentemente tem a ver com se reconectar com nossas motivações no nível mais profundo. Consequentemente, awakenings normalmente acompanham transições significativas em nossas vidas pessoais e profissionais.

"Espírito" e "Campo"

Awakening vai além de coaching, teaching, mentoring e sponsoring para incluir o nível de visão, propósito e espírito. Isso se relaciona com o nosso sentido de algo que vai além de nossa própria imagem de nós mesmos, e envolve a nossa visão do sistema maior, que circunda papéis, valores, crenças, pensamentos, ações ou sensações específicas. Relaciona-se com quem e o que mais percebemos estar no mundo que nos rodeia, e aborda a questão de *por quem* ou *para que* um determinado caminho **é** selecionado (o objetivo).

O termo *espiritual* é usado no modelo de Níveis Neurológicos para se referir à experiência subjetiva de fazer parte de um sistema maior ou "campo"; aquele que atinge além de nós mesmos como indivíduos para a nossa família, comunidade e sistemas globais. É a consciência que o antropólogo e teórico de sistemas Gregory Bateson chamou "o padrão que conecta" todas as coisas juntas em um todo maior. Nós, como indivíduos, somos um subsistema do sistema maior.

O nível de experiência *espiritual* se relaciona com o que poderia ser chamado de *Self "S" maior* — a sensação de ser que vai além de nossa própria imagem de nós mesmos, nossos valores, crenças, pensamentos, ações ou sensações. Trata-se de nossa conexão com *quem mais* e o com o resto do *sistema maior* que nos rodeia. É este nível de experiência que normalmente fornece o contexto maior que dá sentido à vida e propósito.

Buscas espirituais, sob a forma de realizar sua "visão", "missão" de vida e "propósito", são a motivação por trás de algumas das maiores conquistas humanas. Muitos dos líderes e gênios mais importantes do mundo reconhecem a importância de algum tipo de orientação espiritual desse tipo em suas vidas e trabalho. De seu trabalho na área da física, por exemplo, Albert Einstein afirmou: *Eu quero saber como Deus criou este mundo. Não estou interessado neste ou naquele fenômeno, no espectro deste ou daquele elemento; Eu quero saber seus pensamentos; o resto são detalhes.*

De acordo com o modelo de Níveis Neurológicos, a noção do

espiritual pode ser comparada ao que Einstein estava se referindo como "os pensamentos de Deus".

Neurologicamente, processos de nível espiritual têm a ver com um tipo de *campo relacional* entre os nossos próprios sistemas nervosos e os de outras pessoas, formando um tipo de sistema nervoso maior, coletivo. O resultado deste campo de interação é por vezes referido como um grupo "mente", um grupo de "espírito", ou uma "consciência coletiva". Este campo também inclui o "sistema nervoso", ou redes de processamento de informações, de outras criaturas e seres, e até mesmo o nosso ambiente. Como Gregory Bateson descreveu:

> *A mente individual é imanente, mas não só no corpo. Ela é imanente nas vias e mensagens fora do corpo; e há uma mente maior de que a mente individual é apenas uma subsistema. Essa Mente maior é comparável a Deus e é, talvez, o que as pessoas querem dizer com "Deus", mas ainda é imanente ao sistema social interconectado total à ecologia planetária. (Passos para uma Ecologia da Mente, 1972).*

Coach como um Awakener

De muitas maneiras, coaches, consultores, terapeutas, professores e líderes são despertadores; abrindo novas perspectivas e possibilidades para os seus alunos, clientes e colaboradores, ajudando-os a entrar em contato com essa Mente maior ou campo. Despertar outros envolve apoiá-los a crescer ao nível da visão, missão e espírito. Um awakener dá suporte a outra pessoa, fornecendo contextos e experiências que trazem o melhor de compreensão da pessoa e da consciência de propósito, do eu, e os sistemas maiores que ela pertence.

Ser um awakener requer as habilidades de um coach, teacher, mentor e sponsor, até certo ponto, mas tem outras dimensões. É óbvio que não é possível despertar os outros se você mesmo ainda estiver dormindo. Assim, a primeira tarefa do awakener é acordar e ficar acordado. Um awakener "desperta" outros através de sua própria integridade e congruência. Um awakener coloca outras pessoas em contato com suas próprias missões e visões por estar em pleno contacto com a sua própria visão e missão.

Outro objetivo fundamental de um awakener é ajudar as pessoas a "ficar fora da caixa" em que estão atualmente confinadas; romper velhos hábitos e conflitos transcendentes e duplos vínculos.

O grande físico dinamarquês Nils Bohr apontou que existem dois tipos de verdade: a verdade superficial e verdade profunda. De acordo com Bohr, "em uma verdade superficial, o oposto é falso. Em uma verdade profunda, o oposto também é verdadeiro". Bohr não tinha dúvidas referindo-se à noção de que elementos físicos fundamentais, tais como elétrons, são tanto ondas quanto partículas. O fato de elétrons serem ondas de energia não quer dizer que eles não sejam também partículas de matéria, embora os dois sejam opostos.

O mesmo acontece com as verdades psicológicas profundas. Beleza e feiura, por exemplo, são verdades profundas. O fato de que há grande beleza e esperança no mundo não significa que ele não pode também ser feio. E o fato de que as pessoas são capazes de agir terrivelmente e violentamente, não significa que eles não são também capazes de heroísmo e criar milagres. Awakeners, muitas vezes despertam outros para este tipo de verdade mais profunda. E, uma vez que sabemos que ambas são verdadeiras, então nós temos uma escolha. Onde é que vamos optar por colocar a nossa energia? Vamos nos dedicar à beleza ou nos perder na feiura?

Na verdade, é importante ressaltar que, por vezes, "quanto mais brilhante a luz, mais escuras as sombras". Quando as pessoas têm até mesmo um menor despertar espiritual, de repente, veem sombras que não viram antes, porque a luz ficou mais brilhante.

Acordar desta forma é geralmente emocionante, mas nem sempre agradável. Assim, ajudar os outros a despertar requer habilidade e sensibilidade. Despertar os outros implica a aceitação incondicional de quem eles são e como eles são; mas, ao mesmo tempo, inclui a sugestão de que existem possibilidades e opções para expansão e evolução. Awakening pode ser gradual ou súbita (como um momento de "epifania" ou visão súbita). Despertar muitas vezes leva a aprendizagem ao nível do que Gregory Bateson chamou de "Aprendizagem IV" — a criação de algo "completamente novo".

Ao interagir com os outros, as crenças do awakener incluem:

A vida é um grande mistério, com possibilidades incríveis.

Estamos todos em uma jornada juntos pela vida; e, a este respeito, somos todos iguais.

Todas as pessoas são inerentemente valiosas e aceitáveis como elas são.

Todo mundo faz as melhores escolhas que percebem à sua disposição.

Ninguém poderia ter respondido de forma diferente do que eles fizeram a qualquer situação do passado.

As pessoas são, no entanto, completamente livre para escolher como responder a cada momento.

Pessoas limitam as possíveis escolhas que percebem porque eles, ou parte deles, estão "adormecidos".

Se as pessoas sabem que são importantes e aceitáveis como elas são, vão perceber mais opções e fazer as escolhas certas, e, assim, tornar-se livre para evoluir em qualquer direção.

O estilo de liderança mais associado com o despertar é o de liderança "carismática" ou "visionária". Líderes visionários têm um sentido de visão e missão que dá aos colaboradores um senso de propósito. Os líderes carismáticos ou visionários são modelos que os outros querem seguir. Sua congruência e integridade ganham o respeito e a confiança dos outros.

Não Saber

O estado de "não saber" é um estado especial usado para modelagem e coleta de informações em PNL. Quando uma pessoa entra em um estado de "não saber", ela tenta descartar quaisquer suposições pré-existentes, e obter uma visão fresca e imparcial de uma situação ou experiência particular. Ou seja, ela tenta "não saber" alguma coisa sobre a pessoa em particular ou situação a ser explorada ou examinada a fim de evitar quaisquer preconceitos que podem colorir sua experiência.

O estado de "não saber" pode ser caracterizado pela seguinte anedota:

Um Practitioner, um Master Practitioner e um Modelador foram pela primeira vez em uma caminhada na floresta de sequoias em Santa Cruz. No caminho, na frente deles, eles viram uma lesma banana amarela. Oh, olhe, disse o Practitioner, As lesmas em Santa Cruz são amarelas.

O Master Practitioner respondeu: Não necessariamente. Tudo o que nós realmente sabemos é que algumas lesmas em Santa Cruz são amarelas.

O modelador replicou: Bem, para ser mais preciso, existe pelo menos um caminho em Santa Cruz, com pelo menos uma lesma amarela, pelo menos de um lado.

O estado de "não saber" é uma estratégia que tem sido usada por muitas pessoas excepcionais para produzir inovações e novas perspectivas. Albert Einstein, por exemplo, afirmou que muitas das ideias que formam a Teoria da Relatividade surgiram porque ele formulou a si mesmo perguntas sobre espaço e tempo, sem quaisquer preconceitos, como uma criança iria querer saber sobre isso.

O famoso hipnoterapeuta Milton Erickson afirmou que ele sempre colocava de lado todos os seus pressupostos, quando trabalhava com um cliente, e verificava suas suposições. O cliente tem dois olhos (ele poderia ter um olho de vidro)? Será que o cliente tem duas mãos (se ele estiver usando luvas, o cliente pode ter uma mão protética)? Será que o cliente tem todo o seu cabelo (a pessoa poderia estar usando uma peruca)? E assim por diante.

O curador e professor com renome mundial Moshe Feldenkrais dizia: *"Eu começo cada caso como se fosse meu primeiro, e me faço mais perguntas do que qualquer um dos meus assistentes ou críticos nunca fez*. Ao entrar num estado de "não saber", e começar cada caso como se fosse seu primeiro, Feldenkrais, como Erickson, era capaz de ser mais consciente, mais criativo, ter mais contato com seus pacientes, e não ser vítima de pressupostos limitantes que podem, no final, não terem sidos válidos. Como resultado, pessoas como Einstein, Erickson e Feldenkrais foram capazes de fazer avanços em áreas onde outros foram retidos pelos pressupostos e premissas da época. Como Feldenkrais apontou: *este modo de pensar foi muitas vezes bem sucedido em situações onde especialistas com maior conhecimento do que o meu falharam*".

Não saber é, portanto, uma porta de entrada poderosa para "despertar", e é uma habilidade importante para ambos coaches "C" e seus clientes, a fim de "ficarem fora da caixa".

Nerk-Nerk

Uma maneira de ajudar a si mesmo e os outros a alcançar um estado de não saber é através do caráter de "Nerk-Nerk". "Nerk-Nerk" é o nome de um personagem fictício inventado por Trainer em PNL Todd Epstein, usado para facilitar o processo de recolhimento de informação e modelagem. "Nerk-Nerk" é o nome de um estrangeiro de espaço que tem exatamente o mesmo sistema nervoso e características físicas dos seres humanos, mas nenhuma das hipóteses perceptivas, linguísticas ou culturais. Nerk-Nerk tem estudado e está familiarizado com todas as formas de linguagem humana, mas é incapaz de fazer as deleções, generalizações e distorções que a maioria dos seres humanos fazem habitualmente durante a comunicação verbal com o outro. Nerk-Nerk só é capaz de compreender e responder às descrições e instruções baseadas no sensorial totalmente específica.

Epstein usava o caráter de Nerk-Nerk para facilitar os processos de entrar em um estado em que todos os mapas e pressupostos mentais anteriores são postos de lado com referência à experiência em curso. Quando um coach entra em um estado "Nerk-Nerk", ele tenta descartar hipóteses pré-existentes, e obter uma visão fresca e imparcial de uma situação ou experiência particular.

Esse estado é uma habilidade básica para awakeners. Experimente-o por si mesmo. Imagine por um momento que você é Nerk-Nerk e examine objetos familiares ao seu redor como se você nunca tivesse visto antes. Assista televisão ou observe as pessoas interagirem, como se você fosse um alienígena ou extraterrestre. Que tipo de coisas você presta atenção, e que tipo de padrões que você percebe que são diferentes de sua compreensão cotidiana?

Se você observar ou ouvir seus clientes a partir dessa perspectiva, que tipos de perguntas que você gostaria de fazer-lhes? O que você notaria ou perceberia sobre os seus problemas e situações da vida?

Uptime

O estado de "não saber" também é semelhante ao estado "uptime", em que todos os canais sensoriais de uma pessoa estão sintonizados externamente. Em um estado de "uptime" não há diálogo interno, aparência, ou tensão emocional. A percepção sensorial toda está focada no ambiente externo, no "aqui e agora". A noção de "uptime", usada em PNL, foi formulada pelos fundadores da PNL Richard Bandler e John Grinder. O termo é emprestado da terminologia de computador. "Uptime" significava que o computador introduziu dados. "Downtime" indicava que o computador estava processando internamente os dados que havia recebido.

Uptime é outro recurso poderoso para despertar. É essencialmente um despertar dos sentidos que abre a porta para um despertar mais profundo para o mundo que nos rodeia. Você pode usar o procedimento a seguir para ajudar a promover e ancorar o estado de uptime em si mesmo e em seus clientes.

Caixa de Ferramentas do Awakener: Criando uma Âncora de "Uptime"

1. Encontre um lugar, tanto em ambiente fechado ou ao ar livre, onde você possa sentar ou caminhar por um tempo e apreciar o mundo ao seu redor.

2. Enquanto você observa ao seu redor, pratique focar e ajustar sua consciência em seu ambiente externo para cada um de seus sistemas representacionais sensoriais:

    a) *Veja* coisas, usando a visualização tanto panorâmica quanto detalhada dos vários objetos, cores e movimentos em seu ambiente.

    b) *Sinta* a temperatura do ar, as texturas, formas e dureza dos objetos ao seu redor, e os sentimentos de sua pele e músculos enquanto você senta-se ou move-se através do ambiente.

    c) *Ouça* as diferenças nos tons e localização dos vários sons ao seu redor - e as mudanças em sua respiração e o tom e o ritmo de quaisquer vozes perto de você.

    d) *Cheire* o ar e os objetos ao seu redor - percebendo que aromas são mais nítidos, quais são mais sutis - e, se desejar, tome nota de todas as mudanças no gosto em sua boca.

    Enquanto você acessa cada um desses sistemas, você pode filtrar seus outros canais, fechando os olhos e conectando suas orelhas e nariz em várias combinações. Certifique-se de acessar cada sistema tão completamente quanto possível, sem qualquer diálogo interno, imagens internas ou sentimentos.

3. Com a sua mão direita pegue seu pulso esquerdo. Quando você julgar que é capaz de acessar cada sistema em sucessão, aperte seu pulso tão firmemente quanto seja capaz de acessar completamente o canal sensorial que você está usando. Quanto mais você pode ver, ouvir, sentir e cheirar claramente as experiências em torno de você, mais apertado você aperta seu pulso...

4. Comece a entrar em sintonia com todos os sistemas de representação simultaneamente de modo que sua atenção esteja completamente focada fora de você através de todos os seus canais. Aperte seu pulso apenas tão firmemente quanto você é capaz de fazer isso com sucesso.

5. Repita o processo até que tudo que você tem a fazer é apertar seu pulso e sua atenção automaticamente vai para fora de você, para o seu ambiente externo, sem qualquer esforço consciente.

Tendo Acesso ao Inconsciente

"Não saber" e "uptime" são estados especiais que ajudam as pessoas a ter acesso a processos inconscientes. Quase todos os artistas criativos e bem sucedidos reconhecem a importância de processos inconscientes em seu trabalho e realizações. Parece que uma vez que se estabeleceu todo o circuito apropriado (como resultado de caretaking, guiding, coaching, teaching, mentoring e sponsorship), é importante maximizar a competência inconsciente — para sair do caminho do processo e deixá-lo correr por conta própria.

Muitas pessoas criativas, por exemplo, afirmam que elas obtêm suas ideias mais brilhantes, por vezes, quando não estão se concentrando diretamente sobre o problema ou questão que estão tentando resolver, por exemplo, quando eles estão tomando banho de manhã. Um número de pessoas tem dito algo no sentido de, "Eu encho minha mente totalmente com as informações que eu possa encontrar até que eu esteja completamente esgotado e não cabe mais nada lá dentro. Então eu vou dormir. Quando eu acordo, eu tenho a resposta!". Mozart descreveu seu processo criativo para escrever música como sendo um "um sonho animado agradável", Leonardo da Vinci foi mais longe sugerindo alguns processos para estimular associações inconscientes, olhando para as paredes e descrevendo métodos para a produção de estados mentais semelhantes ao sonho, durante o dia.

Claramente, a ligação entre consciente e inconsciente é um elemento-chave do "despertar". Na verdade, uma grande parte da experiência do despertar envolve trazer à consciência o que já é conhecido em um nível inconsciente.

Sigmund Freud salientou que *os processos mentais são essencialmente inconscientes* e que *aqueles que são conscientes são atos e partes meramente isolados de toda a entidade psíquica*. Freud sustentou que a maioria dos processos que ocorrem dentro de nosso sistema nervoso ocorre fora de nossa Consciência. Alegando que *a aceitação de processos mentais inconscientes representa um passo decisivo em direção a uma nova orientação no mundo e na ciência*, Freud afirmou:

> *Nós resolvemos pensar na consciência ou inconsciência de um processo mental como meramente uma das suas qualidades e não necessariamente a definitiva... Cada processo único pertence, em primeiro lugar, ao sistema psíquico inconsciente; a partir deste sistema pode, sob certas condições, prosseguir para o sistema consciente.*

As pessoas que revelam mestria ou excelência no mundo têm uma relação de alta qualidade entre consciente e inconsciente. Elas continuamente encontram maneiras de reforçar e desenvolver a qualidade da relação entre esse pequeno pedaço que chamamos de "consciência", e a vastidão do inconsciente. Consciência realimenta a unidade maior, o inconsciente, e afeta a qualidade do relacionamento. As pessoas que experimentam maestria também entendem que essa relação é um processo contínuo, uma evolução que é continuamente melhorada conforme o tempo passa.

Desenvolver a qualidade do relacionamento consciente / inconsciente envolve um equilíbrio entre prática e espontaneidade. Às vezes é importante que o objetivo seja "não tem um objetivo." Chega um ponto em nossa aprendizagem, quando tudo o que temos a fazer é agir completamente espontaneamente. Neste momento não há autorreflexão. Há apenas o circuito sistêmico entre a mente consciente e inconsciente e entre nós mesmos e o mundo exterior.

Nas artes marciais, como Aikidô, por exemplo, você vai para o tapete praticar e praticar. Quando você encontra um adversário, você não para e fala com você mesmo ou pensa sobre o que você está fazendo. Você nem mesmo decide de antemão que manobra vai usar. Você realmente não pode saber o que vai fazer até estar com o adversário, porque você está em uma dança com o mundo exterior.

Gregory Bateson apontou que um mestre sabe quando usar o "pensamento apertado" da mente consciente cognitiva, e quando usar o "pensamento solto" da mente inconsciente mais criativa. O **ícone** da hipnoterapia Milton Erickson usou a metáfora do cavalo e do cavaleiro para descrever a interação entre a mente consciente e inconsciente; o cavalo sendo nossa mente inconsciente e o piloto sendo a nossa mente consciente. Claro, qualquer pessoa que tenha montado um cavalo sabe o que acontece quando o piloto quer ir a uma direção e o cavalo em outra. Não se chega facilmente ao destino, exige muito tempo e consome muita energia.

Assim, é importante ter estratégias e métodos para desenvolver continuamente a relação entre os processos conscientes e inconscientes. Alguns mecanismos típicos são meditação, oração e auto-hipnose. Estes são processos que exigem que toda a unidade de espírito participe completamente e honestamente, como Gregory Bateson diria. Estados de meditação, oração e auto-hipnose são semelhantes aos "não saber" e "uptime", em eles são todos caracterizados por:

a. Uso da visão periférica (em oposição a fóvea).

b. Concentração em sons externos (falta de diálogo interno).

c. Fisiologia relaxada (sem excesso de tensão emocional ou física).

Estas parecem ser qualidades fundamentais na criação da ponte entre o nosso consciente e inconsciente.

Sonhar é uma alteração ou "exceção consciente" do estado. Isso também pode ser usado para melhorar os seus processos de pensamento e de aprendizagem e para revisar e integrar novas informações. Você pode usar seus sonhos para rever o seu dia, com a intenção de explorar que aspectos do seu dia correram bem e/ou como você pode querer fazer as coisas de forma diferente no futuro. Sonhar pode ser usado para procurar respostas para perguntas, desafios, ou pontos de escolha que você pode estar trabalhando. O inconsciente não pensa em termos literais ou materiais, mas processa em termos de relacionamento, padrões e padrões de relacionamentos. O que é oferecido pela mente inconsciente para o consciente durante o sonho é metafórico. É melhor aceitar sonhos como metáforas e confiar que você entende o ensino envolvido.

Caixa de Ferramentas do Awakener: Sonhos Ativos

Sonho ativo é uma ferramenta para despertar, formulada pela treinadora e desenvolvedora da PNL de longa data, Judith DeLozier, que foi inspirada por certos grupos nativos americanos. O sonho ativo é um processo que envolve a criação de uma intenção a ser alcançada durante o sono ou sonhos durante o dia. A intenção pode ser a de obter uma resposta, resolver um problema, tomar uma decisão, obter mais informações, entender algo melhor, etc. As intenções são normalmente expressas em termos mais gerais do que um objetivo ou resultado. Por exemplo, uma pessoa pode dizer: "Minha intenção é sonhar com algo que eu posso de forma segura e ecológica deixar ir." A intenção serve como um filtro ou guia que orienta os processos inconscientes.

As respostas podem ser literais ou simbólicas. Uma pessoa pode acordar na manhã seguinte, e perceber: "É hora de eu deixar ir a raiva que eu tenho me agarrado sobre um relacionamento que terminou há cinco anos." Outra pessoa pode ir para uma caminhada, e encontrar-se fantasiando sobre as folhas caindo de uma árvore. A pessoa pode ter nenhuma compreensão consciente do que as folhas simbolizam, mas se sentir mais leve e mais à vontade.

Uma maneira de explorar os símbolos é tomar a "segunda posição" com eles — imaginando ser as folhas ou a árvore, por exemplo. Pode-se então explorar a relação entre os símbolos e a intenção original.

O exercício seguinte é uma maneira de ajudar clientes a aplicar a prática de sonho ativo para melhorar o ciclo entre os seus processos conscientes e inconscientes e ganhar uma compreensão mais profunda de algum projeto, problema ou de transição em que estejam envolvidos.

Exercício de Sonhos Ativos

1. Coloque uma "intenção" na parte de trás de sua mente; por exemplo, uma decisão que você precisa tomar, um problema que você quer resolver, algo em que você quer ser mais criativo, um problema que você quer mais informações sobre, etc.

2. Crie um estado de "não saber" ou de "uptime":

    a. Usando apenas visão periférica (em oposição a fóvea).

    b. Concentrando sua audiência a sons externos (desligar qualquer diálogo interno).

    c. Estabelecendo uma fisiologia relaxada (sem excesso de tensão emocional ou física).

3. Comprometa-se a este estado com uma caminhada de dez minutos. Enquanto caminha, observe o que parece "saltar para fora em você", ou onde a atenção é puxada; isto é, uma árvore, grama, o vento, o som de um pássaro etc.

4. Quando estes fenômenos se apresentam (pode haver mais do que um), entre em segunda posição com cada símbolo ou objeto. Quais são as características desse objeto ou símbolo? Quais seriam os seus atributos se você fosse uma árvore, por exemplo? O tempo provavelmente iria mudar, a velocidade com que objetos ou pessoas se movem seria diferente, você estaria parado na parte inferior com o movimento na parte superior, etc.

5. Pegue todo o conhecimento e as características que você descobriu ao tomar a segunda posição com o objeto ou símbolo e crie uma terceira posição ou posição meta em relação à sua intenção original. Explore que novas notícias, dados ou entendimentos você aprendeu com respeito à sua intenção original.

Caixa de Ferramentas do Awakener: Despertando para a Liberdade

Despertar é o objetivo de muitas disciplinas e práticas espirituais. Os alunos do Zen Budismo, por exemplo, interagem com um mestre Zen, que atribui koans e auxilia o estudante a quebrar livremente o pensamento e a consciência convencional. Um koan (que literalmente significa "um caso público") é um tema de meditação usado por mestres zen para ajudar os seus discípulos a romper as barreiras da "mente consciente" racional, a fim de atingir a iluminação. Koans geralmente consistem de um ditado de um grande mestre Zen do passado ou uma resposta dada por ele a uma pergunta. Por exemplo, um monge perguntou a Dongshan: "Quem é Buda?" E recebeu a resposta "Três jin do linho". Ao meditar sobre esse koan, que não é racional, o aluno Zen abre sua mente para outros tipos de pensamento, intuição e inspiração.

A "resolução" de um koan é um exemplo clássico da máxima de Albert Einstein "não se pode resolver um problema com o mesmo tipo (ou nível) de pensar que está criando o problema". A "solução" de um koan envolve "saltar" níveis lógicos, ou "pensar fora da caixa." Quando isso acontece, ao invés de ser uma fonte de luta, um koan se torna estímulo à criatividade e "iluminação".

O antropólogo Gregory Bateson afirmou que enfrentar um koan tem muito em comum com lidar com dilemas psicológicos. O "duplo vínculo" é uma situação em que parece que não há nenhuma resposta certa — qualquer resposta que se dá ou ação que se leva está "errado". Bateson acreditava que tais vínculos foram um fator-chave para o desenvolvimento da doença mental, mas também podem ser a fonte de grande criatividade e consciência, se uma pessoa foi capaz de mudar para o nível apropriado de pensamento e percepção.

Como exemplo, Bateson frequentemente citava uma característica comum de treinamento Zen. Um mestre Zen pega uma vara e coloca-a sobre um de seus alunos, dizendo: "Se você disser que esta vara é real, eu vou te acertar com ela. Se você disser que esta vara não é real, eu vou te acertar com ela. O pau **é** real ou não?". Enquanto o estudante permanecer no mesmo nível de pensar que o mestre usou para criar o duplo vínculo, ele estará preso. Se o aluno simplesmente agarra o pau, começa a cantar, pega a sua própria vara e finge "luta de espadas" etc., ele transcende o duplo vínculo, e muda o contexto da relação. Este foi um nível de aprendizagem que Bateson chamou "Aprendizagem III." (Esses processos também poderiam levar à Aprendizagem IV).

As práticas do Zen Budismo, e sua ênfase no aumento da consciência, expansão da consciência e desafio de pressupostos e limitações de nossos processos de pensamento fornecem informações úteis para o processo de "despertar". O seguinte é um exercício de despertar, inspirado pelo treinador e desenvolvedor da PNL, Richard Clarke, que combinou seus mais de 30 anos de treinamento Zen com a PNL como um elemento-chave em sua prática de coaching.

Formato de Despertar para a Liberdade

Antes de iniciar o processo, o awakener precisa colocar a si mesmo em um estado de aceitação completa e incondicional da identidade e "espírito" do cliente.

1. Peça ao cliente para refletir sobre algum padrão de vida indesejado ou improdutivo. Note a estrutura básica do padrão. (Por exemplo, uma pessoa pode pensar: "Isso será apenas como todas as outras vezes que eu tentei fazer uma mudança na minha vida. Eu só sei isso. Não vai funcionar e eu só vou me sentir desesperado novamente. Com a família que eu tive o que posso esperar!"). Instrua o cliente a recordar os muitos exemplos do padrão em sua vida, as consequências que resultaram, e as formas em que isso afetou a sua vida.

    a. Peça ao cliente para considerar como seria no futuro ser livre desse padrão e refletir sobre como sua vida seria diferente se este padrão já não estivesse nela.

    b. Em seguida, peça ao cliente que reflita sobre o que este padrão faz para ele — isto é, como a continuação do padrão pode estar funcionando em sua vida. Verifique se este está "ajudando" o cliente de qualquer forma. Por exemplo, pode ajudar o cliente a evitar a responsabilidade, escapar de críticas ou dominação por outra pessoa, manipular ou tentar controlar os outros, dar-lhe um sentido de identidade familiar, etc. Se essas "vantagens" ainda são valiosas para o cliente, explore a forma como ele pode obtê-las em outras maneiras que através da continuação do comportamento indesejado.

Ao discutir estas questões com o cliente, permaneça em um estado de aceitação completa e incondicional da identidade do cliente e o "espírito" de suas respostas.

2. Agora, diga ao cliente, com uma voz e forma respeitosa, "Você é livre... então você poderia continuar a fazer, pensar ou acreditar nisso mesmo para o resto de sua vida. Você vai continuar a ser um ser humano aceitável, não importa o que você fizer. Você é completamente OK como você é, e continuará a sê-lo mudando ou não alguma coisa em sua vida. E você é livre... assim você realmente poderia continuar este padrão e estar perfeitamente bem... mas por quê?".

3. Peça ao cliente para considerar sinceramente e cuidadosamente esta questão, observe a sua resposta interna a esta pergunta e compartilhe-a com você. Frequentemente, essa resposta será a de trazer outras crenças sobre o padrão ou o cliente. (Por exemplo, o cliente pode responder: "Tem sido assim por muito tempo, eu não posso esperar ser capaz de mudar as coisas assim. Além disso, eu terei resistência a cada passo do caminho da minha família / colegas de trabalho / chefe").

4. Mudando o foco para esta resposta, repita os seus comentários do passo 2; novamente lembrando o cliente, "Você é livre... assim você realmente poderia continuar esta resposta e estar perfeitamente bem... mas por quê?".

5. Mais uma vez peça ao cliente que considere sinceramente e cuidadosamente esta questão, observe a sua resposta interna a esta pergunta e compartilhe-a com você.

6. Repita este processo um número de vezes; cada vez lembrando o cliente, "Você é livre... assim você realmente poderia continuar essa resposta e estar perfeitamente bem... mas por quê?".

Depois de várias repetições, o cliente irá rapidamente para além de suas justificativas típicas no que diz respeito à questão e obterá uma percepção mais e mais profunda do padrão. Eventualmente, o cliente vai se encontrar "fora da caixa" de seus padrões de pensamento habituais, livre de velhas crenças e premissas e com nova consciência de áreas em que ele realmente tem uma escolha.

Porque não há nenhum "empurrão" do coach, o cliente é levado a confrontar seu próprio mapa interno cada vez mais profundamente, tendo autodescobertas que não foram antes possíveis. Assim, é muito importante que, quando o coach pergunta "mas por quê?", ele seja verdadeiramente curioso e receptivo e aceite o cliente e o que ele diz incondicionalmente.

Duplo Vínculo

Na seção anterior, abordamos a noção de um duplo vínculo. Um duplo vínculo é essencialmente uma situação "sem saída"; ou seja, uma situação em que você está "errado se o fizer, e errado se não o fizer." De acordo com o antropólogo Gregory Bateson, que originalmente definiu a noção de duplo vínculo, tais dilemas estão na raiz de ambos, criatividade e confusão emocional. A diferença é se alguém é ou não é capaz de reconhecer e transcender o vínculo de forma adequada.

A estrutura essencial de um duplo vínculo é:

Se você *não fizer* A, você não vai (sobreviver, ser seguro, se divertir, ser OK como pessoa etc.). Mas se você *fizer* A, você não vai (sobreviver, ser seguro, se divertir, ser OK como pessoa etc.).

O julgamento das bruxas de Salem é um exemplo clássico de tal vínculo. Aparentemente, um dos testes para ver se uma pessoa era uma bruxa era vincular a pessoa e lançá-la para a água. Se a pessoa flutuasse e sobrevivesse, em seguida, ela estava determinada a ser uma bruxa, e era condenada à morte. Se a pessoa afundasse e se afogasse, ela era exonerada com respeito a ser uma bruxa, mas é claro, também estaria morta.

Não é incomum clientes sentirem que estão "em julgamento" de tal maneira. Dilemas menos dramáticos ocorrem com bastante frequência na vida cotidiana. Um exemplo é o dilema do marido que, quando perguntava à sua esposa o que ela estava pensando sobre determinados temas, era dito com raiva que "não era assunto dele". Se ele não perguntasse, no entanto, era criticado por "não cuidar" das opiniões dela. Sua incapacidade de resolver o significado das duas mensagens e responder apropriadamente o fez sentir que ele era um marido inadequado.

Duplos vínculos também surgem em situações de negócios. Considere a situação da pessoa cuja carga de trabalho tornou-se tão grande que ela não seja capaz de lidar com isso. Fazer uma parte do seu trabalho significa que alguma outra parte não é feita. Por outro lado, não fazer parte do trabalho significa que não será feito. De qualquer maneira, a pessoa não está fazendo o seu trabalho.

Outro dilema frequente em negócios relaciona-se com o processo de "enxugamento". Um gerente confrontado com a redução das pessoas em sua organização, muitas vezes é pego no vínculo de querer que as pessoas sejam "bem sucedidas" e que o negócio seja "bem sucedido". Se o gerente cortasse as pessoas, então eles não teriam rendimentos, poderiam perder suas casas, etc. Assim, o gerente falharia em seu resultado de fazer as pessoas com quem ele trabalha com "sucesso". Por outro lado, se o gerente não reduzisse as pessoas, então o negócio poderia não ser rentável, ou mesmo falhar — em ambos os casos, sem êxito. O gerente está no duplo vínculo de falhar no que diz respeito aos seus colegas de trabalho, ou em relação ao negócio.

Os mais intensos dilemas ocorrem no contexto das relações interpessoais significativas. Eles muitas vezes envolvem o que parece ser uma luta de poder em que uma pessoa está "negativamente sponsoring" o outro ou tentando "fazer a outra pessoa errada".

Como ilustração, Bateson cita um exemplo de um menino que tinha sido internado com o diagnóstico de "esquizofrenia". Depois de algum tempo no hospital, o menino tornou-se estável o suficiente para ser capaz de receber visitantes. Um dia, a mãe do menino veio visitá-lo. Após saudá-lo, a mãe disse: "Que tal dar um abraço em sua mãe?" O menino obedientemente colocou os braços ao redor dela. Quando ele abraçou-a, no entanto, a mãe do menino visivelmente endureceu claramente desconfortável com o contato físico. Respondendo à mensagem não verbal, o rapaz retirou seus braços, um pouco confuso. Neste ponto, a mãe perguntou: "O que está errado, você não ama sua mãe?" Tornando-se ainda mais confuso e desconfortável, o menino começou a ficar tenso e desviar o olhar. Com isso, sua mãe advertiu: "Você realmente deve aprender a controlar suas emoções." A interação continuou desta forma até a ansiedade do garoto escalar, encerrando em um episódio de violência para a qual ele teve que ser contido fisicamente.

Mesmo que a situação não seja tão dramática como a dos julgamentos das bruxas de Salem, todos os ingredientes para um duplo vínculo estão presentes. A primeira mensagem é: "Se você não me abraçar você não me ama (e, portanto, não terá a minha aprovação)." A segunda mensagem, no entanto, é: "Se você me abraçar, vai me fazer desconfortável e vou me retirar (e, portanto, você não terá a minha aprovação)".

Há também uma terceira mensagem, neste exemplo, acerca de reação do rapaz ao seu dilema. O comentário de que, "Você realmente deve aprender a controlar suas emoções", implica que a fonte do problema é a incapacidade do menino de controlar suas emoções em vez de em sua própria incongruência. A implicação é: "O fato de você se sentir meio confuso significa que algo está errado com você. Você é a causa do problema, confusão, etc.".

Esta terceira mensagem parece ser uma parte importante do padrão duplo vínculo. A outra pessoa interpreta desconforto ou confusão do indivíduo como um sinal de (1) a incompetência, ou (2) intenção negativa vinda de uma posição de poder por parte do indivíduo que está no duplo vínculo (invertendo a realidade). A terceira mensagem é também tipicamente em um nível de identidade e é essencialmente uma mensagem de "sponsorship negativo". A implicação é que o senso de confusão do indivíduo é uma evidência de que ele está com defeito ao nível da sua identidade; isto é, sua angústia sobre estar em um duplo vínculo é um sinal de um defeito em seu caráter. É este terceiro aspecto do duplo vínculo que o torna mais emocionalmente intolerável.

Caixa de Ferramentas do Awakener: Transcendendo Duplos Vínculos

Estar em um duplo vínculo é muito como ter um pesadelo. Tem sido apontado que quando você está tendo um pesadelo, há muitas coisas que você pode fazer para tentar escapar do perigo que você percebe estar perseguindo você. Você pode correr, se esconder, pedir ajuda, e, porque é um sonho, você ainda pode fazer coisas que desafiam a realidade típica como voar, mudar de forma, etc. Há, no entanto, apenas uma verdadeira solução para o pesadelo, e que é acordar dele.

Os trainers e desenvolvedores de PNL Tim Hallbom e Suzi Smith sugerem a prática de tomar várias "meta posições" como uma maneira de ajudar os clientes a "despertar" de duplos vínculos. Tomar uma "meta posição" tipicamente envolve a mudança para o que nós referimos anteriormente como "terceira posição" — dissociar de si mesmo e tomar a perspectiva de um observador de sua situação atual. Essa mudança de perspectiva também é facilitada pela utilização de linguagem na "terceira pessoa" (ele, ela, eles, elas etc.) ao descrever a si mesmo e quaisquer outras pessoas envolvidas na interação. Normalmente, a intensidade emocional associada com a situação é imediatamente reduzida caso se possa realizar esta mudança de posição perceptiva.

Por causa da natureza multinível de , no entanto, a simples dissociação muitas vezes não é suficiente. Frequentemente, abordar duplos vínculos envolve a capacidade de dissociar-se três vezes (observando-se observando a si mesmo) ou quatro vezes (observando-se, assistindo-se, observando-se). Se necessário, o processo pode ser ainda mais alargado (existe um número ilimitado de potenciais meta posições). Cada novo nível de dissociação não só afasta uma pessoa mais longe da intensidade emocional da situação, mas também permite que ela dê uma perspectiva mais ampla e potencialmente mais sábia.

Para ajudar os clientes a utilizar este método de se libertar de situações de duplo vínculo e encontrar novas opções, você pode oferecer-lhes as seguintes instruções:

1) Lembre-se de uma situação em que você sente que esteve em um duplo vínculo.

2) Imagine que você pode flutuar fora de seu corpo, até um ponto acima e atrás de si mesmo, de modo que você esteja assistindo a si mesmo e a outra pessoa (s) na interação. Veja-"os" interagir "lá" como se fosse um observador não envolvido. Observe que nova consciência, entendimentos ou aprendizados você ganha a partir desta perspectiva.

3) Imagine que você é capaz de se mover para um ponto acima e atrás dessa perspectiva de "observador", de modo que você esteja assistindo-se observar a si mesmo e o outro (s) na situação "lá". Mais uma vez note qualquer nova consciência, entendimentos ou aprendizados você ganha a partir desta perspectiva.

4) Continue repetindo o passo 3 várias vezes para cada nova posição do observador que você seja capaz de alcançar. Você pode encontrar-se alcançando um tipo de perspectiva "espiritual" e consciência que pode ajudar a trazer uma sensação de paz interior e sabedoria. Quais seriam os "pensamentos de Deus" em relação a esta situação?

5) Refaça seus passos de volta à situação original, reentrando em cada perspectiva de observador e levando consigo as sensibilizações, entendimentos e aprendizados que você ganhou de cada uma das posições de observadores. Sua experiência deve ser muito diferente quando você reassocia de volta na memória da situação duplo vínculo.

Caixa de Ferramentas do Awakener:
Criando Duplos Vínculos Positivos

Como foi mencionado anteriormente, os duplo vínculos mais difíceis têm a característica de incluir um número de mensagens de sponsorship negativas, ou seja, "Você está errado se você fizer isso." "Você está errado se você não fizer" e "Você está errado se você não pode decidir". Isso tende a produzir o oposto do despertar. Em vez de "tornar-se plenamente consciente, presente e sensibilizado" e ter mais sabedoria, clareza e criatividade, a pessoa se sente confusa, presa e desligada.

Uma maneira de criar antídotos para duplos vínculos é a criação de uma situação em que a pessoa recebe várias mensagens de sponsorship positivo em seu lugar. Isto é, que ele está assegurado que " Você está OK se você fizer", "Você está OK, se você não fizer" e "Você está OK, se você não pode decidir." Isso cria o que poderia ser chamado de um "duplo vínculo positivo" uma situação sem perda, em que a pessoa é validada e suportada no nível de identidade, não importa o quê faça.

Semelhante ao formato Despertar para a Liberdade, este tipo de apoio permite que a identidade da pessoa seja separada do comportamento, que ela fique "fora da caixa" do tipo de pensamento associado com o problema e realmente reflita sobre suas crenças, suposições e escolhas com respeito à situação.

Uma das chaves para Despertar para a Liberdade, Duplo Vínculo Positivo e lidar com dilemas em geral **é** ajudar clientes a experimentar o princípio da verdade profunda de Nils Bohr; a noção de que em uma profunda verdade, seu oposto também é verdadeiro. A consciência da verdade mais profunda traz um maior senso de sabedoria e de escolha. O objetivo de criar um duplo vínculo positivo é de ajudar os clientes a tornarem-se conscientes desse tipo dessa verdade mais profunda em relação a si mesmos e seus padrões de comportamento.

Um duplo vínculo positivo é uma ferramenta útil para despertar muitos tipos de situações. O que se segue é um formato para a criação de um duplo vínculo positivo, que envolve o envio de uma combinação de determinadas mensagens de sponsorship positivo para um cliente. Embora seja possível uma pessoa entregar todas essas mensagens ao cliente, o processo é mais facilmente realizado num grupo com quatro pessoas.

1. Peça ao cliente para identificar um padrão de comportamento em relação ao qual ele está preso ou indeciso. Pode ser desejado ou indesejado (por exemplo, procrastinar, escrever um livro, mudar de emprego, romper um relacionamento etc.).

2. Pessoas A e B estão em ambos os lados do cliente e fazem as seguintes observações repetidas vezes:

Pessoa A: "Você está OK se você fizer".

Pessoa B: " Você está OK se você não fizer".

As pessoas A e B juntas: "Você está OK, se você não puder decidir".

3. Ao mesmo tempo, a pessoa C repete continuamente:

"Há um propósito maior para a sua vida e ações."

"Você tem a capacidade de tomar boas decisões."

"Você pode confiar em seu eu maior e em seu inconsciente."

"Você vai ser guiado para fazer a escolha certa."

"Você tem a capacidade de lidar eficazmente com os desafios da vida."

"Você pode ser forte, compassivo e brincalhão."

"Você pode aprender. Há algo importante para aprender."

Note que a ênfase das mensagens de A e B é que "Você está OK", e não "É OK." Dizer "Você vai ficar bem se você procrastinar ou não" é diferente de dizer "É OK se você procrastinar ou não procrastinar". O termo implica em um julgamento geral sobre o comportamento ao invés de uma mensagem sobre a identidade do indivíduo. O ponto crítico deste exercício é enfatizar que o cliente vai ficar bem em um nível de identidade, não importa o que. Isso ajuda o cliente a separar sua identidade do comportamento em questão e dá ao cliente a liberdade genuína para escolher.

O terceiro conjunto de mensagens ajuda a lembrar ao cliente seus recursos-chave e crenças que podem ajudá-lo a tomar decisões eficazes e encontrar o seu caminho.

Os clientes que passaram por este processo frequentemente acham que o primeiro conjunto de mensagens basicamente neutraliza quaisquer conflitos internos ou lutas. O segundo conjunto de mensagens ajuda-os a trazer os recursos necessários para sabiamente e ecologicamente tomar a decisão apropriada ou resolver o problema.

Níveis de Aprendizagem e Mudança de Bateson

O processo de despertar é claramente um dos níveis de mudança de experiência e consciência. Muitas vezes as pessoas falam sobre como responder a coisas em diferentes níveis. Por exemplo, alguém poderia dizer que alguma experiência foi negativa em um nível, mas positiva em outro nível. Em nossa estrutura cerebral, linguagem e sistemas de percepção, existem hierarquias naturais ou níveis de experiência. O efeito de cada nível é organizar e direcionar as informações sobre o nível abaixo dele. Mudar algo em um nível superior necessariamente muda as coisas sobre os níveis mais baixos; mudar algo num nível inferior pode, mas não necessariamente afeta os níveis superiores.

O antropólogo Gregory Bateson (1973) identificou quatro níveis básicos de aprendizagem e mudança — cada nível mais abstrato do que o nível abaixo dele, mas cada um com um maior grau de impacto sobre o indivíduo. Bateson propôs sua categorização de diferentes "níveis lógicos" de aprendizagem baseados na teoria matemática de Bertrand Russell de tipos lógicos (Veja o Apêndice A). Cada nível funcionava fazendo-se mudanças corretivas e refinamentos no próximo nível mais baixo em que se operou.

De acordo com Bateson:

> *Aprendizagem Zero é caracterizada pela especificidade da resposta [isto é, ter um comportamento específico em um ambiente específico — RD] que — certo ou errado — não está sujeito à correção.*

Aprendizagem I é mudar a especificidade da resposta por correção de erros de escolha dentro de um conjunto de alternativas.

Aprendizagem II é uma mudança no processo de Aprendizagem I, por exemplo, uma mudança de correção no conjunto de alternativas a partir do qual é feita a escolha, ou é uma mudança no modo como a sequência é pontuada.

Aprendizagem III é a mudança no processo de Aprendizagem II, por exemplo, uma mudança corretiva no sistema de conjuntos de alternativas a partir do qual a escolha é feita.

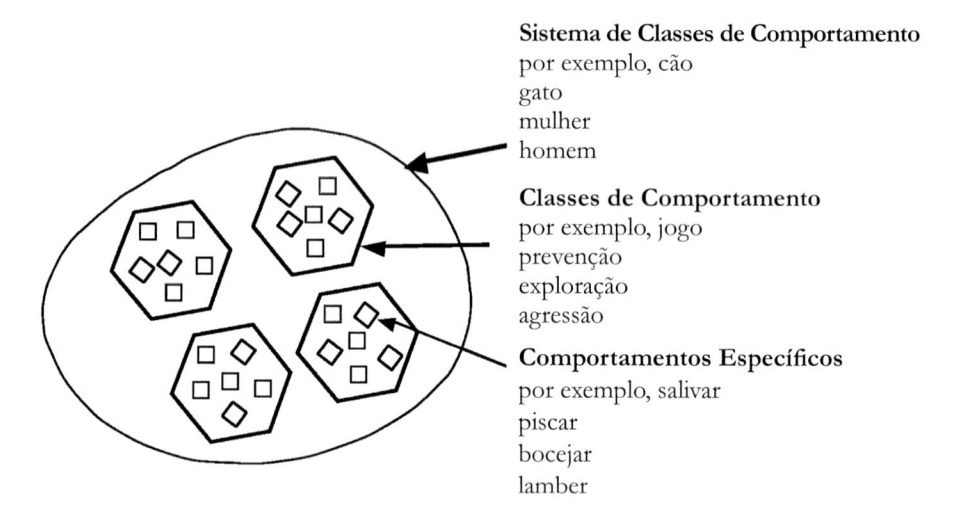

Sistema de Classes de Comportamento
por exemplo, cão
gato
mulher
homem

Classes de Comportamento
por exemplo, jogo
prevenção
exploração
agressão

Comportamentos Específicos
por exemplo, salivar
piscar
bocejar
lamber

Diferentes níveis de aprendizagem relacionados com alterações nos diferentes níveis de comportamento

Como exemplo, considere a situação de Pavlov e seus cães. Pavlov descobriu que podia condicionar seus cães a salivarem ao som de um sino tocando repetidamente o sino quando ele os alimentava. Os cães aprenderam a associar o som do sino com o recebimento de alimentos. Muito em breve tudo que Pavlov precisava fazer era tocar a campainha e, mesmo que ele não tivesse comida, os cães começam a salivar, desencadeados apenas pelo som.

De acordo com os níveis de modelo de Aprendizagem de Bateson, o ato inicial dos cães de salivar quando recebem determinado alimento é um caso de *Aprendizagem Zero*. É uma resposta pré-programada, instintiva, que é herdada e que seria difícil, se não impossível, extinguir.

Aprender a estender a reação de salivação, da visão e cheiro da comida, ao som do sino é um exemplo de *Aprendizagem I*. Através da repetição e reforço, o cão aprende a associar a resposta específica de salivar (ao contrário de outras respostas, tais como bocejar, lamber, piscar, etc.) com o estímulo específico de um sino particular.

Aprendizagem II envolve uma "mudança no conjunto de alternativas a partir do qual a escolha é feita." Isto significa que, uma vez que um cão tenha aprendido a salivar ao som de um sino, ele teria que mudar essa resposta a algo completamente diferente (dizem latir ou fugir) quando ouvisse o sino (ao invés de simplesmente aumentar ou diminuir a quantidade de saliva). Salivação é membro de um conjunto de comportamentos de "alimentação". Outros "sets" de alternativas seria "jogo", "prevenção", "exploração", "agressão", etc. Fazendo uma mudança a este nível, obviamente, seria mais complexo do que a aprendizagem I.

Aprendizagem III seria uma mudança ainda maior. Bateson diz que seria uma "mudança no sistema de conjuntos de alternativas a partir do qual a escolha é feita." Um cão, por exemplo, é um "sistema" de conjuntos de alternativas. Outros animais (gatos, pássaros, seres humanos, lobos, etc.) constituiriam sistemas diferentes. Para realizar Aprendizagem III, os cães de Pavlov teriam que mudar de repente de comportamentos "de cachorro" para comportamentos "de gato" (miar, subir em árvores, etc.), quando a campainha tocasse. Isto seria claramente um grande desafio e, como Bateson apontou, é praticamente impossível para os adultos da maioria das espécies (embora imitar outros animais como cães, gatos e aves seja um passatempo natural e normal para crianças humanas).

Assim, no âmbito de Bateson, um simples reflexo mecânico, seria um caso de "aprendizagem zero". Processos de *Aprendizagem Zero* também poderiam incluir hábitos, vícios e outros padrões que parecem fixos e imutáveis. Aprendizagem Zero é uma situação comum para muitas pessoas e organizações. Muitos dos nossos comportamentos tornam-se hábitos inconscientes e embutidos que tornam difícil a adaptação e o ajuste às mudanças no mundo que nos rodeia de forma eficaz. Isso frequentemente leva à estagnação, resistência, complacência e ineficiência.

Condicionamento comportamental, aprendizagem psicomotora, reengenharia de processos ou melhoria da qualidade seriam as operações relativas às "mudanças corretivas" com respeito a determinados comportamentos e ações em pessoas e organizações — *Aprendizagem I*. Aprendizagem I é essencialmente sobre flexibilidade comportamental; atualizar e melhorar os procedimentos e padrões de comportamento que já existem. Aprendizagem I é mais bem facilitada por ajudar as pessoas a desenvolver uma melhor "metacognição," a consciência de suas ações, a experiência interna e processos de pensamento. Isto é feito através do fornecimento de treinamento básico e ensino de técnicas como a análise contrastiva e fornecimento de feedback.

Alterar processos de alto nível como políticas, valores e prioridades, estaria relacionado com as operações que abordam conjuntos inteiros de alternativas — *Aprendizagem II*. Se uma empresa, por exemplo, decide mudar para ser mais "orientada a serviços" do que "orientada para o produto", isso vai exigir mudanças de grande escala em todas as áreas inteiras de procedimentos e comportamentos, e provavelmente o estabelecimento de novos conjuntos de comportamentos e procedimentos modelados a partir de outros.

Outro exemplo de mudança ao nível da aprendizagem II em um indivíduo seria uma mudança abrupta de comportamento exploratório à evasão, ou de agressão à exploração ou jogo. Para conseguir uma reviravolta tão imediata e dramática exige mudanças nas crenças e valores. Se alguém acredita que um determinado contexto é "perigoso", por exemplo, será mais do que provável que escolha comportamentos de "evasão" em vez dos da classe de "jogo". Por outro lado, se uma pessoa acredita que um contexto é "seguro", ela não é propensa a escolher comportamentos das classes de "luta" ou "voo".

Um bom exemplo disto é a rápida queda no número de pessoas que optam por viajar em aviões depois dos sequestros em 11 de setembro de 2001. Não foi uma mudança gradual provocada por tarifas mais elevadas ou serviço mais pobres (o que teria sido uma instância de Aprendizagem I). Pelo contrário, foi uma mudança imediata e intensa provocada pela crença de que não era mais "seguro" voar. Claramente, os efeitos de Aprendizagem II são mais imediatos e de longo alcance do que a Aprendizagem I.

No que diz respeito aos seres humanos, a mudança para Aprendizagem II é suportada pela capacidade de entrar em "meta posição", isto é, desassociar de si mesmo e considerar suas ações no contexto, e em comparação com outros "Conjuntos de Alternativas". Este é um dos principais objetivos do mentoring.

"Imprinting" e desenvolvimento da personalidade se relacionam mais com o estabelecimento de mudança de "sistemas" inteiros de comportamentos alternativos - *Aprendizagem III*. Deslocar tais "sistemas" essencialmente envolve uma mudança no nível de identidade. Trata-se de expandir nossa gama de comportamentos para incluir possibilidades fora do nosso papel ou coleção de "sets" de alternativas atuais. A Internet e a "nova economia", por exemplo, forçaram muitas empresas a esticarem completamente novas abordagens de gestão e marketing, às vezes muito além do que elas eram acostumadas ou que lhes era confortável.

Modelagem, avaliação comparativa e entrar em "segunda posição" com os outros são formas de apoiar o processo de Aprendizagem III. Elas nos facilitar ir além do limiar e dos limites do nosso sentido atual de ego e identidade. Como Bateson mantinha "Na medida em que o homem alcançar a Aprendizagem III... seu 'eu' vai assumir uma espécie de irrelevância". Bateson afirmava que a mudança no nível de Aprendizagem III era muito difícil, e que "exigir este nível de desempenho em alguns homens e alguns mamíferos às vezes é patogênico". É por isso que sponsorship é tão essencial para apoiar as pessoas a expandir a sua identidade.

Aprendizagem IV

Para além destes três níveis, Bateson também insinuou a possibilidade de uma *Aprendizagem IV* — um nível de aprendizagem que ele acreditava que não era possível ser alcançado por qualquer membro individual de uma espécie, mas apenas em conjunto como um grupo ou espécie como um todo. Aprendizagem IV envolveria o estabelecimento de completamente novos comportamentos que não se encaixam em qualquer sistema atual de classes de comportamento. Aprendizagem IV seria um tipo verdadeiramente revolucionário de aprendizagem, que envolveria a criação de novos arquétipos ou sistemas de comportamento.

Quando nossos ancestrais levantaram-se sobre dois pés e falaram as primeiras palavras, eles não estavam selecionando a partir de um conjunto existente de alternativas, nem foram modelando algumas outras espécies ou criaturas que já existiam. Eles começaram algo completamente novo que revolucionou o nosso papel no planeta.

Atos de gênios têm frequentemente características de Aprendizagem IV — sem precedentes e transformadores — levando a revoluções no modo como entendemos e interagimos com o mundo ao nosso redor. No mundo de empreendedores de tecnologia do Vale do Silício, as pessoas muitas vezes distinguem entre tecnologias "revolucionárias" e "evolutivas". Tecnologias evolutivas são aquelas que fazem uma melhoria significativa no que já existe, estendendo a sua funcionalidade ou característica de algum modo importante ou integrando-a com outras tecnologias. Tecnologias revolucionárias são aquelas que alteram ou criam uma nova indústria e transformam a forma como as pessoas trabalham ou se comunicam. Coisas como a imprensa, automóvel, avião, rádio, televisão, computador pessoal, Internet, por exemplo, poderiam ser consideradas tecnologias revolucionárias.

Enquanto algum tipo de "despertar" acompanha cada nível de aprendizagem no modelo de Bateson, os despertares em aprendizagem IV são os mais profundos e transformadores. Os aspectos revolucionários da Aprendizagem IV são claramente exemplos de um tipo de despertar em que não só somos capazes de estar "fora da caixa", mas começamos a criar todo um novo conjunto de caixas.

Como Bateson sugere, os insights e despertares que constituem Aprendizagem IV mais provavelmente vêm na forma de algum tipo de inspiração ou revelação que tem sua fonte além do indivíduo e no sistema de maior ou "campo" que nos rodeia — o que Bateson referia como a "Mente maior" ou "padrão que conecta", e o que está implícito quando Einstein fala sobre "os pensamentos de Deus" ou "universo".

Ter acesso à aprendizagem IV exige uma forte ligação com a nossa mente inconsciente e deriva de estados de "não saber", "uptime", "sonho ativo", que envolvem estar centrado e aberto a todas as possibilidades, sem fazer quaisquer julgamentos ou interpretações. Esses estados especiais nos dão a experiência de sermos capazes de inconscientemente tocar as possibilidades presentes no "campo" ou "Mente" maior em torno de nós — que temos chamado o nível "espiritual" da aprendizagem e experiência.

Visão Geral dos Quatro Níveis de Aprendizagem

Resumindo os níveis de aprendizagem de Bateson:

- **Aprendizagem 0** é *não mudança*. Trata-se de comportamentos repetitivos em que o indivíduo, grupo ou organização está preso em um barranco ou preso "dentro da caixa" — por exemplo, os hábitos, a resistência, a inércia.

- **Aprendizagem I** é *mudança gradual, incremental*. Trata-se de fazer as correções e adaptações através da flexibilidade comportamental e alongamento. Embora essas modificações possam ajudar a ampliar as capacidades do grupo ou organização individual, elas ainda estão "dentro da caixa" — por exemplo, estabelecem e aperfeiçoam novos procedimentos e capacidades. Aprendizagem I é o foco de coaching e teaching.

- **Aprendizagem II** é *mudança rápida, descontínua*. Envolve a mudança instantânea de uma resposta a uma categoria ou classe de comportamento completamente diferente. É essencialmente a mudança de um tipo de "caixa" para outra — por exemplo, mudança nas políticas, valores ou prioridades. Aprendizagem II é mais bem facilitada através do processo de mentoring.

- **Aprendizagem III** é a *mudança evolutiva*. É caracterizada por alterações significativas que se estendem para além dos limites da identidade do indivíduo ou grupo, organização. Poderíamos dizer que não só eles estão fora da "caixa", eles estão fora do "edifício" — por exemplo, a transição do papel, marca ou identidade. Mudanças neste nível requerem sponsorship eficaz.

- **Aprendizagem IV** é uma *mudança revolucionária*. Trata-se de despertar para algo completamente novo, único e transformador. Ao nível da aprendizagem IV, o indivíduo, grupo ou organização está fora da caixa, fora do edifício e em um novo mundo — por exemplo, completamente novas respostas, tecnologias ou capacidades que abrem a porta para possibilidades anteriormente desconhecidas e inexploradas.

Os níveis de Bateson fornecem um roteiro muito útil para os coaches quando procuram ajudar seus clientes. Novos resultados e a necessidade de mudança criado por mudança no ambiente dos clientes força-os a confrontar comportamentos e padrões que se tornaram presos no nível de aprendizagem 0. A questão torna-se então, em que nível (I, II, III e IV) a aprendizagem precisa ocorrer para que o cliente a alcance seus objetivos e se mova a partir de seu estado atual para o estado desejado?

Obviamente, os diferentes tipos de situações de vida e transições trazem e exigem diferentes níveis de aprendizagem. É importante ser capaz de identificar o nível (s) de aprendizagem necessário para que o cliente atinja seu estado desejado e aplicar a abordagem e um apoio adequado que irá facilitar esses níveis de aprendizagem. Frequentemente, indivíduos e organizações, sem saber, tentam aplicar uma solução de Aprendizagem I a um problema de Aprendizagem II ou III. Isso é ineficaz na melhor das hipóteses, e às vezes torna as coisas ainda piores.

Algumas questões e metas exigirão aprendizagem em vários ou

todos os níveis. Realizar grandes transições da vida e quebrar dilemas exige claramente ajustes em vários níveis de aprendizagem, incluindo aprendizagem IV, às vezes. Outro problema comum que aparece em clientes, e que requer vários níveis de aprendizagem e mudança, é o de atualizar "estratégias de sobrevivência".

Estratégias de Sobrevivência

Estratégias de sobrevivência são padrões internos profundos e muitas vezes inconscientes que são geralmente estabelecidos em uma idade muito precoce. Estratégias de sobrevivência típicas são respostas como *luta* (ataque), a *voo* (escape) ou *congelamento* (paralisia). Estratégias de sobrevivência fazem parte do nosso núcleo de programação e funcionam como uma espécie de programa de meta fundamental que molda a nossa abordagem à vida e relacionamentos. Elas são uma parte da nossa programação mais profunda com que partilhamos e evoluíram a partir de outros animais. Todas as criaturas devem desenvolver algum tipo de estratégia de sobrevivência.

Estas estratégias fundamentais podem assumir muitas formas em nossa vida diária, tais como sentir a necessidade de encolher, tentando tornar-se pequeno e invisível, sem expressão, dissociar dos sentimentos, submeter-se, tornar-se passivo, tentar seduzir o agressor, acreditar na necessidade de se prender a terra a todo custo, etc. "Sobrevivência", em muitos casos, se estende além da sobrevivência física para incluir a preservação ou a proteção do nosso sentido de identidade e integridade pessoal, crenças e valores-chave, papéis e relações significativas a que nos dedicamos, e assim por diante.

Tal como acontece com todas as estratégias, é mais eficaz ter uma gama de possibilidades no que diz respeito às nossas estratégias de sobrevivência e aplicá-las de forma flexível de acordo com o contexto. Frequentemente, no entanto, ficamos presos em uma estratégia ou generalizamos a sua eficácia. Isso nos leva a agir de forma inadequada, e frequentemente produz um resultado paradoxal em que estamos, na verdade, escalando a situação, e acaba colocando-nos de alguma forma ainda mais em risco.

Como uma analogia, sabe-se que diferentes estratégias de sobrevivência são mais eficazes, com diferentes tipos de mamíferos predadores. Se uma pessoa é atacada por um urso, por exemplo, o melhor é deitar-se, tornar-se passivo, e fingir estar morto. Se abordado por um leão da montanha, por outro lado, é melhor para uma pessoa ficar na ponta do pé, fazendo-se aparecer tão grande quanto possível, e lentamente se afastar. Tentar a estratégia errada com o animal errado pode resultar em consequências desastrosas (e tentar correr mais que o predador não é provável que seja eficaz em qualquer situação).

Assim, é importante rever, enriquecer e atualizar periodicamente nossas estratégias de sobrevivência, expandindo nossas opções para incluir novas possibilidades, como a centralização, a aceitação, o perdão, o compromisso e fluidez. Por elas serem tão profundas e vitais para a nossa existência, mudar estratégias de sobrevivência não é simplesmente uma questão de fazer ajustes superficiais. Atualizar estratégias de sobrevivência consiste em rever situações importantes da vida e trazer novos recursos para estas experiências em vários níveis.

Caixa de Ferramentas do Awakener:
Atualizando Estratégias de Sobrevivência Através dos Níveis de Aprendizagem e Mudança de Bateson

O formato a seguir aplica os níveis lógicos de Aprendizagem de Gregory Bateson para ajudar clientes a identificar e atualizar estratégias de sobrevivência que possam estar ultrapassadas e ineficazes. Envolve mover sistematicamente todo o caminho da Aprendizagem 0 à Aprendizagem IV.

A Aprendizagem I, II e III são como os degraus de uma escada que nos ajudam a conseguir a possibilidade de Aprendizagem IV. Este processo demonstra os vários tipos de abordagens e suporte que ajudam as pessoas a fazer os tipos de ajustes e mudanças em perspectiva necessária para realizar com êxito cada nível de aprendizagem, com base nos insights e conhecimentos gerados em cada nível para apoiar a capacidade de Aprendizagem IV.

O processo envolve levar o cliente pelos seguintes passos:

1. Pense em uma situação-problema ou relacionamento em que você continua a cair de volta a uma estratégia de sobrevivência antiga, embora ela seja ineficaz (Aprendizagem 0). Associe-se em um exemplo da experiência e internamente a "reviva". Demonstre a resposta comportamental que você tem nessa situação, e identifique a estrutura da estratégia de sobrevivência (isto é, lute contra, tente escapar, congele-se, encolha, torne-se invisível, etc.). Tenha em mente que o padrão pode envolver uma combinação ou sequência de estratégias de sobrevivência.

2. Saia da situação e reflita sobre esse padrão de comportamento. Observe como você está respondendo tanto mentalmente quanto fisicamente nessa situação. Explore como você pode ajustar ou adaptar o seu comportamento (Aprendizagem I) se você fosse capaz de ter mais força interior (poder), maciez (compaixão) e diversão (humor). Desempenhe algumas possibilidades explorando como você pode variar o comportamento atual; isto é, exagere-o, molhe-o, transfira-o, etc. Pense em um coach ou professor chave em sua vida que pode ajudá-lo a ser mais flexível.

3. Dê um passo para trás da situação e vá para uma posição de "observador", de modo que você esteja "observando se" na situação problema.

    a. Observe como você foi categorizada ou classificada esta situação até agora. O que você percebe como a questão de sobrevivência? Que crenças você estava segurando sobre si mesmo, os outros ou o contexto que lhe provocam perceber como uma situação de "sobrevivência"?

b. Pense em algum outro tempo e situação em que você foi capaz de agir ou reagir de uma maneira completamente diferente e com mais recursos (Aprendizagem II) — por exemplo, um estado de "uptime." Associe-se a uma situação em que você foi capaz de promulgar esta outra classe de comportamento.

c. Crie uma "ponte de crença" para a situação problema: Qual é a crença você tem que lhe permite agir com recursos nesta outra situação? Que crença que você precisa ter, a fim de apoiar a nova classe de comportamento na situação problema? Pense em um mentor importante em sua vida que pode ajudá-lo a realizar essa crença.

d. Revisite a situação do problema e aja "como se" você tivesse essa crença e a classe diferente de comportamento associado a ele na situação problema. O que seria diferente?

4. Dê um passo atrás para que você esteja fora de si mesmo, refletindo sobre si mesmo e sobre a gama de comportamentos que você teve disponível para você em sua vida. Considere a possibilidade de um sistema completamente diferente, com uma gama completamente diferente do comportamento (identidade) que não é o seu próprio (Aprendizagem III).

a. Encontre uma pessoa, animal ou ser que tem uma estratégia completamente diferente da sua nessa situação. Identifique um modelo para o sistema de comportamento e coloque-se totalmente "em seus sapatos" (segunda posição). [Se for necessário, crie uma "ponte de crença" para entrar na posição perceptiva do modelo (isto é, que crença você precisa a fim de ser capaz de colocar-se totalmente no outro?)].

b. Do ponto de vista do modelo, qual é a sua metáfora para si mesmo como esse modelo? Qual é a sua "vocação", como esse modelo? Pense em um sponsor em sua vida que lhe ajudou a expandir a sua percepção de quem você é e imagine colocando-se de volta para a situação-problema e respondendo "como se" você fosse essa outra pessoa, aplicando o chamado e a metáfora que você criou.

5. Dê um passo para trás além da localização de Aprendizagem III. Entre num estado de "não saber", em que você se sente centrado e aberto a todas as possibilidades, sem fazer quaisquer julgamentos ou interpretações. Abra-se ao que Gregory Bateson chamou de "padrão que liga" e "Mente maior," e ao que Einstein se referiu como "os pensamentos de Deus" e "universo". Pense em um awakener em sua vida que ajudou a ampliar sua visão de o que era possível. Crie uma âncora ou símbolo para este estado. Usando a âncora ou símbolo para manter o estado, dê um passo para trás através de cada um dos outros níveis de aprendizagem e de volta para a situação problema e aja espontaneamente. Qual comportamento você poderia fazer que não caberia em qualquer sistema atual de classes de comportamento? (Aprendizagem IV)

Este mesmo processo pode ser usado para ajudar muitos clientes a resolver diversos tipos de problemas. Além de estratégias de sobrevivência e duplos vínculos, os mesmos passos podem ser aplicados a qualquer situação em que um cliente se sinta preso ou preso em qualquer padrão de comportamento.

Resumo

Awakening envolve ajudar as pessoas a crescer e evoluir ao nível da visão, propósito e espírito. Awakeners apoiam os outros, ajudando-os a desenvolver uma maior consciência da sua vocação, seus recursos inconscientes, e os sistemas maiores a que pertencem. Isso é realizado ajudando os clientes a "ficar fora da caixa" em que estão atualmente confinados; romper velhos hábitos, transcender conflitos e duplos vínculos e atualizar estratégias de sobrevivência ineficazes.

Uma condição essencial para alcançar profundos insights e despertares é a capacidade de atingir um estado de *"não saber"*. Quando uma pessoa entra em um estado de não saber, ela tenta descartar quaisquer suposições pré-existentes, e obter um ponto de vista novo e imparcial de uma situação ou experiência particular.

Uptime é outra porta de entrada para despertar. Estar em um estado de uptime envolve a colocação de nossa atenção no aqui e agora, abrindo nossos sentidos completamente para o mundo que nos rodeia. Ao fazê-lo ignoramos hipóteses e interferências conscientes e criamos um canal claro para as nossas competências inconscientes.

A ligação entre consciente e inconsciente é um elemento-chave do "despertar". De muitas maneiras, o despertar é o resultado de trazer à consciência o que já é conhecido em um nível inconsciente.

O *sonho ativo* é uma maneira de utilizar o canal entre o consciente e o inconsciente, definindo uma intenção e entrando em um estado em que se encontra:

- Usar apenas a visão periférica (em oposição a fóvea).
- Centrar a sua audiência em sons externos (desligar qualquer diálogo interno).
- Manter uma fisiologia relaxada (sem excesso de tensão emocional ou física).

Conhecimentos e informações resultantes do processo de sonho ativo são frequentemente simbólicos ou metafóricos, estimulando os clientes a tomar conhecimento de outros níveis de significado com respeito a situações particulares e suas vidas em geral.

Despertar para a Liberdade é um grande formato de Coaching "C" que ajuda os clientes a "saírem da caixa" de limitação de padrões de vida corrente e encontrar "um tipo de pensamento diferente do que o que criou o problema". Ao oferecer aceitação completa e incondicional do cliente, o awakener cria um contexto no qual o cliente pode enfrentar seus próprios mapas mentais, crenças e suposições mais e mais profundamente, tendo autodescobertas que não foram antes possíveis.

Duplos vínculos são situações sem saída que exigem significativo conhecimento e despertar para resolver. As condições envolvendo duplos vínculos geralmente criam um resultado oposto do "despertar", um estado em que a pessoa se sente confusa, presa e desligada. *Transcender duplos vínculos* envolve tomar várias "meta posições", em que o cliente pode desassociar e refletir sobre a situação de duplo vínculo com a ausência do trauma emocional e das mensagens de sponsorship negativas associadas com a situação. Isso permite que o cliente alcance uma perspectiva mais ampla e mais sábia para encontrar novas perspectivas, opções e soluções.

Duplos vínculos positivos servem como um antídoto para as mensagens de sponsorship negativo embutidas em dilemas típicos e também formam uma porta de entrada para transcender as limitações dos padrões de vida improdutivos. Duplos vínculos positivos são criados enviando simultaneamente várias mensagens de sponsorship positivo que servem para neutralizar eventuais conflitos ou lutas internos e estimular os recursos necessários para pensar de forma inovadora e tomar decisões sábias e ecológicas.

Os *níveis de aprendizagem* de Gregory Bateson fornecem um mapa de estrada importante e útil para coaches e awakeners ajudarem os clientes a percorrer o caminho da melhoria incremental de mudança revolucionária, ficando sucessivamente cada vez mais distante da caixa de padrões de pensamento e comportamentos atuais.

A hierarquia de Bateson culmina na *Aprendizagem IV* — a capacidade de avançar com ideias e ações que são completamente novas e transformacionais. O verdadeiro aprendizado IV tem a sua fonte além do indivíduo, dentro do sistema ou "campo" maior que nos rodeia. O acesso à Aprendizagem IV exige uma forte ligação com o nosso inconsciente e envolve estar centrado e aberto a todas as possibilidades, sem fazer quaisquer julgamentos ou interpretações. Isso torna possível explorar a visão presente no "campo" ou "Mente" maior em torno de nós.

Uma aplicação-chave dos níveis de aprendizagem de Bateson, e em especial a Aprendizagem IV, que é a atualização de *estratégias de sobrevivência* ineficazes que se tornaram enrijecidas no nível de Aprendizagem 0. As estratégias de sobrevivência são padrões internos profundos e muitas vezes inconscientes (por exemplo, luta, voo, paralisia) que normalmente são estabelecidas em uma idade muito precoce. Atualizar estratégias de sobrevivência envolve levar os clientes sistematicamente da Aprendizagem 0 à Aprendizagem IV, com base nos conhecimentos gerados em cada nível para alcançar insights e despertares de transformação da vida.

> *Coach é uma palavra da Língua Inglesa, mas de origem húngara, kocsi. Em Kocs, uma cidade às margens do rio Danúbio, na Hungria, foram produzidas as primeiras carruagens com suspensão feita de molas de aço e se tornaram as mais cobiçadas da época. Daí a origem do termo coach, que passou a significar tanto a carruagem, como "aquele que conduz outras pessoas pelo campo do conhecimento".*

Conclusão

O propósito deste livro tem sido o de explorar as habilidades e ferramentas necessárias para ser um coach "C" maiúsculo eficaz. Isso envolve a integração de uma série de funções de apoio que vão do caretaker ao awakener. Cada capítulo focalizou um determinado nível de mudança e os tipos de questões que tipicamente devem ser abordados pelos coaches nesse nível. Para cada nível de mudança também foram definidas as competências, características e o estilo de liderança mais associado com o apoio de pessoas para executar de forma eficaz, aprender e melhorar com relação a esse nível.

Estas inter-relações importantes podem ser resumidas na seguinte tabela:

Nível de Mudança	Tipos de questões a serem abordadas	Tipo de Suporte Necessário	Estilo de Liderança
Ambientes	Onde e Quando	Guide Caretaker	Gerenciamento por exceção
Comportamentos	O que	Coach	Recompensa contingente
Capacidades	Como	Teacher	Estimulação Intelectual
Crenças e Valores	Por que	Mentor	Inspiracional
Identidade	Quem	Sponsor	Consideração Individualizada
Espiritual	Para quem Para quê	Awakener	Carismático Visionário

Níveis de suporte provido por um coach eficaz "C"

Uma grande parte de cada capítulo deste livro também foi dedicada a fornecer uma caixa de ferramentas de técnicas, formatos e exercícios para ser usada no contexto de cada papel de suporte (caretaker, guide, coach, teacher, mentor, sponsor e awakener) a fim de facilitar o processo de desempenho eficaz, aprendizagem e mudança para cada nível. A maioria dessas ferramentas e técnicas foi extraída ou inspirada pelos princípios e tecnologia de Programação Neuro-Linguística (PNL) e fundamentada sobre o que temos chamado de "ciclo de modelagem do coach".

A importância da modelagem, em particular, tem sido enfatizada através de ferramentas e processos, tais como:

- Intervisão;
- Análise Contrastiva e Mapeamento Cruzado;
- Eliciação do T.O.T.S.;
- Segunda Posição;
- Meta Posição.

O ciclo de modelagem do coach combina conhecimento sobre *o que* uma pessoa precisa fazer a fim de realizar eficazmente com informações sobre *como* alcançar esses resultados. A modelagem reforça o coaching por definir como as principais tarefas e atividades podem ser mais bem feitas, e o coaching reforça a modelagem por ajudar as pessoas a interiorizar e colocar em prática o que foi modelado.

Criando um Caminho Alinhado do Caretaker ao Awakener

É importante salientar que os vários níveis de ferramentas e apoio abordados nos capítulos deste livro não são mutuamente excludentes, mas sim complementares um ao outro em aspectos fundamentais. Os níveis mais baixos dão suporte aos níveis superiores, e os níveis superiores fornecem uma estrutura e orientação para os níveis mais baixos. Na verdade, todos os níveis de ferramentas e suporte são necessários em algum grau, a fim de ajudar os clientes a trazerem os seus sonhos e visões para a realidade.

Assim, apesar de terem sido apresentados separadamente, as ferramentas e funções são mais bem usadas em combinação uma com a outra. Talvez a melhor maneira de resumir e alinhar os papéis e estilos que compõem o caminho do caretaker ao awakener está na forma de uma avaliação experimental que serve como uma ferramenta final em nossa caixa de ferramentas de coaching.

Processo de Alinhamento do coach "C"

A finalidade do processo seguinte é o de ajudá-lo a estabelecer um estado coaching com "C" maiúsculo eficaz e alinhado. Comece dispondo seis espaços para os vários níveis de apoio que temos vindo a explorar neste livro — caretaker/guide, coach, teacher, mentor, sponsor e awakener. Para cada função, você será direcionado a identificar o nível de foco e tipo de recursos que você precisa para ser eficaz nesse papel. Para ajudá-lo a construir esses recursos em cada local você será guiado a:

a. Pensar nas pessoas em sua vida que foram modelos eficazes para esse nível de apoio;

b. Colocar-se na posição perceptiva daqueles papéis modelos, a fim de sentir como é apoiar as pessoas nesse nível, incluindo o estilo de liderança adequado;

c. Identificar experiências de referência pessoais de momentos em que você foi capaz de ser eficaz nesse papel e expressar o estilo de liderança de apoio.

Você também será direcionado a identificar os tipos de postura, movimentos, o tom de voz e estado interno relacionados com cada função e estilo.

Como etapa final, você irá alinhar todos os papéis e estilos dentro do contexto da sua visão e do ambiente, como um estado Coaching "C" integrado.

Awakener	Sponsor	Mentor	Teacher	Coach	Carataker Guide
Visionário	Consideração Individual	Inspiracional	Estimulação Intelectual	Recompensa Contingente	Gerenciar por Exceção
Espiritual	Identidade	Valores e Crenças	Capacidades	Comportamentos	Ambiente
6	5	4	3	2	1

1. Identifique um *ambiente* no qual você gostaria de ser um coach "C" mais eficaz. Onde e quando você é chamado a ser um coach "C"? Associe-se nesse ambiente, como se você estivesse lá, vendo, ouvindo e sentindo as principais características desse ambiente. Pense sobre os recursos físicos que você precisa que mais iriam apoiá-lo e qualquer orientação que iria ajudá-lo a compreender ou gerenciar melhor esse ambiente:

a. Pense sobre as pessoas em sua vida que foram seus caretakers e guides. Observe como eles foram prontos e disponíveis se você precisava de cuidados ou de conhecimentos sobre os ambientes ao seu redor. Lembre-se de algumas situações em que recebeu cuidados ou orientação efetiva e como era importante para você saber que poderia obter o apoio ou a informação necessária. Pense nas características das pessoas que foram bons caretakers e guides para você.

b. Agora, coloque-se nos sapatos de alguns daqueles caretakers e guides. Sinta o que é ser um caretaker ou guide para os outros. Como é estar pronto e disponível para ajudar os outros com cuidado físico ou conhecimento?

c. Além disso, pense em momentos em que você mesmo esteve no papel de caretaker ou guide. Obtenha um forte senso da "energia" do caretaker e guide. Sinta a energia em seu corpo e encontre uma expressão física, em termos de sua postura, gestos e tom de voz, expresse a energia do caretaker e guide e crie dentro de você o estado de prontidão que acontece no gerenciamento por exceção. Quando você tiver um bom senso dessa expressão física, ancore-a fortemente a esse local e, em seguida, deixe-a ir.

2. Dê um passo atrás para o local de *coach de performance*. Reflita sobre os *comportamentos* que você necessitará para ser um Coach "C" eficaz no ambiente que você selecionou. *O que* você irá fazer como um coach efetivo? Sinta o seu corpo e identifique algumas das ações para as quais seria importante para você receber feedback e encorajamento. Que áreas do seu próprio desempenho serão mais críticas?

> a. Lembre-se das pessoas em sua vida que têm sido um coach de performance para você. Observe como eles foram capazes de ajudá-lo a definir metas claras, incentivá-lo a se esforçar, dando-lhe feedback de alta qualidade, e deixou você saber o que aconteceria se você tivesse um bom desempenho e o que aconteceria se você não o fizesse. Lembre-se como o seu feedback e incentivo ajudaram a desenhar o melhor de você e como contribuíram para você melhorar ao longo do tempo com o seu apoio.
>
> b. Agora, ponha-se na pele de alguns daqueles coaches. Sinta como é ser um coach efetivo. O que é ajudar a definir objetivos claros, incentivar as pessoas a se esforçar ao máximo e dar um bom feedback?
>
> c. Além disso, pense em momentos em que você mesmo esteve no papel de um coach para os outros. Obtenha um forte sentido da "energia" do coach. Sinta essa energia em seu corpo e encontre uma expressão física, em termos da sua postura, gestos e tom de voz, que expresse a energia do coach e crie dentro de você o estado de determinação, atenção e foco que acompanhe a definição de metas claras, e forneça feedback e o encorajamento para se expandir. Quando você tiver um bom sentido dessa expressão física, ancore-a fortemente neste local e, em seguida, deixe-a ir.

3. Dê um passo atrás para o local de *teacher*. Reflita sobre as *capacidades* que você vai precisar usar e/ou fortalecer a fim ser um Coach "C" eficaz no ambiente que você selecionou. *Como* você vai conseguir seus objetivos como coach? Quais estratégias cognitivas e habilidades mentais irão ajudá-lo mais com o seu "jogo interno" nesse ambiente? Quais áreas serão mais críticas para que você possa ser intelectualmente estimulado?

a. Lembre-se das pessoas em sua vida que foram seus teachers mais eficazes. Observe como eles foram capazes de ajudá-lo a encontrar novas perspectivas e pensar em situações e problemas de novas maneiras. Lembre-se de como é ser altamente estimulado intelectualmente, com a sua mente viva e pronta para aprender.

b. Coloque-se na pele de alguns dos seus teachers. Sinta o que é ser um bom teacher. O que é estimular os outros intelectualmente, ajudando-os a desenvolver clareza, nova compreensão e um mapa mais amplo do mundo?

c. Pense nas vezes em que você exerceu o papel de um teacher para os outros, ajudando-os a encontrar novas ideias e pensar mais claramente. Obter um forte sentido da "energia" do professor. Sinta essa energia em seu corpo e encontre uma expressão física, em termos de sua postura, gestos e tom de voz, que expresse a energia do professor e crie dentro de você o estado de curiosidade intelectual e lucidez. Quando você tiver um bom sentido dessa expressão física, ancore-a fortemente nesse local e, em seguida deixa-o ir.

4. Dê um passo atrás para o local *mentor*. Reflita sobre os *valores* e *crenças* que vão motivar e orientá-lo como um Coach "C" eficaz no ambiente que você tenha escolhido. Por que é importante para você ser um Coach "C" nesse ambiente? Quais são os valores centrais e crenças fundamentais que inspiram você e seus clientes a ser seu melhor?

a. Lembre-se das pessoas em sua vida que foram o seus mentores. Observe como eles moldaram ou influenciaram a sua a vida de uma forma positiva por "ressonância", liberando ou revelando algo profundamente dentro de você. Recorde como é sentir-se com um forte sentimento de crença no futuro e dar o melhor de si mesmo.

b. Coloque-se na pele de alguns dos mentores-chave na sua vida. Sinta como é ser um mentor. O que é inspirar os outros com suas palavras e ações e ser um exemplo a ser seguido por outros?

c. Pense nas vezes quando você mesmo esteve no papel de um mentor para os outros, tocando seus corações e ajudando-os a estabelecer crenças possibilitadoras. Obtenha uma forte sentido da "energia" do mentor. Sinta essa energia em seu corpo e encontre uma expressão física, em termos de sua postura, gestos e tom de voz, que expresse a energia do mentor e crie dentro de você o estado de inspiração e motivação. Quando você perceber um bom senso dessa expressão física, ancore-a fortemente nesse local e, em seguida, deixe-a ir.

5. Dê um passo atrás para o local do *sponsor*. Reflita sobre a sua *identidade* e quem você é ou será como um Coach "C" eficaz no ambiente que você escolheu. Qual é o seu papel e chamado como um coach?

a. Lembre-se das pessoas em sua vida que foram seus sponsors e têm verdadeiramente "visto" e "abençoado" você. Perceba como a atenção e o reconhecimento deles fizeram você sentir que você foi visto. Como seus comentários foram valiosos, únicos, e bem-vindos. Recorde como é sentir um forte senso de autoestima e reconhecimento por quem você é como pessoa.

b. Coloque-se na pele de alguns dos sponsors significativos em sua vida. Olhe através dos olhos destes sponsors. O que é ficar fascinado pelos outros, reconhecer, promover e salvaguardar o potencial que você sabe que está lá?

c. Pense nas vezes quando você mesmo foi um sponsor para os outros, identificando e reconhecendo-os em um nível essencial, dando-lhes atenção personalizada, fazendo-os sentir-se importante e mostrando-lhes que eles podem fazer a diferença. Obtenha um forte senso da "energia" do sponsor. Sinta essa energia em seu corpo e encontre uma expressão física, em sua postura, gestos e tom de voz, que expresse a energia do sponsor e crie dentro de você o estado de forte centramento interno e contato com a sua "origem" e ao mesmo tempo o sentido de deslumbramento e profunda conexão com os outros. Quando você perceber um bom senso dessa expressão física, ancore-a fortemente neste local e, em seguida, deixe-a ir.

6. Dê um passo final para o local do *awakener*. Reflita sobre a visão mais ampla e senso de propósito espiritual que o chamam para

ser um Coach "C" eficaz no ambiente que você escolheu. *Para quem* e *para quê* você compromete a si mesmo e seus recursos? Qual é o seu senso do sistema maior, "mente" ou universo ao qual você pertence e o papel que você tem nele?

> a. Lembre-se das pessoas em sua vida que foram o seus awakeners e o tenham ajudado a tornar-se mais plenamente consciente, desperto e sensível a essa "mente" maior ou universo. Observe como eles ampliaram seus mapas mentais de quem você era e o que era possível no mundo, e como eles abriram a possibilidade de você perceber as antigas fronteiras e limites de uma forma completamente nova. Lembre-se de como é sentir um senso renovado de propósito e significado, consciência expandida, percepção clara e revitalização física e emocional.
>
> b. Coloque-se nos sapatos de alguns dos awakeners importantes em sua vida. Sinta o que é estar no papel de um awakener para os outros. O que é ajudar outros a ter sucesso em quebrar através de sua mente velhas configurações, "sair fora da caixa" e tornar-se consciente de possibilidades que são completamente novas?
>
> c. Pense nas vezes quando você foi um awakener para os outros, ajudando-os a reconhecer e estar mais plenamente em contato com as próprias visões e missões por estar congruentemente alinhado e em contato com as suas próprias. Obtenha um forte sentido da "energia" do awakener. Sinta essa energia em seu corpo e encontre uma expressão física, na sua postura, gestos e tom de voz, que manifeste a energia do awakener e crie dentro de você o estado de congruência, a integridade e alinhamento completo com a sua visão e propósito.

7. Em vez de deixar de ir à sua fisiologia e estado interno, desta vez, acolha e mantenha em seu corpo.

> a. Dê um passo à frente para o local do *sponsor*, trazendo com você as habilidades e os recursos do awakener. Desperte seu sponsor para a visão maior e finalidade da qual você está ciente de sua vida. Desperte mais plenamente em seu sponsor o contato

com a sua "fonte" e a conexão com outros. Explore formas para integrar e tornar homogêneas as expressões fisiológicas do sponsor e do awakener.

b. Dê um passo à frente de novo, para o local do *mentor*. Traga com você as habilidades e recursos internos do awakener e do sponsor. Apadrinhe e desperte o seu mentor para os principais valores e crenças fundamentais que irão inspirar você e seus clientes para ser o seu melhor. Explore formas para integrar e tornar homogêneas as expressões fisiológicas do mentor com as de ambos sponsor e awakener.

c. Avance agora para o local do *teacher*. Traga com você as habilidades e recursos internos do awakener, sponsor e mentor. Oriente, apadrinhe e desperte o seu teacher para ser intelectualmente estimulado e estimulante, tendo pleno acesso às estratégias cognitivas e habilidades mentais que o ajudarão mais com o seu "jogo interno" como um coach "C". Explore maneiras de integrar e tornar homogêneas as expressões fisiológicas do professor com as de mentor, sponsor e awakener.

d. Dê um passo à frente outra vez, para o local do *coach "c"*. Traga com você as habilidades e recursos internos do awakener, sponsor, mentor e teacher. Ensine, oriente, apadrinhe e desperte o seu coach "c" para incorporar a visão, chamado, valores, crenças e estratégias que o conduzem como um Coach "C", e dão suporte para manter o estado de determinação, atenção e foco que ajudam a trazer para fora o melhor nos outros. Explore formas para integrar e tornar homogêneas as expressões fisiológicas do coach com as de teacher, mentor, sponsor e awakener.

e. Dê um passo à frente novamente, para o local do *caretaker e guide*. Traga com você as habilidades e recursos internos do awakener, sponsor, mentor, teacher e coach. Treine, ensine, oriente, apadrinhe e desperte o seu caretaker e guide para estar pronto e disponível em todos os níveis e sempre que necessário. Lembre-se do ambiente que você identificou no começo deste processo. Observe como você pode sentir-se totalmente presente e engenhoso nesse ambiente, pronto para responder e executar de todas as maneiras apropriadas.

8. Integre todas as fisiologias, recursos e estados internos associados a cada função em um único, estado de Coaching "C". Encontre um símbolo para este "estado" e ancore-o com a crença de que você é um caretaker proficiente, você é um bom guide, você é um coach de desempenho competente, você é um estimulante teacher, você é um mentor eficiente, você é um sponsor comprometido, você é um awakener, você é um grande Coach"C".

Espero que tenham gostado dessa viagem do coach para awakener. É o meu sincero desejo que este livro tenha sido e continue a ser um roteiro eficaz e uma caixa de ferramentas para você apoiar a sua missão e vocação como caretaker, guide, coach, teacher, mentor e awakener.

Posfácio

Espero que tenham gostado desta exploração para o caminho que conduz *Do Coach ao Awakener*. Se você está interessado em explorar os princípios e tecnologia da Programação Neurolinguística com mais profundidade, outros recursos e ferramentas existem para desenvolver e aplicar as distinções, estratégias e habilidades descritas nestas páginas.

A **NLP University** é uma organização comprometida em fornecer os mais altos treinamentos de qualidade em habilidades básicas e avançadas de PNL, e de promover o desenvolvimento de novos modelos e aplicações da PNL nas áreas de saúde, negócios e organização, criatividade e aprendizado. Na época do verão, a NLP University oferece programas residenciais da Universidade de Califórnia em Santa Cruz, oferecendo cursos residenciais estendidos sobre as habilidades de PNL, incluindo os relacionados com a consultoria de negócios e coaching.

Para mais informações, por favor, entre em contato:

NLP University
P.O. Box 1112
Ben Lomond, Califórnia 95005
Telefone: (831) 336-3457
Fax: (831) 336-5854
E-Mail: Teresanlp@aol.com
Homepage: http://www.nlpu.com

Além dos programas que faço na NLP University, eu também viajo internacionalmente, apresentando seminários e programas especiais sobre uma variedade de tópicos relacionados com a PNL e Coaching "C" maiúsculo. Eu também escrevi uma série de outros livros e desenvolvi software de computador e fitas de áudio com base nos princípios e distinções da PNL.

Por exemplo, produzi várias ferramentas de software com base na minha modelagem de estratégias de Gênios: *Visão à Ação*, *Estratégia Imagineering* e *Jornada de Aventura de Gênio*, assim como, várias fitas de áudio e CDs que descrevem os processos criativos, tais como de Mozart e Walt Disney.

Para mais informações sobre estes programas, minha agenda de seminários ou outros produtos e recursos de PNL relacionados, por favor, contate:

Journey to Genius
P.O. Box 67448
Scotts Valley, CA 95067-7448
Telefone (831) 438-8314
Fax (831) 438-8571
E-Mail: info@journeytogenius.com
Homepage: http://www.journeytogenius.com

ISVOR DILTS Leadership Systems é outro recurso para coaches e consultores. *ISVOR DILTS* fornece caminhos inovadores de desenvolvimento de liderança, programas e ferramentas para empresas de todos os tamanhos. Estas soluções de ponta, programas e-learning e outras novas tecnologias atendem os clientes corporativos em todo o mundo.

Isvor Dilts Leadership Systems, Inc.
Um Bay Plaza
1350 Old Bayshore Highway, Suite 700
Burlingame, CA 94010
Telefone: (650) 558-4140
Fax: (650) 558-4147
E-Mail: info@isvordilts.com
Homepage: http://www.isvordilts.com

Apêndice A:
Uma breve história dos níveis lógicos

A noção de níveis lógicos refere-se ao fato de alguns processos e fenômenos serem criados pelas relações entre outros processos e fenômenos. Qualquer sistema de atividade é incorporado dentro de um subsistema de outro sistema, que é incorporado no interior de outro sistema, e assim por diante. Este tipo de relação entre os sistemas produz diferentes níveis de processos, em relação ao sistema em que um está funcionando. Nossa estrutura do cérebro, língua e sistemas sociais formam hierarquias ou níveis de processos naturais.

Como um simples exemplo, considere a taxa de mudança, ou "velocidade" de um automóvel. A velocidade é uma função da quantidade de solo que o veículo cobre em um determinado período de tempo (por exemplo, a 10 milhas por hora). Assim, a velocidade é a relação entre distância e tempo. A velocidade do carro em movimento a partir da garagem para a rodovia pode ser dita por estar em um nível diferente do que um carro, garagem, autoestrada, ou um relógio, porque é uma propriedade da relação entre eles (e não existe sem eles).

Da mesma forma, a "rentabilidade" de uma empresa está em um nível diferente do que a maquinaria utilizada por essa empresa; e uma ideia está em um nível diferente do que os neurônios no cérebro que produz essa ideia.

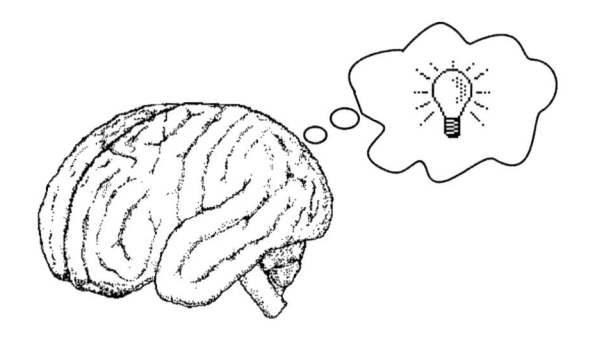

Uma ideia está em nível diferente do que os neurônios particulares do cérebro que produziu essa ideia

Níveis Lógicos de Aprendizagem e Mudança

O conceito de níveis lógicos de aprendizagem e mudança foi inicialmente formulado por Gregory Bateson, como um mecanismo em ciências comportamentais, baseado no trabalho de Bertrand Russell em lógica e matemática. Bateson identificou quatro níveis básicos de aprendizagem e mudança — cada nível abrange e organiza elementos do nível baixo, e cada um tem um maior grau de impacto sobre o indivíduo, organismo ou sistema.

O termo *níveis lógicos*, como eu uso em PNL, foi adaptado do trabalho de Bateson em meados da década de 1980, e refere-se a uma hierarquia de níveis de processos dentro um indivíduo ou grupo. A função de cada nível é sintetizar, organizar e direcionar as interações do nível abaixo dele. Mudar alguma coisa em um nível superior necessariamente "irradiaria" abaixo, precipitando mudanças nos níveis abaixo. Mudar algo em um nível mais baixo poderá, mas não necessariamente, afetar os níveis superiores. Estes níveis incluem (em ordem, do mais ao menos elevado): 1) identidade, 2) crenças e valores, 3) capacidades, 4) comportamentos e 5) ambiente. Um sexto nível, referido como "espiritual", pode ser definido como um tipo de "campo relacional" abrangendo múltiplas identidades, formando um sentido de ser membro de um sistema maior do que de uma identidade particular individual.

Contexto Histórico

O meu primeiro contato com a noção de diferentes tipos de níveis lógicos e níveis de aprendizagem, mudança e comunicação ocorreu quando eu participava da classe de *Ecologia da Mente* de Gregory Bateson na Universidade da Califórnia em Santa Cruz em 1976. Bateson (1904-1980), um antropólogo por formação, teve mais profundidade e alcance de pensamento que qualquer pessoa que eu já conheci. Suas palestras abrangiam temas que iam da teoria da comunicação, à arte balinesa, às equações de Maxwell para campos eletromagnéticos, à esquizofrenia, às deformidades genéticas em pernas de besouros. Seus discursos, no entanto, nunca foram uma coleção desconexa de pensamentos ou grupo confuso de ideias como a diversidade de temas poderia sugerir. A versão de Bateson da teoria cibernética e de sistemas foi capaz de bater na estrutura mais profunda, ou no "padrão que conecta", todos esses tópicos em uma única onda fascinante da vida e da existência.

Gregory Bateson

Refletindo, frequentar as aulas de Bateson foi uma das experiências mais transformadoras da minha vida. Eu sentava em sua classe, ouvindo sua voz profunda e sotaque inconfundível de Cambridge, que me soou como a voz da sabedoria. Para mim, ele era, e continua sendo, uma espécie de "guia espiritual." Pensamentos, ideias e revelações iriam fluir em minha mente, alguns relacionados com a sua palestra e alguns completamente de outras áreas da minha vida, educação e experiência. Normalmente eles vinham tão rapidamente que era impossível descrevê-los com a mesma intensidade. (Eu também estava na aula de Gregory Bateson quando conheci quem veio a ser minha primeira mulher, Anita. Compartilhar a sabedoria de Bateson tem sido sempre um dos laços mais fortes entre nós).

Eram tempos "inebriantes", quando a PNL estava tomando forma. Um ano antes de Richard Bandler e John Grinder publicarem seu primeiro livro, *A Estrutura da Magia,* vol. I. Grinder, também professor (de linguística) na Universidade da Califórnia em Santa Cruz, tinha mostrado a Bateson o manuscrito do livro, que delineou os padrões de linguagem conhecidos em PNL como "Meta Modelo". Bateson ficou impressionado com o trabalho, e escreveu em um prefácio, "John Grinder e Richard Bandler têm feito algo semelhante ao que os meus colegas e eu tentamos fazer quinze anos atrás... Eles têm ferramentas que nós não tínhamos — ou não víamos como usar. Eles conseguiram fazer a linguística como base para uma teoria e, simultaneamente, uma ferramenta para a terapia... explicitando a sintaxe de como as pessoas evitam a mudança, e, portanto, a forma de ajudá-los a mudar".

Foi depois de ler *A Estrutura da Magia,* que Bateson fez arranjos para Bandler e Grinder ser atendidos por Milton Erickson, um colega e amigo de longa data, para ver se eles poderiam criar um modelo similar dos padrões de comunicação complexos usados por Erickson em sua hipnose e trabalho terapêutico. Isso levou a mais livros, e alguns dos trabalhos mais originais em PNL.

O trabalho anterior de Bateson, a que se referiu no prefácio de seu livro, foi uma tentativa de aplicar os princípios da cibernética e teoria da comunicação para a psicoterapia e o entendimento da patologia psicológica. Estimulado por Norbert Wiener (o fundador da cibernética), Bateson tinha adaptado o pensamento cibernético de comunicação e interação humana, a fim de desenvolver generalizações sobre o comportamento e as características mentais dos indivíduos, grupos e famílias, e as influências por trás de sistemas funcionais e disfuncionais. As ideias de Bateson alimentaram toda uma geração de cientistas comportamentais e psicoterapeutas. Pessoas como Virginia Satir, Mara Selvini Palazzoli, Jay Haley, John Weakland, e outros, por exemplo, aplicaram formulações de Bateson para o tratamento de problemas individuais e familiares.

Uma das ideias centrais introduzidas por Bateson em ciências do comportamento foi a de "tipos lógicos" de comunicação e aprendizado

— que ele chamou o critério de "mais importante" da "mente" em seu livro *Mente e Natureza* (1979). Bateson baseou-se na noção de diferentes tipos lógicos de comunicação e aprendizagem da teoria matemática de tipos de lógicas de Bertrand Russell — que afirma que uma classe de coisas não pode ser um membro de si mesmo. De acordo com Bateson (*Passos para a Ecologia da Mente*, p.202):

> *A nossa abordagem é baseada naquela parte da teoria das comunicações que [Bertrand] Russell chamou a Teoria dos Tipos Lógicos. A tese central dessa teoria é que existe uma descontinuidade entre uma classe e seus membros. A classe não pode ser um membro de si mesma, nem pode um dos membros ser a classe, uma vez que o termo usado para a classe é de um nível diferente de abstração — um tipo de lógica diferente — de termos usados para os membros.*

Como um exemplo, a classe de números pares não pode ser também ser um número par. Do mesmo modo, a classe de gatos não é um gato em particular. Da mesma forma o objeto físico "gato" não pode ser tratado da mesma forma como a classe de gatos. (A classe de gatos não necessita de leite e areia para gatos, mas os membros da classe frequentemente sim). Em outras palavras, a noção de tipos lógicos distingue entre um "mapa" em particular e do "território", ao qual o mapa se refere; isto é, entre a "forma" mental e seu "conteúdo".

As Origens do Modelo de Bateson

Bateson apresentou formalmente pela primeira vez o conceito de "tipos lógicos" em seu artigo *A Theory of Play and Fantasy* (1954). Nele Bateson argumentou que "brincar" envolvia a distinção entre os diferentes *tipos de lógicas* e mensagens de comportamento. Bateson observou que quando os animais e os seres humanos se envolvem em "brincar" muitas vezes exibem os mesmos comportamentos que também estão associados com a agressão, sexualidade e outros aspectos mais "sérios" da vida (como quando os animais "brincam de lutar", ou quando as crianças brincam "de médico"). No entanto, de alguma forma, animais e seres humanos são capazes de reconhecer, em sua maior parte, que o comportamento de jogar é um tipo ou classe de comportamento diferente e "não é real." De acordo com Bateson, a distinção entre classes de comportamento também é necessária para tipos diferentes de mensagens. Bateson se refere a essas mensagens como "meta mensagens" — mensagens sobre outras mensagens — alegando que elas também eram de um "tipo lógico" diferente do que o conteúdo de uma comunicação particular. Ele acreditava que essas mensagens de "nível superior" (que geralmente eram comunicadas de forma não verbal) eram cruciais para as pessoas e animais poderem se comunicar e interagir de forma eficaz.

Animais jogando, por exemplo, podem sinalizar a mensagem "Isso é jogar" abanando o rabo, pulando para cima e para baixo, ou fazendo alguma outra coisa para indique que o que eles estão prestes a fazer não é para ser tomado por real. Sua mordida é uma mordida brincalhona, não uma mordida real. Estudos de seres humanos também revelam o uso de mensagens especiais que permitem que os outros saibam que eles estão jogando, da mesma forma como os animais fazem. Eles podem realmente verbalmente "meta-comunicar", anunciando que "Este é apenas um jogo", ou rir, cotovelar, ou fazer alguma coisa estranha para mostrar a sua intenção.

Bateson afirmou que muitos problemas e conflitos são resultado da confusão ou má interpretação destas mensagens. Um bom exemplo são as dificuldades que pessoas de diferentes culturas experimentam em interpretar as sutilezas não verbais da comunicação do outro.

Na verdade, a próxima aplicação do conceito dos tipos lógicos de Bateson foi como uma explicação para alguns dos sintomas de problemas psicológicos graves e doenças mentais. Em *Epidemiologia da Esquizofrenia* (1955), Bateson sustentou que a incapacidade de reconhecer e interpretar corretamente meta mensagens, e distinguir entre diferentes classes ou tipos lógicos de comportamento, estava na raiz de muitos comportamentos aparentemente psicóticos ou "loucos". Bateson citou o exemplo de um doente mental jovem que entrou na farmácia do hospital. A enfermeira atrás do balcão perguntou: "Posso ajudar?" O paciente era incapaz de distinguir se a comunicação era uma ameaça, um avanço sexual, uma admoestação por estar no lugar errado, uma investigação genuína etc.

Quando alguém é incapaz de fazer tais distinções, Bateson contesta que o indivíduo vai acabar, mais frequentemente do que não, agindo de uma forma que não é apropriada para a situação. Ele comparava a um sistema de comutação de telefone que fosse incapaz de distinguir o "código de país" do "código da cidade" e o número de telefone local. Como resultado, o sistema de comutação de modo impróprio atribuía números pertencentes ao código do país como parte do número de telefone, ou partes do número de telefone como o código da cidade etc. A consequência disso seria que, mais uma vez com mais frequência do que não, o comunicador teria o "número errado." Apesar de todos os números (o conteúdo) estarem corretos, a classificação dos números (a forma) é confusa, criando problemas. [Deve salientar-se que este é um problema de comunicação fundamentalmente diferente do que simplesmente ter um "ruído" na linha telefônica que obscurece os números. As causas das confusões de digitação lógicas são bastante diferentes do que as causas de sinais ruidosos].

Em *Em Direção à Teoria da Esquizofrenia* (coautoria com Don Jackson, Jay Haley e John Weakland, 1956), Bateson aplica a noção de tipos lógicos diferentes como um elemento-chave do "duplo vínculo." De acordo com Bateson, duplos vínculos (em especial em situações em que uma pessoa se encontra em "dane-se se eu faço, e dane-se se eu não faço") resultam de confusões e paradoxos criados por mensagens conflitantes de tipos lógicos diferentes, o que consequentemente leva a conflitos de comportamento.

Bateson acreditava que a capacidade de classificar os diferentes tipos lógicos de mensagens e classificações que estiveram na origem de tais dilemas era essencial para a terapia eficaz. As ideias de Bateson sobre as aplicações da teoria dos tipos lógicos para a comunicação e psicoterapia foram mais exploradas pelos seus colegas Watzlawick, Bavelas e Jackson em *Pragmática da Comunicação Humana* (1967).

Aplicações Do Processo de Aprendizagem

A próxima aplicação da teoria dos tipos lógicos de Bateson foi para o processo de aprendizagem. As categorias lógicas de Aprendizagem e Comunicação (1964) estenderam a noção de digitação lógica para explicar diferentes tipos e fenômenos de aprendizagem, bem como de comunicação. Ele definiu dois tipos ou níveis de aprendizagem fundamentais, que devem ser considerados em todos os processos de mudança: "Aprendizagem I" (estímulo-resposta do tipo condicionado) e "Aprendizagem II", ou a aprendizagem deutero, (aprender a reconhecer o contexto mais amplo em que o estímulo está ocorrendo de forma que seu significado possa ser interpretado corretamente). O exemplo mais básico do fenômeno de Aprendizagem II é definido na aprendizagem, ou quando um animal se torna "sabido" — ou seja, quando animais de laboratório ficam mais rápidos no aprendizado de novas tarefas, que se enquadram na mesma classe de atividade. Isso tem a ver com as classes de aprendizagem do comportamento ao invés de simples comportamentos isolados.

Um animal treinado condicionado na prevenção, por exemplo, vai ser capaz de aprender diferentes tipos de comportamento de esquiva mais e mais rapidamente. Será, no entanto, mais lento em aprender alguns comportamentos "de resposta" condicionada (por exemplo, salivar ao som de um sino) do que algum animal que foi condicionado nessa classe de comportamento anterior. Ou seja, ele vai aprender rapidamente como identificar e ficar longe de objetos que possam ter um choque elétrico associado com eles, mas será mais lento em aprender a salivar quando um sino toca. Por outro lado, um animal treinado em tipo de condicionamento pavloviano vai aprender rapidamente a salivar com novos sons, cores etc, mas será mais lento para aprender a evitar objetos eletrificados.

Bateson destacou que essa capacidade de aprender os padrões ou regras de uma classe de procedimentos de condicionamento era um "tipo lógico" diferente de aprendizagem e não funciona de acordo com as mesmas sequências de estímulo-resposta-reforço simples usadas para aprender comportamentos isolados específicos. Bateson observou, por exemplo, que o reforço de "exploração" (um meio de aprendizagem de aprender) em ratos é de uma natureza diferente do que para o "teste" de um determinado objeto (o conteúdo de aprendizagem da exploração). Ele relatou (*Passos para a Ecologia da Mente* p.282.):

...Você pode reforçar um rato (positiva ou negativamente) quando ele investiga um estranho objeto particular, e ele vai apropriadamente aprender a abordá-lo ou evitá-lo. Mas o propósito de exploração é obter informações sobre quais objetos devem ser abordados ou evitados. A descoberta de que um determinado objeto é perigoso é, portanto, um sucesso no negócio de obtenção de informações. O sucesso não irá desencorajar o rato na futura exploração de outros objetos estranhos.

A capacidade de explorar, aprender uma tarefa de discriminação, ou ser criativo é um nível de maior aprendizagem do que os comportamentos específicos que compõem essas habilidades — e as dinâmicas e as regras de alteração são diferentes a este nível superior.

Bateson também identificou vários outros níveis de aprendizagem — cada um responsável por fazer mudanças corretivas e refinamentos na outra classe de aprendizagem em que opera.

Aprendizagem Zero é caracterizada pela especificidade da resposta [isto é, ter um comportamento específico em um ambiente específico — RD] que — certo ou errado — não está sujeito à correção.

Aprendizagem I é mudar na especificidade da resposta por correção de erros de escolha dentro de um conjunto de alternativas.

Aprendizagem II é uma mudança no processo de aprendizagem que, por exemplo, uma mudança de correção no conjunto de alternativas a partir do qual é feita a escolha, ou é uma mudança no modo como a sequência é pontuada.

Aprendizagem III é a mudança no processo de aprendizagem II, por exemplo, uma mudança corretiva no sistema de conjuntos de alternativas a partir do qual a escolha é feita.

(*Passos para a Ecologia da Mente* p. 293)

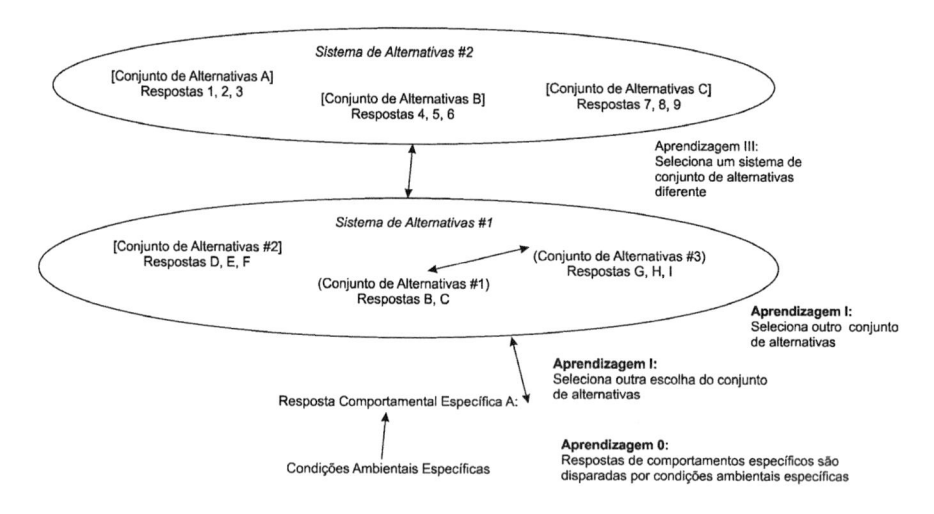

"Níveis Lógicos" de Aprendizagem de Bateson

Bateson também definiu um nível de Aprendizagem IV, que implica mudança na Aprendizagem III. Ou seja, Aprendizagem IV envolve mudanças no "sistema de sistemas" maior.

Eu abordo este modelo exaustivamente neste livro, no Capítulo 6, fornecendo exemplos e um exercício que se aplica especificamente cada um dos níveis de aprendizagem de Bateson para ajudar uma pessoa a atualizar sua "estratégia de sobrevivência." (Ver as páginas 266-280).

O Capítulo 6 resume os níveis de aprendizagem de Bateson da seguinte maneira:

- **Aprendizagem 0** *é não mudança*. Trata-se de comportamentos repetitivos em que o indivíduo, grupo ou organização está preso em um barranco ou preso "dentro da caixa" — por exemplo, os hábitos, a resistência, a inércia.

- **Aprendizagem I** é *mudança gradual, incremental*. Trata-se de fazer as correções e adaptações através da flexibilidade comportamental e alongamento. Embora essas modificações possam ajudar a ampliar as capacidades do grupo ou organização individual, elas ainda estão "dentro da caixa" — por exemplo, estabelecem e aperfeiçoam novos procedimentos e capacidades. Aprendizagem I é o foco de coaching e teaching.

- **Aprendizagem II** é *mudança rápida, descontínua*. Envolve a mudança instantânea de uma resposta a uma categoria ou classe de comportamento completamente diferente. É essencialmente a mudança de um tipo de "caixa" para outra — por exemplo, mudança nas políticas, valores ou prioridades. Aprendizagem II é mais bem facilitada através do processo de mentoring.

- **Aprendizagem III** é a *mudança evolutiva*. É caracterizada por alterações significativas que se estendem para além dos limites da identidade do indivíduo ou grupo, organização. Poderíamos dizer que não só eles estão fora da "caixa", eles estão fora do "edifício" — por exemplo, a transição do papel, marca ou identidade. Mudanças neste nível requerem sponsorship eficaz.

- **Aprendizagem IV** é uma *mudança revolucionária*. Trata-se de despertar para algo completamente novo, único e transformador. No nível de aprendizagem IV, o indivíduo, grupo ou organização está fora da caixa, fora do edifício e em um novo mundo — por exemplo, completamente novas respostas, tecnologias ou capacidades que abrem a porta para possibilidades anteriormente desconhecidas e inexploradas.

Para usar uma analogia com o computador, os dados armazenados em um computador são como a Aprendizagem Zero. Eles só ficam lá, imutáveis, para ser usados de novo e de novo independente de que programas estão em execução no computador. A execução de um programa de verificação ortográfica seria como Aprendizagem I. Um programa de verificação ortográfica faz mudanças corretivas em um determinado conjunto de dados.

Se os dados que estão sendo verificado, no entanto, não forem textos, mas números e figuras financeiras que precisam ser atualizados, nenhuma verificador ortográfico será capaz de fazer as correções adequadas. Em vez disso, o usuário teria que mudar para uma folha de cálculo ou algum tipo de software de contabilidade. Ficar "fora da caixa" de um programa e mudar para outro é como Aprendizagem II.

Às vezes, o computador é incapaz de executar o programa necessário e é necessário mudar de computador completamente, ou alterar os sistemas operacionais. Isso seria como Aprendizagem III.

Para desenvolver um dispositivo completamente novo, tal como uma máquina de computação programável molecular composta por enzimas e moléculas de DNA, em vez de microchips de silício, seria como Aprendizagem IV.

O Desenvolvimento dos "Níveis Neurológicos"

Bateson passou a aplicar a teoria dos tipos lógicos de forma mais geral, de muitos aspectos do comportamento à biologia. Para ele, a digitação lógica era uma "lei da natureza", e não simplesmente uma teoria matemática. Afirmou que um tecido que é composto por um grupo de células, por exemplo, é um tipo de lógica diferente do que as células individuais — as características de um cérebro não são as mesmas como uma célula do cérebro. Os dois podem interagir entre si através de feedback indireto — isto é, o funcionamento e as ligações do cérebro total pode influenciar o comportamento de uma única célula do cérebro e a atividade de uma única célula do cérebro contribui para o funcionamento global do cérebro. Com efeito, pode-se dizer que uma célula do cérebro é afetada através do resto da estrutura do cérebro.

Como um estudante em sua classe Ecologia de Mente, Bateson incutiu em mim a importância de considerar tipos lógicos e níveis em todos os aspectos da vida e da experiência. E, porque eu estava exposto a estas ideias, ao mesmo tempo eu estava me tornando envolvido em PNL, a abordagem de Bateson sempre foi uma parte integrante da minha compreensão da PNL. Suas distinções sobre tipos lógicos diferentes e níveis de aprendizagem pareciam de particular profundo significado.

Em um artigo que escrevi em novembro de 1976 (publicado em *Raízes do PNL*, 1983), por exemplo, eu tentei fazer a distinção entre tipos lógicos e níveis lógicos.

Lembro-me claramente de discutir o poder de noções de níveis lógicos e tipos de lógicas de Bateson com um participante de um curso de PNL que eu estava ensinando em Oslo, Noruega, em 1986. A pessoa também estava familiarizada com o trabalho de Bateson e estávamos refletindo sobre a profunda importância de tipos lógicos e níveis de aprendizagem. Ambos concordamos, no entanto, que estas ideias não foram aplicadas da forma mais completa e pragmática como poderiam ser. Lembro-me dizendo: "Sim, alguém realmente deve aplicar-se a noção de níveis lógicos todos os dias em um sentido mais prático". Assim que as palavras saíram da minha boca, era como se eu tivesse me dado um comando.

Eu já estava empiricamente ciente de que havia uma distinção importante entre as ações físicas e comportamentos das pessoas e as representações e estratégias cognitivas mais profundas que tiveram lugar em suas mentes. Também era óbvio que os processos em um nível de comportamento eram diferentes do que aqueles em um nível mental. Amarrar alguém, por exemplo, poderia parar essa pessoa de se vingar fisicamente, mas não conseguiria mantê-la distante continuar a planejar a vingança; na verdade, irá muitas vezes, incentivá-la. Também estava claro que o desenvolvimento de uma capacidade cognitiva envolvia dinâmicas diferentes do que simplesmente influenciar alguém fisicamente. Meu trabalho com estratégias de aprendizagem, por exemplo, tinha me convencido de que era muito mais conveniente ensinar uma pessoa a soletrar fornecendo uma estratégia eficaz para a ortografia em vez de simplesmente puni-la sempre que grafada uma palavra errada.

Eu também tinha começado a trabalhar com as crenças e sistemas de crenças das pessoas. Como eu fiz, tornou-se evidente que elas não eram simplesmente outro tipo de estratégia. Em vez disso, elas muitas vezes tendem a operar sobre estratégias particulares. Isso significa que uma crença poderia funcionar como motivação ou interferência para o desenvolvimento de uma estratégia.

Este parecia caber na noção de uma "hierarquia" de níveis lógicos de Bateson. O termo "hierarquia" vem do grego *hieros*, que significa "poderoso, sobrenatural, ou sagrado", e *arche*, que significa "início." A implicação é que os níveis de uma hierarquia chegam mais e mais perto da fonte ou início desses que são sagrados ou poderosos. Esta implicação também levou à utilização do termo hierarquia ao referir-se a qualquer série graduada ou classificada, tais como "hierarquia de valores," de uma pessoa ou "hierarquia de respostas" de uma máquina. A conotação é que esses elementos ao topo da hierarquia "vêm em primeiro lugar", ou são "mais importantes" do que aqueles nos níveis mais baixos.

Foi esse aspecto da hierarquia que primeiro me levou a escolher os rótulos particulares que tenho usado para descrever os vários níveis no meu modelo de Níveis Neurológicos. Tal como acontece com todas as distinções fundamentais da PNL, esses rótulos não surgiram como resultado de alguma racionalização. Em vez disso, como parte do meu trabalho de formação em PNL, eu frequentemente ensinava os participantes do seminário o uso de um conjunto de padrões de ressignificação verbal que eu tinha desenvolvido, conhecido como "Sleight of Mouth" (Prestidigitação Linguística). Isso muitas vezes envolve responder às declarações negativas feitas sobre eles por outros. Eu comecei a notar que certos tipos de declarações eram tipicamente mais difíceis para as pessoas manusearem do que as outras, mesmo que o tipo de julgamento sendo afirmado fosse essencialmente o mesmo.

Por exemplo, compare as seguintes declarações:

Este objeto em seu ambiente é perigoso.

Suas ações nesse contexto particular eram perigosas.

Sua incapacidade de fazer julgamentos eficazes é perigosa.

Suas crenças e valores são perigosos.

Você é uma pessoa perigosa.

O julgamento que está sendo feito em cada caso é sobre algo ser "perigoso". Intuitivamente, no entanto, a maioria das pessoas sente que o "espaço" ou "território" implícito por cada declaração torna-se progressivamente maior, e sente-se que um crescente sentimento emocional afeta cada declaração.

Alguém lhe dizer que alguma resposta comportamental específica sua é perigosa é bastante diferente do que dizer que você é uma "pessoa perigosa". Percebi que se eu segurasse um julgamento constante e simplesmente substituísse o termo para o ambiente, comportamento, capacidades, crenças e valores e identidade, as pessoas se sentiam cada vez mais ofendidas ou elogiadas, dependendo da natureza positiva ou negativa do julgamento.

Tente você mesmo. Imagine alguém dizendo cada uma das seguintes declarações para você:

- Os seus *arredores* são (estúpidos / feios / excepcionais / lindos).

- A maneira como você se *comportou* nessa situação particular foi (estúpida / feia / excepcional / linda).

- Você realmente tem a *capacidade* de ser (estúpido / feio / excepcional / lindo).

- O que você *acredita e valoriza* é (estúpido / feio / excepcional / lindo).

- *Você* é (estúpido / feio / excepcional / lindo).

Novamente, observe que as avaliações afirmadas em cada declaração são as mesmas. O que muda é o aspecto da pessoa para a qual a declaração está se referindo:

Meio Ambiente

Comportamento

Capacidade

Crenças e Valores

Identidade

Essa sensibilidade intuitiva parecia refletir algo fundamentalmente "neurolinguístico" em relação a essas declarações.

Essas distinções apareceram ainda mais solidamente quando ocorreu-me que elas correspondiam às seis questões fundamentais "W" que usamos para organizar nossas vidas: onde (*where*), quando (*when*), o quê (*what*), como (*how* — "w" em ordem inversa), por que (*why*) e quem (*who*).

Ambiente: Onde? Quando?

Comportamento: O quê?

Capacidade: Como?

Crenças e Valores: Por quê?

Identidade: Quem?

Foi no outono de 1987 que eu apliquei pela primeira vez os rótulos em uso comum hoje como o "ABC da PNL":

a. Quem eu sou (Who I **A**m) — identidade

b. O que eu acredito (what I **B**elieve) — crenças e valores

c. O que eu sou capaz de (what I am **C**apable of) — capacidades

d. O que eu faço (what I **D**o) — comportamentos

e. Meu ambiente (my **E**nvironment)

O meu entendimento de como cada nível funciona foi diretamente paralelo à noção de vários níveis de aprendizagem de Bateson:

• A resposta comportamental específica em um determinado ambiente é — Aprendizagem 0.

• Mudança no comportamento envolvendo o desenvolvimento de uma nova capacidade — Aprendizagem I.

• Mudanças na capacidade resultam de alterações nas crenças e valores (a recategorização do contexto e/ou suposições de causa-efeito sobre o contexto) — Aprendizagem II.

• Mudanças de um sistema de crenças e valores, capacidades e comportamentos seriam, essencialmente, elevar-se a uma mudança na identidade — Aprendizagem III.

• Ficar fora do sistema (para o "sistema de sistemas" maior — isto é, o "campo" ou "espírito") seria necessário para atingir uma mudança dentro de si um sistema particular — Aprendizagem IV.

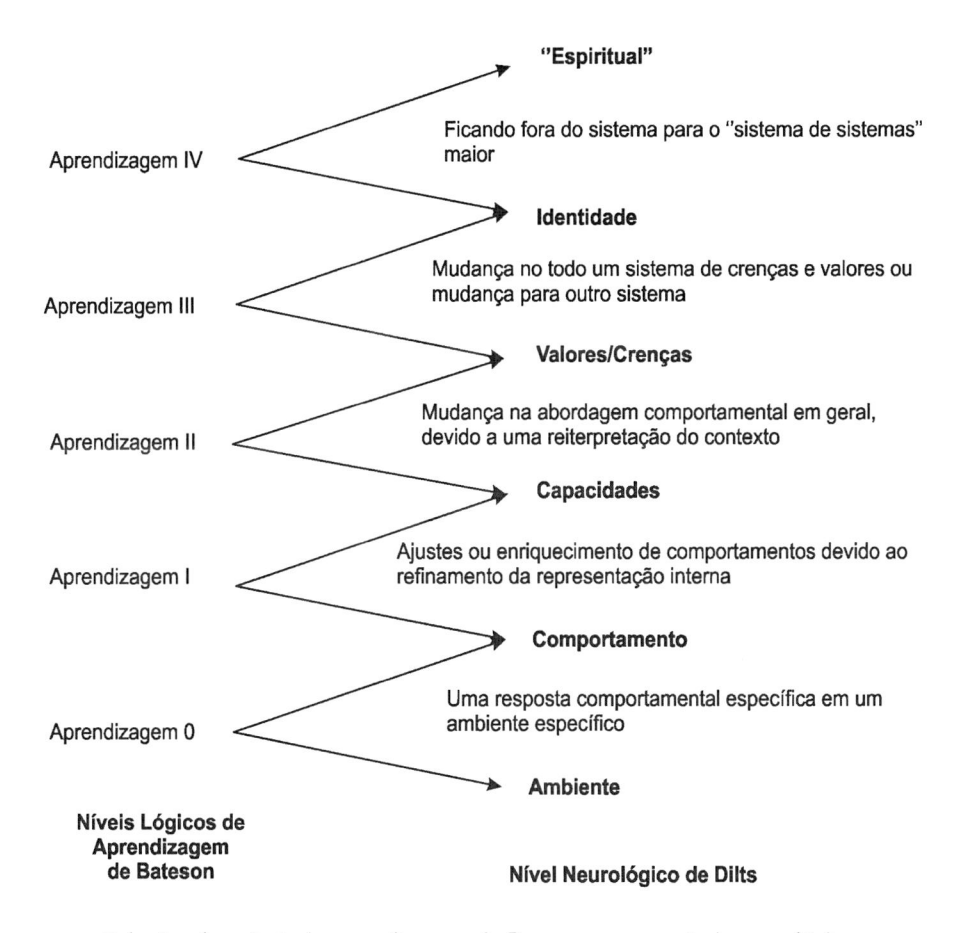

Relações dos níveis de aprendizagem de Bateson com os níveis neurológicos

Aprendizagem IV → "Espiritual"
Ficando fora do sistema para o "sistema de sistemas" maior

→ Identidade

Aprendizagem III
Mudança no todo um sistema de crenças e valores ou mudança para outro sistema

→ Valores/Crenças

Aprendizagem II
Mudança na abordagem comportamental em geral, devido a uma reiterpretação do contexto

→ Capacidades

Aprendizagem I
Ajustes ou enriquecimento de comportamentos devido ao refinamento da representação interna

→ Comportamento

Aprendizagem 0
Uma resposta comportamental específica em um ambiente específico

→ Ambiente

Níveis Lógicos de Aprendizagem de Bateson   **Nível Neurológico de Dilts**

Relações dos níveis de aprendizagem de Bateson com os níveis neurológicos

Cada nível funciona pela interação e operação no nível abaixo dele. Aglomerados de mudança ou de atividades, em qualquer nível particular, também influenciam o nível acima dele. Considere os seguintes exemplos:

- A velocidade de um carro é uma função da alteração na distância que faz em relação com o tempo (*ambiente*).

- Frear o carro é um *comportamento* que altera a sua velocidade.

- A *capacidade* de manter o limite de velocidade é uma função de integração de um mapa mental com suas percepções, a fim de regular o modo como você aperta o freio.

- Respeitar o limite de velocidade é o resultado da valorização de leis e de *acreditar* que há consequências se elas não forem mantidas. Se a pessoa não valoriza o limite de velocidade, não irá mantê-la, mesmo sendo capaz.

- Ser um "bom motorista" (*identidade*) é uma função de alinhar todos os outros.

- As teclas de um piano, o som que faz e notas em uma página da partitura estão no *ambiente*.

- Empurrar uma tecla de piano com o dedo é um *comportamento*.

- Reproduzir a música (ver/ler as notas e coordenar as mãos para produzir sons na ordem certa) é uma *capacidade*.

- Apreciar música é uma função de *crenças e valores*.

- Assumir a *identidade* de "músico" é uma combinação de todos eles.

Note que este tipo de "hierarquia" envolve mais do que a ordenação arbitrária de elementos. Em ciências e matemática, por exemplo, a hierarquia é utilizada para designar "uma série de agrupamentos ordenados de pessoas ou coisas dentro de um sistema." Geralmente, esses grupos têm "poucas coisas, ou uma coisa, no topo com várias coisas abaixo de cada outra coisa", como uma estrutura de árvore invertida. Exemplos de ciência da computação incluem uma hierarquia de diretório, onde cada diretório pode conter arquivos ou outros diretórios, uma rede hierárquica, ou uma hierarquia de classes na programação orientada a objeto.

Níveis neurológicos são "hierárquicos" desta forma. Ou seja, cada nível na hierarquia está relacionado a grupos de fenômenos ou experiências a partir do nível abaixo dele. Assim, o sistema de níveis pode ser representado como uma estrutura de árvore invertida.

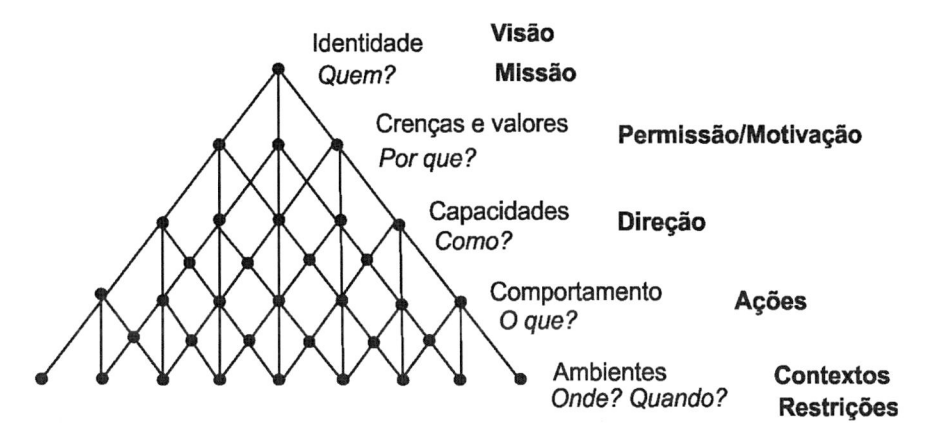

```
                Visão
    Identidade
    Quem?       Missão

       Crenças e valores   Permissão/Motivação
       Por que?

          Capacidades      Direção
          Como?

            Comportamento  Ações
            O que?

              Ambientes    Contextos
              Onde? Quando? Restrições
```

Níveis neurológicos podem ser representados como uma série de agrupamentos ordenados sob a forma de uma "Estrutura de Árvore" invertida

A implicação desta estrutura de árvore é que uma única identidade é moldada por e reflete um grupo particular de crenças e valores. Cada crença e valor, por sua vez, está relacionado a um grupo particular de capacidades. As capacidades referem-se a grupos específicos de comportamentos, e em última análise, os comportamentos estão relacionados com conjuntos particulares de condições ambientais.

No nível da mudança de comportamento, o comportamento físico é o foco principal. As representações internas só são relevantes na medida em que suportam o comportamento.

No nível de mudança de capacidade, as representações internas são o foco principal. Comportamentos, sob a forma de pistas de acesso, são relevantes apenas em como eles apoiam a criação ou o desenvolvimento de representações internas. Uma vez que as representações internas são formadas, comportamentos podem ser generalizados.

Mudança ao nível das crenças e valores incide sobre as relações entre representações. O conteúdo das representações é muito menos importante do que as suas qualidades de submodalidades. É por isso que mudança em submodalidades produz tais respostas afetivas significativas. (Alterações em submodalidades — isto é, fazer uma imagem maior, menor, mais colorida, paradas ou em movimento etc. — tendem a provocar "aproximação/afastamento" respostas como medo, prazer, desejo etc.).

A mudança no nível da identidade foca as relações entre as crenças e valores que compõem o sistema de crença de uma pessoa.

Uma mudança no espírito deriva a partir da coleção de identidades que compõem o "campo".

Níveis Neurológicos e do Sistema Nervoso

Em 1988, eu codifiquei o conceito do modelo de "níveis neurológicos", que se refere aos níveis de processamento do sistema nervoso de Bateson. Bateson (*Passos para uma Ecologia da Mente* pp, 249-250) argumentou que a hierarquia formada pelos vários níveis de aprendizagem corresponderia a "hierarquias de estrutura do circuito que pode — na verdade, deve — encontrar no cérebro "afirmações que" devemos olhar para a frente para uma classificação ou hierarquia de estruturas neurofisiológicas que será isomórfica com os vários níveis de aprendizagem. O conceito de "níveis neurológicos" propõe que diferentes "níveis lógicos" são uma função de diferentes tipos da organização neurológica, e mobilizam compromissos sucessivamente mais profundos de "circuitos" neurológicos.

O nível de neurologia que é mobilizado quando uma pessoa é desafiada no nível da missão e identidade, por exemplo, é muito mais profundo do que o nível de neurologia que é necessário para mover a sua mão. Para experimentar o ambiente, uma pessoa pode passivamente ajustar seus órgãos sensoriais. Ao agir em um ambiente particular, uma pessoa precisa mobilizar mais de seu sistema nervoso. A fim de coordenar essas ações em uma sequência complexa, como dançar ou dirigir um automóvel, uma pessoa tem de utilizar ainda mais do sistema nervoso. Formar e manifestar crenças e valores sobre as capacidades, comportamentos e o meio ambiente, requer um compromisso ainda mais profundo de neurologia (incluindo as relacionadas com o "coração" e "coragem"). Um senso de self surge de uma mobilização total do sistema nervoso em todos os outros níveis. De um modo geral, em seguida, os níveis mais elevados de processo mobilizam um compromisso mais profundo do sistema nervoso.

Um determinado ambiente é constituído por fatores tais como o tipo de ajuste externo, as condições meteorológicas, os alimentos, o nível de ruído etc., que cercam um indivíduo ou grupo. Neurologicamente, nossas percepções do ambiente referem-se a informações provenientes de nossos órgãos dos sentidos e do sistema nervoso periférico. Para perceber um ambiente particular, por exemplo, um indivíduo usa sua visão para enxergar os objetos relevantes, sua audição para ouvir os sons significativos, seu olfato para perceber os odores e aromas e o tato para tocar e perceber a forma dos objetos. A pessoa também faz muitos ajustes sutis e inconscientes para manter o equilíbrio, responder a mudanças na intensidade de luz e som, aclimatar-se às mudanças de temperatura etc. Assim, o sistema nervoso periférico, essencialmente, retransmite informações relacionadas com o ambiente e as envia para o cérebro. É responsável pela produção de sensações e reações puramente reflexas.

Comportamento relaciona-se com as ações físicas específicas e reações através das quais nos relacionamos com as pessoas e ambientes que nos rodeiam. Neurologicamente, a conduta externa é um resultado da atividade no sistema motor (sistema piramidal cerebelo). Comportamentos não reflexivos envolvem o sistema psicomotor, um nível mais profundo de neurologia do que os órgãos dos sentidos. O sistema psicomotor coordena nossas ações físicas e movimentos conscientes.

Capacidades têm a ver com as estratégias mentais e mapas que as pessoas desenvolvem para guiar os seus comportamentos específicos. Enquanto alguns comportamentos são respostas simplesmente reflexivas a estímulos ambientais, a maioria de nossas ações não é. Muitos dos nossos comportamentos vêm de "mapas mentais" e outros processos internos cuja fonte está dentro de nossas mentes. Este é um nível de experiência que vai além de nossas percepções do ambiente imediato. Você pode fazer imagens de coisas que não dizem respeito ao local particular, onde se encontra, por exemplo. Você pode se lembrar de conversas e eventos que ocorreram anos atrás. Você pode imaginar eventos que podem acontecer daqui a alguns anos. Comportamentos sem qualquer mapa interior, plano ou estratégia para guiá-los são como reações do joelho, hábitos ou rituais. É o nível de capacidade que é capaz de selecionar, alterar e adaptar uma classe de comportamentos para um conjunto mais amplo de situações externas. Assim, "capacidade" envolve o domínio sobre toda uma classe de comportamento — isto é, saber como fazer algo dentro de uma variedade de condições. Neurologicamente, o desenvolvimento das capacidades cognitivas é uma função de processamento de nível superior no córtex do cérebro. É no córtex (ou a matéria cinzenta) do cérebro que a informação sensorial é representada sob a forma de mapas mentais, associados a outras representações mentais, ou reunidos a imaginação. Esse tipo de processamento é geralmente acompanhado de micromovimentos semiconscientes, ou "pistas de acesso" (movimentos dos olhos, respiração, ajuste postural, mudanças de tom de voz etc.).

Valores e crenças dizem respeito às decisões e avaliações fundamentais sobre nós mesmos, os outros e o mundo que nos rodeia. Eles determinam como são dados significados aos eventos, e são a essência da motivação e cultura. Nossas crenças e valores fornecem o reforço (motivação e permissão) que suporta ou inibe as capacidades e comportamentos específicos. Crenças e valores referem-se à pergunta: "Por quê?".

Neurologicamente, crenças estão associadas com o sistema límbico e hipotálamo no mesencéfalo. O sistema límbico tem sido associado às emoções e à memória de longo prazo. Enquanto o sistema límbico é uma estrutura mais "primitiva" do que o córtex do cérebro de muitas maneiras, serve para integrar a informação a partir do córtex e de regulação do sistema nervoso autonômico (que controla as funções básicas do corpo, tais como o ritmo cardíaco, a temperatura do corpo, dilatação da pupila etc.). Porque são produzidas por estruturas mais profundas do cérebro, crenças produzem alterações nas funções fisiológicas fundamentais do organismo que são responsáveis por muitas das nossas respostas inconscientes. Na verdade, uma das maneiras de nós sabermos no que nós realmente acreditamos é o que isso provoca em termos de reações fisiológicas; isso faz o nosso "coração bater," nosso "sangue ferver", ou nossa "pele formigar" (todos os efeitos que não podemos normalmente produzem voluntariamente). Isto é como funciona um polígrafo para detectar se uma pessoa está "mentindo" ou não. As pessoas mostram uma reação física diferente quando acreditam que estão dizendo a verdade e quando estão sendo inverídicas ou incongruentes.

É a conexão íntima entre crenças e funções fisiológicas mais profundas que também cria a possibilidade de que elas tenham uma influência tão poderosa na área de saúde e cura (como no caso do efeito placebo). Porque as expectativas geradas por nossas crenças afetam nossa neurologia mais profunda, elas também podem produzir dramáticos efeitos fisiológicos. Isto é ilustrado pelo exemplo da mulher que adotou um bebê, e porque ela acreditava que "mães" deveriam fornecer o leite para seus bebês, na verdade, começou a lactar produzindo leite suficiente para amamentar o seu filho adotado!

O nível de identidade relaciona-se com o nosso sentido de quem somos. É a percepção da nossa identidade que organiza nossas crenças, capacidades e comportamentos em um único sistema. Nosso senso de identidade também se relaciona com nossa percepção de nós mesmos em relação aos sistemas maiores dos quais fazemos parte, determinam nosso sentido de "papel", "objetivo" e "missão". Em nossa neurologia, nossa identidade pode ser associada a nosso sistema nervoso como um todo, e provavelmente envolve estruturas profundas do cérebro tais como a formação reticular. A formação reticular é um grande grupo de células profundas dentro do tronco cerebral. Fibras desta área projetam através de núcleos talâmicos para grandes áreas de associação no córtex. A formação reticular é um regulador do estado de alerta; sua destruição nos resultados do nível do mesencéfalo em um estado de coma. (Em contraste, grandes áreas do córtex podem ser destruídas sem uma perda de consciência).

Identidade também está fisiologicamente relacionada com o sistema imunológico, sistema endócrino, e outras funções profundas de manutenção da vida. Assim, a mudança ou a transformação de identidade pode ter um enorme efeito e quase instantâneo sobre uma fisiologia. A investigação médica em indivíduos com múltiplas personalidades (Putnam, 1984) mostra que mudanças notáveis e dramáticas podem ocorrer quando um indivíduo pula de uma identidade para outra. Por exemplo, os padrões de ondas cerebrais para as diferentes personalidades são geralmente completamente diferentes. Algumas pessoas com múltiplas personalidades transportam vários pares diferentes de óculos, pois sua visão muda com cada identidade. Outros indivíduos terão alergias em uma personalidade e não em outra. Um dos exemplos mais interessantes de alteração fisiológica com diferentes identidades é o de uma mulher, internada em um hospital para diabetes, que "confundia seus médicos, mostrando não sintomas da doença, por vezes, quando uma personalidade, que não era diabética, estava dominante..." (Goleman, 1985).

A experiência de nível espiritual tem a ver com o nosso sentido de ser parte de algo, em um nível muito profundo, que está além de nós mesmos. É a consciência do que Gregory Bateson chamou "o padrão que conecta" todas as coisas juntas em um todo maior. Nós, como indivíduos, somos um subsistema do sistema maior. A experiência deste nível está relacionada com o nosso senso de propósito e missão na vida. Ela vem das perguntas: "Para quem?" e "Para quê?" Este é o nível que eu acredito que Bateson estava indicando quando se referiu à Aprendizagem IV.

Neurologicamente, os processos de nível espiritual têm a ver com uma espécie de "campo relacional" entre os nossos próprios sistemas nervosos e os de outras pessoas, formando um tipo de sistema nervoso maior, coletivo. Os resultados deste campo de interação são por vezes referidos como um grupo "mente", um grupo de "espírito", ou uma "consciência coletiva". Este campo também inclui o "sistema nervoso", ou redes de informação de processamento, de outras criaturas e seres, e até mesmo o nosso ambiente.

Como Bateson descreveu:

A mente individual é imanente, mas não só no corpo. Ela é imanente nas vias e mensagens fora do corpo; e há uma mente maior de que a mente individual que é apenas um subsistema. Essa mente maior é comparável a Deus e é, talvez, o que as pessoas querem dizer com "Deus", mas ainda é imanente ao sistema social interconectado total à ecologia planetária.

(Passos para uma Ecologia da Mente, 1972).

Especula-se que este nível de processamento e mudança influencie o nosso ambiente e a nós mesmos através do que Rupert Sheldrake chamou de "campos morfogenéticos". Eles são frequentemente usados para explicar os fenômenos que envolvem ação a distância, tais como a cura através da oração e os efeitos do "centésimo macaco"; ou seja, situações em que a mudança em uma parte de uma população estimula a mudança em outro membro da população, ou o grupo como um todo, sem qualquer contato físico direto.

Em resumo, níveis neurológicos são feitos da seguinte "hierarquia" de estruturas neurofisiológicas:

Espiritual: *Holografia* — sistemas nervosos individuais que se combinam para formar um sistema maior.

A. Identidade: *Sistema endócrino e sistema imunológico* — sistema nervoso como um todo, e as funções profundas de manutenção da vida (por exemplo, do sistema reticular).

B. Crenças e Valores: *Límbico e sistema de controle autonômo* (por exemplo, ritmo cardíaco, dilatação da pupila etc.) — respostas inconscientes.

C. Capacidades: *Sistemas corticais* — ações semiconscientes (movimentos dos olhos, postura etc.).

D. Comportamentos: *Sistema motor (piramidal e cerebelo)* — Ações conscientes.

E. Ambiente: *Sistema nervoso periférico* — sensações e reações reflexas.

Os primeiros livros que citaram formalmente esta formulação de níveis lógicos foram: "Mudança de Crenças com a PNL" e "Crenças: Caminhos para a Saúde e Bem-Estar", ambos publicados em 1990.

O modelo de níveis lógicos continuou a ser desenvolvido e enriquecido, e tornou-se a base de muitos processos e técnicas recentes de PNL. Estou planejando publicar um artigo mais detalhado em breve, descrevendo a história de níveis lógicos e as suas relações à teoria dos conjuntos, Teoria dos Grupos Matemáticos, níveis hierárquicos, níveis de abstração, tipos lógicos, de Arthur Koestler (também usado por Ken Wilbur) noção de "hólons" e "holarquia" e simples "chunking".

(Continua...)

Referências

Ballard, E., *Three Letters From Teddy*, **A Second Helping of Chicken Soup for the Soul**, Health Communications, Deerfield Beach, FL, 1995.
Bandler, R., **Using Your Brain**, Real People Press, Moab, UT, 1985.
Bandler, R. and Grinder, J., **The Structure of Magic, Volumes I & II**, Science and Behavior Books, Palo Alto, CA, 1975, 1976.
_____, **Patterns of the Hypnotic Techniques of Milton H. Erickson, M.D., Volumes I & II**, Meta Publications, Capitola, CA, 1975, 1977.
_____, **Frogs into Princes**, Real People Press, Moab, UT, 1979.
_____, **Reframing**, Real People Press, Moab, UT, 1982.
Bateson, G., **Steps to an Ecology of Mind**, Ballantine Books, New York, NY, 1972.
_____, **Mind and Nature**, E. P. Dutton, New York, NY, 1979.
Campbell, J., **The Power of Myth**, Doubleday & Company, Inc., Garden City, NY, 1988.
DeLozier, J. and Grinder, J., **Turtles All The Way Down**, Grinder, DeLozier & Associates, Santa Cruz, CA 1987.
Dilts, R., Grinder, J., Bandler, R. and DeLozier, J., **Neuro-Linguistic Programming: The Study of the Structure of Subjective Experience, Vol. I**, Meta Publications, Capitola, CA, 1980.
Dilts, R. and DeLozier, J., **Modeling and Coaching**, Dynamic Learning Publications, Ben Lomond, CA, 2002.
_____, **The Encyclopedia of Systemic Neuro-Linguistic Programming and NLP New Coding**, NLP University Press, Santa Cruz, CA, 2000.
Dilts, R., **Sleight of Mouth: The Magic of Conversational Belief Change**, Meta Publications, Capitola, CA, 1999.
_____, **Modeling With NLP**, Meta Publications, Capitola, CA, 1998.
_____, **Visionary Leadership Skills: Creating a World to which People Want to Belong**, Meta Publications, Capitola, CA, 1996.
_____, **Strategies of Genius, Volumes I, II & III**, Meta Publications, Capitola, CA, 1994-1995.

_____, *Effective Presentation Skills*, Meta Publications, Capitola, CA, 1994.

_____, *Changing Belief Systems with NLP*, Meta Publications, Capitola, CA, 1990.

_____, *Applications of NLP*, Meta Publications, Capitola, CA, 1983.

Dilts, R. and McDonald, R., *Tools of the Spirit*, Meta Publications, Capitola, CA, 1997.

Dilts, R. and Epstein, T., *Dynamic Learning*, Meta Publications, Capitola, CA, 1995.

Dilts, R. with Bonissone, G., *Skills for the Future: Managing Creativity and Innovation*, Meta Publications, Capitola, CA, 1993.

Dilts, R. B., Epstein, T. and Dilts, R. W., *Tools for Dreamers: Strategies of Creativity and the Structure of Innovation*, Meta Publications, Capitola, CA, 1991.

Dilts, R., Hallbom, T. and Smith, S., *Beliefs: Pathways to Health and Well-Being*, Metamorphous Press, Portland, OR, 1990.

Erickson, M. H., *Advanced Techniques of Hypnosis and Therapy, Selected Papers of Milton H. Erickson, M.D.*, Haley, J. [Editor], Grune & Stratton Inc., New York, NY, 1967.

Feldenkrais, M., *The Case of Nora: Body Awareness as Healing Therapy*, Harper and Rowe, New York, 1977.

Freud, S., *A General Introduction to Psychoanalysis*, Pocket Books, New York, NY, 1963.

Gallwey, T., *The Inner Game of Tennis*, Random House, New York, NY, 1974.

_____, *The Inner Game of Work: Focus, Learning, Pleasure and Mobility in the Workplace*, Random House Trade Paperbacks, New York, NY, 2000.

Gilligan, S., *The Courage to Love*, W.W. Norton & Company, New York, NY, 1997.

Gordon, D., *Therapeutic Metaphor*, Meta Publications, Capitola, CA, 1978.

Haley, J., *Uncommon Therapy, The Psychiatric Techniques of Milton H. Erickson M.D.*, W. W. Norton & Company, New York, NY, 1973.

James, W., *Principles of Psychology*, Britannica Great Books, Encyclopedia Britannica Inc., Chicago, IL, 1979.

Lakoff, G., and Johnson, M., *Metaphors We Live By*, University of Chicago Press, Chicago, IL, 1980.

McMaster, M. and Grinder, J., *Precision: A New Approach to Communication*, Precision, Los Angeles, CA 1981.

Miller, G., Galanter, E., and Pribram, K., *Plans and the Structure of Behavior*, Henry Holt & Co., Inc., 1960.

O'Connor, J. and Seymour, J., *Introducing Neuro-Linguistic Programming*, Aquarian Press, Cornwall, England, 1990.

Pavlov, I., *Essential Works of Pavlov*, Kaplan, M. [Editor], Bantam Books, New York, NY, 1966.

Rodin, Judith, *Aging and Health: Effects of the Sense of Control, Science* Vol. 233, September 19, 1986, pp.12711276.

Senge, P., *The Fifth Discipline*, Doubleday, New York, NY, 1990.

Watzlawick, P., Bavelas, J. and Jackson, D., *Pragmatics of Human Communication*, W.W. Norton & Co, New York, NY, 1967.

Sobre o autor

Robert Dilts tem reputação global como um treinador na condução de habilidades comportamentais e consultor organizacional desde o final da década de 1970. Ele é um desenvolvedor e autor conhecido internacionalmente no campo da Programação Neurolinguística (PNL) — um modelo de comportamento humano, aprendizagem e comunicação. Além de liderar as aplicações da PNL para a educação, criatividade, saúde e liderança, suas contribuições pessoais para o campo da PNL incluem muito do trabalho fundamental sobre as técnicas de PNL de Estratégias e Sistemas de Crenças, além do desenvolvimento do que se tornou conhecido como "PNL Sistêmica".

Dilts fez coaching, consultoria e treinamento em liderança e desenvolvimento organizacional em todo o mundo para uma grande variedade de grupos e organizações profissionais. Foram seus clientes e sponsors grandes empresas, como Apple Computadores, Hewlett-Packard, IBM, Banco Mundial, Alitália, Telecom Itália, Lucasfilm Ltda., Ernst & Young, A Sociedade Americana de Treinamento e Desenvolvimento e Caminhos de Ferro da Itália. Ele lecionou extensivamente sobre liderança, aprendizagem organizacional e gestão da mudança, fazendo apresentações e palestras para o Fórum Europeu para a Gestão da Qualidade, A Organização Mundial de Saúde e a Universidade de Harvard.

Dilts tem sido um professor associado da ISVOR Fiat Escola de Gerenciamento por um número de anos, ajudando-o a desenvolver programas de liderança, inovação, valores e pensamento sistêmico. Ele também é cientista-chefe e presidente do Conselho da ISVOR DILTS Sistemas de Liderança, uma *joint venture* com ISVOR Fiat. A ISVOR DILTS desenvolve e fornece uma ampla gama de programas de desenvolvimento de liderança inovadores para grandes corporações em uma escala global. Estas soluções de ponta e programas e-learning e outras novas tecnologias atendem clientes corporativos em todo o mundo.

Em 1982, Dilts foi cofundador do Dynamic Learning Center com o falecido Todd Epstein. Em 1991, ele e Epstein (juntamente com Judith DeLozier e Teresa Epstein) estabeleceram a NLP University, que oferece uma gama completa de treinamento básico e avançado em PNL. Ele e Epstein também foram os fundadores da *Dynamic Learning Publications* e *The Academy of Behavioral Technology*.

Dilts é um dos autores de *Programação Neurolinguística,* Vol I (1980) e é autor de vários outros livros sobre PNL incluindo *Mudando Sistemas de Crenças com a PNL* (1990), *Ferramentas para Sonhadores* (1991 — coautoria com Todd Epstein), *Competências para o Futuro* (1993), *Competências da Liderança Visionária* (1996), *Modelando com PNL* (1998), *Sleight of Mouth* (1999) e da *Enciclopédia de Programação Neurolinguística Sistêmica e NLP New Coding* (com Judith DeLozier, 2000), que fornece uma visão abrangente do campo da Programação Neurolinguística, incluindo a sua vasta gama de aplicações, técnicas e influências.

O mais recente trabalho de Dilts "Alpha Liderança: Ferramentas para Líderes Empresariais Que Querem Mais da Vida" (com Ann Deering e Julian Russell) descreve um novo modelo de liderança que captura e compartilha o mais recente know-how sobre a prática da liderança eficaz, e oferece abordagens para reduzir o estresse e promover a satisfação. O modelo de liderança Alpha fornece ferramentas para gerentes, consultores e treinadores desenvolverem capacidade de liderança mais eficaz.